Bearbeitung: Karin Maier, Evelyne Maier, Luitgard Milz
Fotos: burda Fotostudio
Projektleitung: Helga Burg
Druck: Rotationsdruck Theodor Körner, Sindelfingen
Printed in West Germany

ISBN 3-920158-67-9

burda

GROSSES BASTELBUCH

Die schönsten Handarbeits- und Bastel-Ideen aus

burda moden

Anna

burda Spaß an Handarbeiten

Carina

burda Sonderheften

Ausführliche Anleitungen und 4 Schnittmusterbogen

INHALTS-ÜBERBLICK

Puppen zum Spielen, Liebhaben und Verschenken

Vom Traumhaus bis zum Puzzle — alles aus Holz

Spiele und viele liebe Kuscheltiere

Basteleien für die Osterzeit

Liebenswertes und Nützliches

Hübsche Ideen für Ihr Heim

Kissen, Tischdecke, Tasche S. 66–69
Kuschelteppich zum Weben S. 70/71
Aus der Restekiste: Gehäkelte Taschen und Teppiche S. 72/73
Spitzenmalerei S. 74/75

Batik

Tücher, Bettbezüge, Wandbehang, Sets, Gardinen, Tischdecken, Lampenschirm, Paravent S. 76–85

Künstliche Blumen

Sträuße und Gebinde aus Trockenmaterial S. 86–93
Lehrgang: Gebinde aus Trockenmaterial S. 89–92

Alles für die Weihnachtszeit

Adventsgeschenke und Dekorationen, Adventskränze und Adventskalender S. 94–107
Allerlei Geschenke S. 108–111
Krippen, Engel, Baumschmuck S. 112–119

Puppen zum Spielen, Liebhaben und Verschenken

Stets zum Spielen aufgelegt, macht er alles mit und kann selbst viele Kunststückchen. Wenn Sie ihn verschenken wollen, nähen Sie am besten gleich zwei – nämlich auch einen für sich.

Ich mach' mich auf den Weg zu Euch

1 Eigentlich spricht dieser Knirps schon für sich selbst. Sein karottenroter Schopf und die lustigen Augen erobern alle Herzen im Sturm. Er ist 65 cm groß und ganz weich ausgestopft.

So werden Kinderträume wahr

2 + 3 Hier stellen sich die Geschwister Christian und Christinchen vor. Sie sind so recht nach dem Herzen aller lieben Puppeneltern. Das weiche Webpelzhaar läßt sich problemlos frisieren. Die Gesichter sollten möglichst vor dem Zusammennähen der Köpfchen aufgemalt werden, weil man die Stoffmalfarbe durchs Bügeln wasserfest fixiert.

4
Größe
60 cm

4 Katrinchen ist, wie alle unsere aus Stoff genähten Puppen, ganz weich und federleicht. Und – das ist ganz wichtig für alle Puppeneltern – das An- und Ausziehen gelingt besonders schnell. Zu ihrer Ausstattung gehören Unterwäsche, ein Kleidchen, Schuhe und das zauberhafte Flügelschürzchen.

Damit Katrinchen bei der Schlittenfahrt nicht friert, bekam sie dieses schicke Cape mit Pelzbesatz und den dazugehörigen Muff. Sieht sie darin nicht wie eine richtige kleine Prinzessin aus? Welche Puppenmutti wäre nicht stolz auf sie?

5
Größe
98 cm

Gib mir mal dein Röckchen, du kannst so lange meine Jeans anziehen! Ist das nicht eine lustige Puppenidee!

Mit Puppen mal die Kleider tauschen – eine tolle Idee!

6
Größe
98 cm

5 + 6 Das sind unsere beiden Großen, Toni und Karen. Mit ihren Maßen von 98 cm entsprechen sie der Kindergröße von Drei- bis Vierjährigen. Da dürfen die Kleider nach Herzenslust getauscht werden. Das übt nicht nur im Öffnen und Schließen von Reißverschlüssen, Druckknöpfen und im Binden hübscher Schleifen; schließlich ist das An- und Ausziehen ja bei Kindern nicht gerade die beliebteste Angelegenheit, aber hier macht es allen mal so richtig Vergnügen. Vielleicht kommen auch Kleidchen, Blusen und Hosen, die der Puppenmutti schon längst nicht mehr passen, auf diese Weise wieder zu Ehren?!

7
Größe
60 cm

Puppen zum Liebhaben und zum Träumen

7 Guten Morgen, hast du gut geschlafen? Komm jetzt, spiel mit mir! So scheint dieses Puppenkind zu sagen. Es ist 60 cm groß, federleicht und nimmt auch die wildesten Spiele nicht übel. Und was kann es noch?

Wenn es müde wird, drehen die Puppeneltern das Püppchen einfach um, und es schläft auch sofort brav ein. Schaukelstuhl: Korb-Welzel.

8 Für die Kleinsten eine Schlummer- und Schmusepuppe. Mit ihrem gestickten Gesicht und in Frottierstoff gekleidet, ist sie voll waschbar und pflegeleicht. Das erste Püppchen, so liebevoll gemacht, bleibt oft Talisman während der ganzen Kindheit.

8
Größe
24 cm

So macht die Schule noch mehr Spaß!
Setze die fehlenden Wörter ein!
Quäle nie ein Tier zum
denn es fühlt
wie du den
9
Größe
18 cm
10
Größe
13 cm

9 + 10 Wen hält es schon im Klassenzimmer, wenn draußen die Sonne scheint und die Vögel zwitschern? Mit diesen Knirpsen (sie sind ca. 13 cm groß) und dem Herrn Lehrer (er mißt ca. 18 cm) läßt sich herrlich Schule spielen. Die ganze fröhliche Gesellschaft ist wortwörtlich „auf Draht“. Aus leicht biegbarem Blumendraht nämlich besteht die Grundform, die dann an Kopf, Händen und Füßen mit Watte und Strumpfgewebe umwickelt ist. Für die Kleidung genügen kleinste Reste und ein wenig Fantasie. Aus Wolle lassen sich die unterschiedlichsten Frisuren zaubern. Schulmöbel: Liebich.

11 Immer wieder gefragt, von allen geliebt, noch einmal der ewig junge Charlie! Sein Hut, hier aus dem Faschingsfundus, wurde zum Symbol dieser liebenswerten Figur. An dieser 75 cm großen Diwanpuppe, einem stillen, stets aufmerksamen Zuhörer, werden Sie bestimmt viel Freude haben. Oder könnten Sie sich von ihr trennen?

Ein lustiges Völkchen

12 Hans im Glück erzählt dem Kasper, wie groß der Mühlstein war, den er nun endlich losgeworden ist. Die hübsche Marionette ist mit ein wenig Geschick leicht nachzuarbeiten. Wie auch die übrigen, ist sie 35 cm groß.

13 Kasper freut sich mit dem glücklichen Hans über den guten Ausgang der Geschichte und schwingt seinen Fächer. Vielleicht denkt er auch daran, daß er bald Ihr lustiger Spielgefährte sein könnte. Was meinen Sie?

14 Unser Chinese überlegt noch, was für einen herrlichen Braten die Gans des guten Hans abgegeben hätte. Er lächelt genüßlich und kann gar nicht verstehen, daß sie gegen den Mühlstein eingetauscht wurde.

13
14

Charme und Zauber von Anno dazumal

15 Die liebenswerten Puppendamen und ihr charmanter Begleiter sind 35 cm groß. Das Geheimnis ihrer Beweglichkeit ist der Nesselkörper, an den jeweils ein modellierter Kopf (Fimo von Faber) mit Schulterpasse und die Gelenke genäht werden. Um zeitgemäße Frisuren zu drapieren, gibt es kleine Perückenteile von Falag. Auch die individuelle Kleidung können Sie selber nähen. Anleitung und Materialverbrauch zum Basteln der Gruppe finden Sie in der Beilage.

Von Kopf bis Fuß genäht...

Puppen mit neuer Garderobe auszustatten, macht nicht nur vor dem „großen" Fest Spaß.

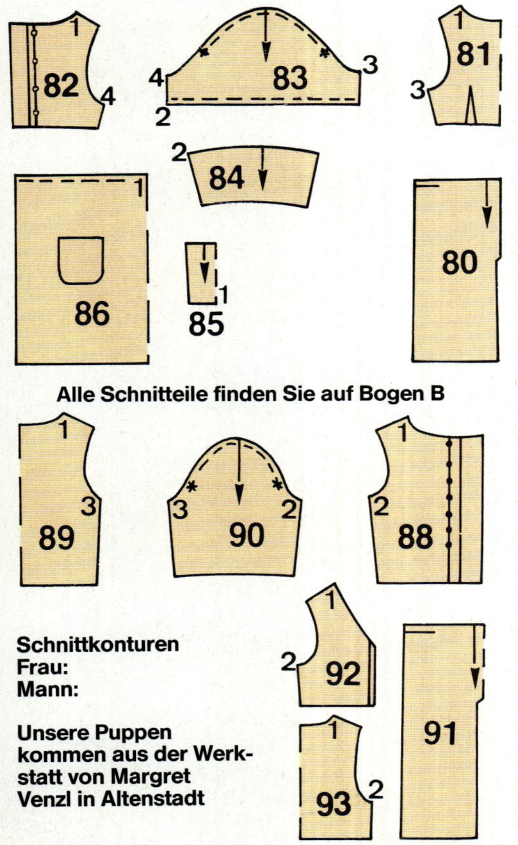

Alle Schnittteile finden Sie auf Bogen B

Schnittkonturen
Frau:
Mann:

Unsere Puppen kommen aus der Werkstatt von Margret Venzl in Altenstadt

16 + 17 Puppenpaar,

36 cm groß

Schnitteile 27 bis 40 auf Bogen B. Puppenkörper und „Allgemeines" siehe Lehrgang.

Frau
80 vord. und rückw. Hosenteil, 4mal
81 Vorderteil, 1mal ★
82 Rückenteil, 2mal
83 Oberärmel, 2mal
84 Unterärmel, 2mal
85 Latz, 2mal ★
86 vord. und rückw. Schürzenteil, 2mal ★

Mann
88 Vorderteil, 2mal
89 Rückenteil, 1mal ★
90 Ärmel, 2mal
91 vord. und rückw. Hosenteil, 2mal ★
92 Vorderteil, Weste, 2mal
93 Rückenteil, Weste, 1mal ★
★ im Stoffbruch zuschneiden

Ohne Schnitt: a) Rock: 55 x 20 cm, b) Schürzenträger: 2mal 19 x 3 cm, fertig 1,5 cm breit, c) Bänder: 2mal 40 x 2,5 cm, fertig 1¼ cm breit.

Material: Verschiedene Stoffreste, Samt für Männerhose und -weste, für die Frau 60 cm Spitze für Rock und Schürze, 35 cm für die Unterhose, je 1¼ cm breit, 4 Druckknöpfe, 19 cm Gummiband; für den Mann 4 Druckknöpfe, 7 Perlen, 25 cm Spitze, 1 cm breit, 45 cm Samtband, ¾ cm breit, 21 cm Gummiband, Wollrest für die Schuhe.

Zuschneiden siehe 18 + 19. Eingezeichnete Tasche in Teil 86 extra kopieren und 2mal zuschneiden. An den Außenrändern der Westenteile ¾ cm Nahtrand anschneiden, für den Schürzensaum 1 cm zugeben.

Hemd siehe Lehrgang. Besätze wie fürs Dirndl 18 arbeiten. Spitze am Halsausschnitt über der Innenseite aufsteppen. Druckknöpfe und über der Außenseite Perlen aufnähen.

Hose: Seitennähte schließen. Hose säumen, innere Nähte steppen. Zugabe am oberen Rand nach innen wenden, für den Gummidurchzug ansteppen. Gummiband einziehen.

Weste: Schulternähte steppen, Armausschnitte 5 mm breit absteppen. Seitennähte schließen. Die übrigen Ränder ebenfalls 5 mm breit absteppen.

Schuhe, 4,5 cm lang, 2 cm hoch: Anschlag 12 Lm. + 2 Lm. für die 1. f. M. Um die Lm. zu beiden Seiten 1 Rd. aus 25 f. M. häkeln – am Anfang 3 f. M. in 1 Lm. Jede Rd. mit 1 Km. schließen und mit 2 Lm. beginnen, nach 2 cm enden. Zum Verschnüren 15 Lm. häkeln, über die rückw. Hälfte des Schuhs 13 f. M. häkeln, mit 15 Lm. enden.

Kleid siehe 18 A. Spitze auf dem unteren Ärmelteil vor dem Schließen der Naht aufsteppen, am Halsausschnitt über der Innenseite aufnähen.
Unterhose siehe Lehrgang.

Schürze: Zugabe an Saum und Seiten umbügeln und eingeschlagen feststeppen. Oberen Rand der Taschen und des Latzes umsteppen. Spitze aufsetzen. Taschen aufsetzen (Zugabe nach innen wenden). Träger (b) und Bindebänder (c) jeweils längs zur Hälfte falten, die Nahtzugaben nach innen bügeln. Latz an den Trägerenden zwischenfassen. Träger schmalkantig zus.-steppen. Latz jeweils in der Mitte der Bindebänder über dem Bruch ansteppen. Schürzenteile einreihen, in der Mitte zwischen die Bindebänder fassen. Band schmalkantig zus.-steppen. Schürze umbinden.

Komplett ist die Garderobe mit spitzenbesetzten knielangen, fürs Dirndl mit Börtchen abgebunden, siehe rechts. Die Grundform ist im Lehrgang genau erklärt.

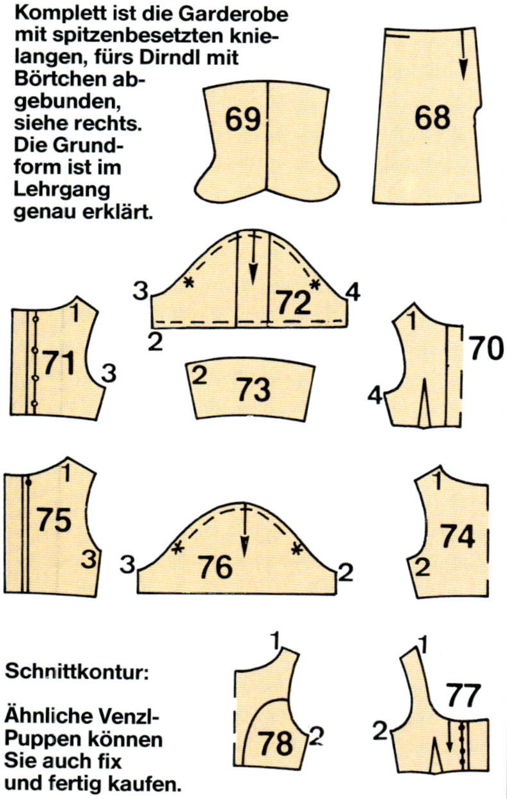

Schnittkontur:

Ähnliche Venzl-Puppen können Sie auch fix und fertig kaufen.

18 + 19 Puppen-Damen,

43 cm groß

Schnitteile 15 bis 25 auf Bogen B. Allgemeines und Körper siehe Lehrgang.
Puppe mit Kleid = A. Puppe mit Dirndl = B.
68 vord. und rückw. Hosenteil AB, je 4mal
69 Socke AB, je 2mal
70 Vorderteil A, 1mal ★
71 Rückenteil A, 2mal
72 oberes Ärmelteil A, 2mal
73 unteres Ärmelteil A, 2mal
74 Vorderteil, Bluse B, 1mal ★
75 Rückenteil, Bluse B, 2mal
76 Ärmel B, 2mal
77 Vorderteil, Mieder B, 2mal
78 Rückenteil, Mieder B, 1mal ★
★ im Stoffbruch zuschneiden

Ohne Schnitt: a) Rock A: 55 x 20 cm, b) Rock B: 75 x 18 cm, c) Schürze B: 18 x 14,5 cm, d) Schürzenband: 50 x 2 cm, fertige Breite 1 cm. Teile im geraden Fadenlauf zuschneiden.

Material: Verschiedene Stoffreste, zum Kleid A 30 cm Spitzeneinsatz, 2,5 cm breit, 40 cm Spitze, 1,5 cm breit, 30 cm Samtband, ¾ cm breit. Fürs Dirndl B 75 cm Spitze, 1,5 cm breit, 20 cm Samtband, ¾ cm breit, 65 cm Borte, ¾ cm breit, 4 Perlen und 1 Straßstein. Für die Unterhose je 40 cm Spitze, ca. 1 cm breit, und je 20 cm Gummiband, je 4 Druckknöpfe.

Zuschneiden: 5 mm breite Nahtzugabe anschneiden, jedoch für Rock- und Schürzensaum je 1,5 cm, an den Schmalseiten der Schürze und am oberen Hosenrand nur 1 cm.

Unterhosen AB siehe Lehrgang.

Socken AB: Aus Jersey arbeiten. Rand umsteppen. Teil zur Hälfte legen, Naht schließen.

Kleid A: Spitzen auf Teil 70 und 72 steppen, siehe Modellbild. Schulternähte und Abnäher steppen, Ärmelteile zus.-setzen, Ärmel säumen und einsetzen, Nähte schließen, Rocknaht steppen, 3 cm Schlitz offenlassen. Rocknaht steppen, 3 cm Schlitz offenlassen, Saum umbügeln, steppen, oberen Rand einreihen und bis zur Umbruchlinie am Oberteil ansetzen. Besätze nach rechts umlegen, Schmalseiten ansteppen, wieder nach links wenden und 1 cm breit feststeppen. Taillenrand schmalkantig absteppen (Nahtzugaben ins Oberteil umlegen). Spitze am Halsausschnitt nach oben gerichtet aufsteppen. Druckknöpfe annähen.

Bluse B: Siehe Lehrgang. Ärmel ¾ cm ab Saumrand auf ca. 10,5 cm einreihen, Fadenenden verknoten. Besätze annähen, siehe Kleid A, dann die Zugabe an Saum und Ausschnitt umsteppen. Spitze am Halsausschnitt nach unten gerichtet aufsteppen.

Dirndl B: Schulternähte und Abnäher steppen, Stepplinien im Rückenteil mit dicht eingestelltem Zickzackstich ausführen. Armausschnitte umsteppen, Seitennähte schließen. Rock ansetzen, siehe Kleid A – beidseitig des Schlitzes je eine Falte 1 cm tief einlegen, restliche Überweite einreihen. Besätze nach rechts umlegen, Schmalseiten ansteppen und wieder nach links wenden. Halsausschnitt umsteppen, fortl. vordere Ränder absteppen. 3 Druckknöpfe annähen, Perlen aufnähen.

Schürze B: Allgemeines siehe 16. Spitze aufsteppen. Oberen Rand auf 10 cm einreihen, Schürzenband zur Hälfte bügeln. Schürze in der Mitte zwischenfassen, Band zus.-steppen.

Mit der Nostalgiewelle wurde auch die Liebe zu Puppen neu entdeckt. Alle Welt sammelt Puppen, Museen holen ihre Schätze aus den

LEHRGANG
Puppen nähen

Archiven und veranstalten Ausstellungen, und wir zeigen Ihnen, wie man Puppen für verhältnismäßig wenig Geld selber machen kann.

Allgemeines

Wir zeigen Ihnen in erster Linie die Ausführung einer Grundform, und zwar in 2 Größen, lt. Schnitteil 65 bis 67 ca. 43 cm groß, lt. Schnitteil 79 und 87 ca. 36 cm groß. Die passende Puppengarderobe wird im Modellteil dieses Heftes auf den Seiten 20 und 21 vorgestellt.
Alle Schnitte sind vom Bogen B auf Transparentpapier durchzuzeichnen (siehe Schnittkontur und „Suchzahl" auf Bogen B) und exakt auszuschneiden. Danach sind die Nesselteile mit ¾ cm Zugabe für die Nahtränder zuzuschneiden. Schnittkonturen, Abnäher und Ansatzstellen (kurze Querstriche im Schnitt) werden mittels Kopierpapier und -rädchen auf je 1 Nesselteil übertragen (Gesicht in jedem Fall auf die Oberseite des vorderen Teiles).

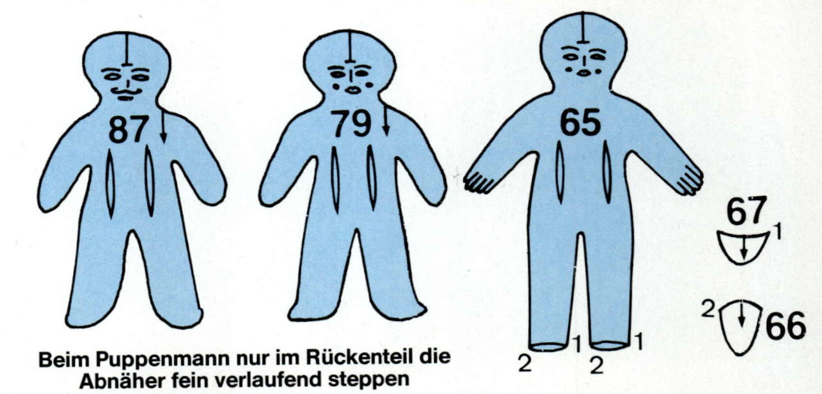

Beim Puppenmann nur im Rückenteil die Abnäher fein verlaufend steppen

1

2

3

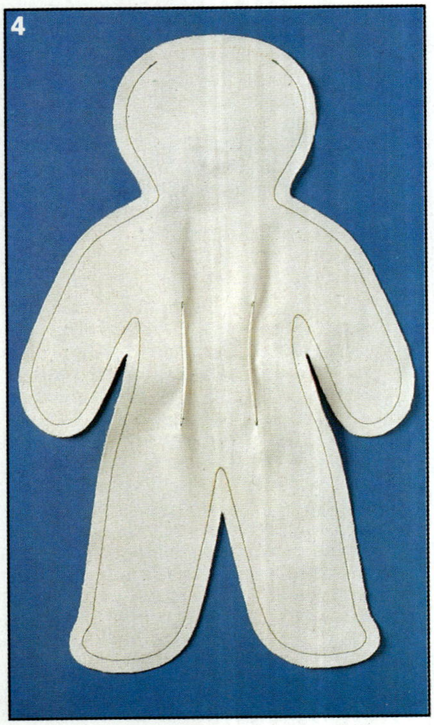
4

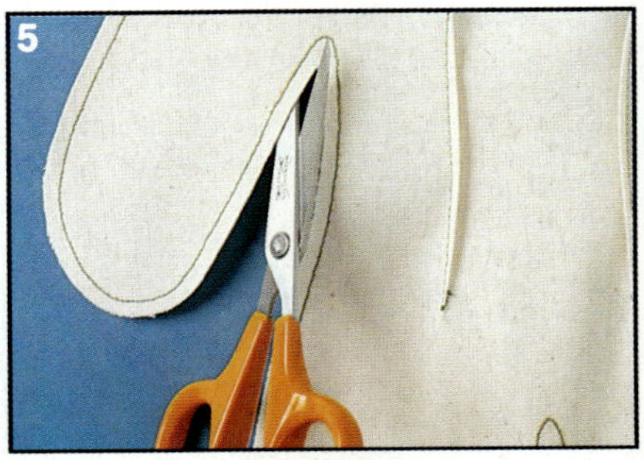
5

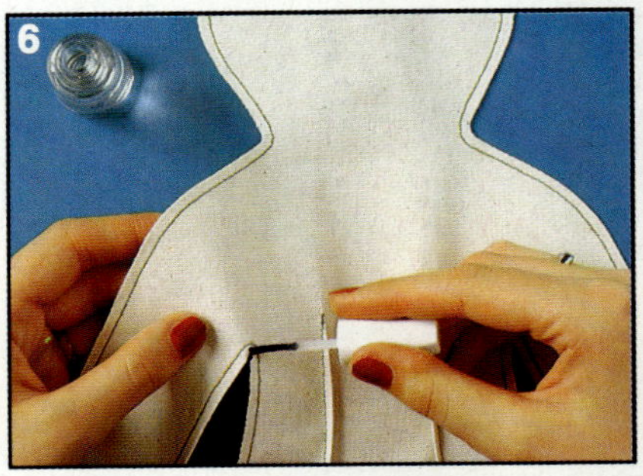
6

Grundform zum Puppenpaar

36 cm hoch; Schnitteile 79, 87, Bg. B
79 Puppenfrau, Vorder- und Rückseite.
Schnittkontur:
87 Puppenmann, Vorder- und Rückseite
Schnittkontur:
Material: Für jede Puppe 0,30 m Nessel, 90 cm breit, Dacronwatte zum Ausstopfen, für Frisuren Flachs (FALAG-Art. 90260) oder Neapler Hanf (FALAG-Art. 90261). Gesicht mit Sticktwistresten aufsticken oder mit Stoffmalfarben aufmalen.
Ausführung: Zuerst aufs Vorderteil das Gesicht mit 2fädigem Twist in Ketten-, Spann- und Plattstich lt. Abb. 1 und 2 aufsticken. Wer lieber malt, richtet sich nach Abb. 3 (durch Überbügeln die Farbe „waschfest" präparieren, aufgedruckte Malanweisung in jedem Fall genau beachten).
Dann können die Abnäher fein auslaufend gesteppt und Vorder- und Rückseite durch Naht verbunden werden (mit kurzem Stich steppen!), Abb. 4; über dem Kopf einige Zentimeter zum Wenden offen lassen. Nahtrand ringsum auf ca. 4 mm zurückschneiden. In allen Rundungen muß der Nahtrand bis dicht an die Naht eingeschnitten werden, Abb. 5; besonders kritische Punkte, z. B. unter den Armen, kann man mit einem Tupfer farblosem Nagellack vor dem Ausfransen sichern, Abb. 6.
Nahtränder, so gut's geht, auseinanderstreifen, das Teil wenden. Über dem Kopf den Scheitel bzw. die Begrenzungslinie für die Frisur mit Bleistift markieren.

Grundform für die Puppendamen

43 cm groß, Teile 12 bis 14 auf Bg. B
65 Vorder- und Rückseite
66 Fußsohle
67 Fußblatt
Alle Teile 2mal zuschneiden. Die Nahtlinien bei Teil 66 und 67, in den Teilen 65 auch die Ansatzlinie für Teil 66 und 67 jeweils auf beide Stoffseiten übertragen.

Schnittkontur:

Material siehe Puppenpaar, jedoch je 0,45 m Nessel. Für die Frisuren kann man auch Wollreste verwenden (siehe Abb. 19 bis 21).

Nähen: Im großen und ganzen wie das Puppenpaar nähen. Die Nesselteile für die Vorderseite nur bis zur Einzeichnung fürs Fußblatt zuschneiden (Nahtränder zurückschneiden, kurz einschneiden, auseinanderstreifen). Lt. Abb. 7 und 8 bzw. lt. Annähzahlen 1 und 2 Sohle (die Naht beginnt und endet jeweils in der Nahtlinie) und Fußblatt ansetzen. Die Beinnähte zunächst nur bis Fußblatt und Sohle steppen, Abb. 9, dann den Fuß „schließen", siehe Abb. 10. Abb. 11 zeigt die zusammengesteppte Grundform vor dem Wenden (Abb. 5 und 6 beachten).

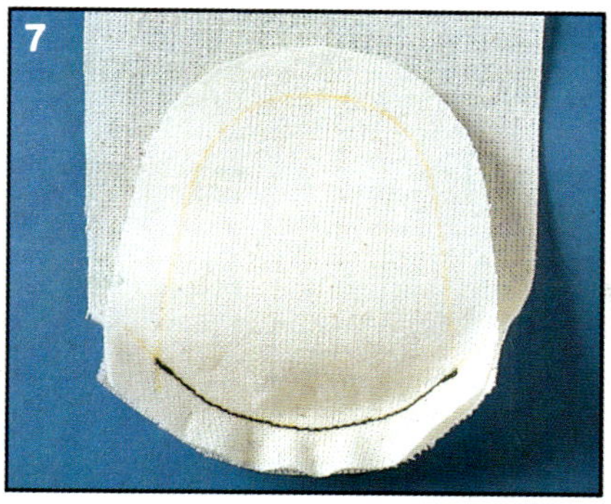
7

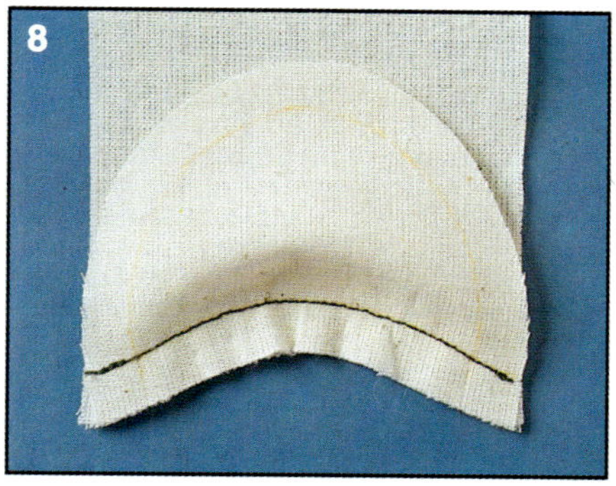
8

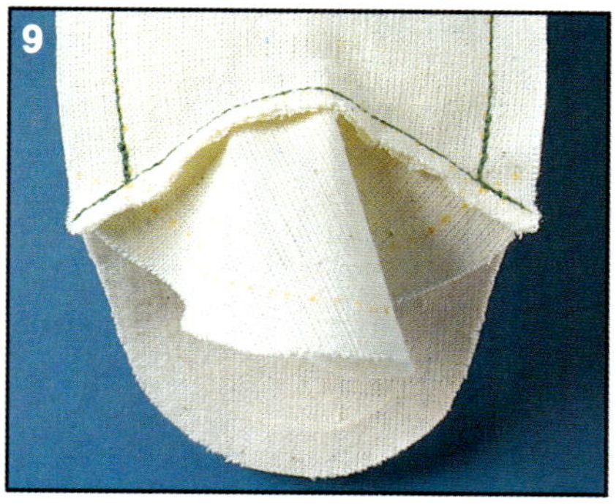
9

10

11

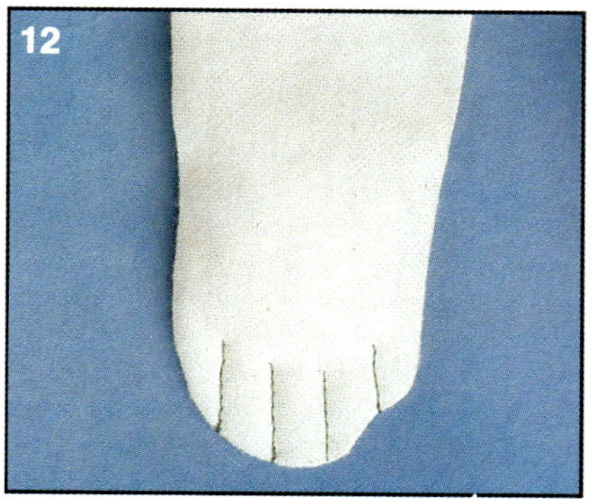
12

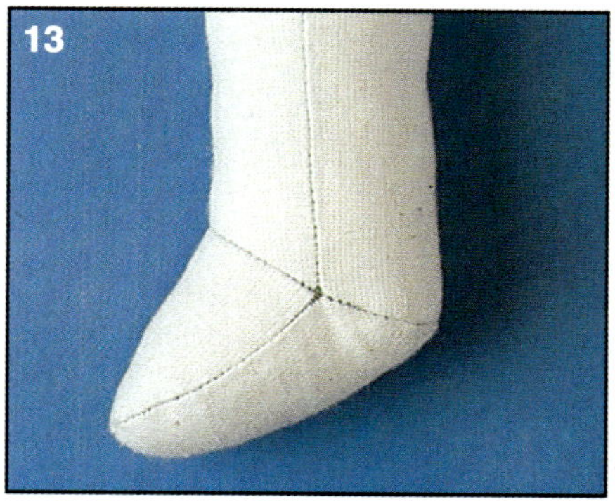
13

Ausstopfen: Zunächst werden für die große Grundform die Hände mit wenig Watte gefüllt und danach die Finger abgesteppt, Abb. 12 (Fadenenden nach innen ziehen und evtl. verknoten). Danach sind Beine, Abb. 13 (evtl. mit einem Bleistift oder einem Quirlstiel nachhelfen), und Rumpf an der Reihe, letzteren zunächst nur bis zum Armansatz ausstopfen, Abb. 14. Nachdem die Arme ausgefüllt sind, Hals und Kopf ausstopfen, Öffnung mit Handstichen schließen (Nahtränder gegenseitig einlegen). Abb. 15 zeigt die kleine, Abb. 16 die große fertig ausgestopfte Grundform.

14

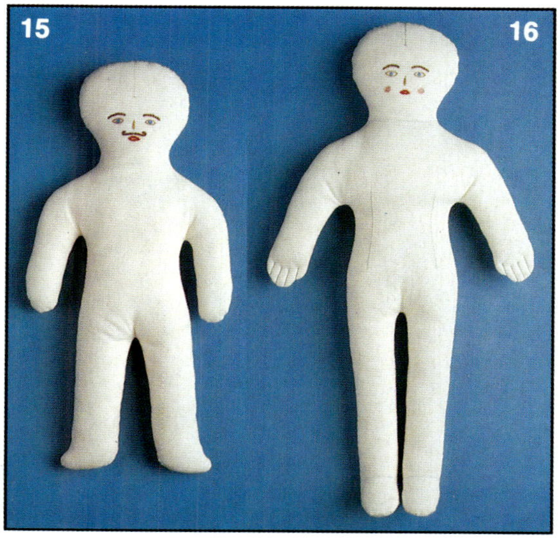
15 16

Frisuren

Für eine Frisur mit geflochtenem Knoten nimmt man am besten Flachs. Er wird „strähnchenweise" über der Scheitellinie aufgenäht – am besten ab rückw. Halsansatz – mit ca. 2 mm langen Rückstichen, mit jedem Stich eine Strähne erfassen, siehe Abb. 17. In rückwärtiger Mitte den Flachs zusammenfassen, den Zopf flechten und spiralförmig zum Knoten legen; Zopfende abbinden und unter die Spirale schieben, mit Haarnadeln feststecken, Abb. 18. Man kann aus übrigem Flachs einen Zopf flechten und diesen um den Knoten legen und mit Nadeln befestigen oder mit einigen Stichen festnähen.

Für die Zopffrisur lt. Abb. 19 werden ca. 75 cm lange Wollfäden lt. Abb. 17 über der Scheitellinie aufgenäht und dann beidseitig zu Zöpfen geflochten. Mit schmalem Band die Zöpfe abbinden und evtl. die Fäden unterschiedlich lang beschneiden. Man kann die Zöpfe, nachdem die Enden mit Tesafilm zusammengeklebt worden sind, auch lt. Abb. 20 in „Schnecken" legen; fertige Frisur siehe Abb. 21.

17
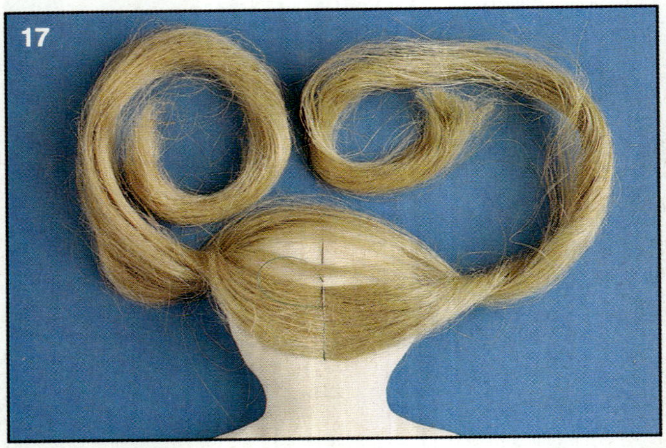

18

19

20

Stimmen Sie die Haarfarbe der Puppen auf die Garderobe ab!

21

Eine Männerfrisur wird lt. Abb. 22 mit Schlingenstichen aufgenäht. Am besten eignet sich mittelfeine Shetlandwolle. Mit einem kurzen Stich wird der Faden bis auf eine niedrige Schlinge durchgezogen, darauf folgt ein kurzer Rückstich, der die Schlinge festhält. Darauf achten, daß die Schlingen ganz dicht aufgenäht werden, der Nesselgrund soll nicht durchscheinen, Abb. 23. Will man einen „Bürstenschnitt" haben, werden die Schlingen zum Schluß einzeln aufgeschnitten.

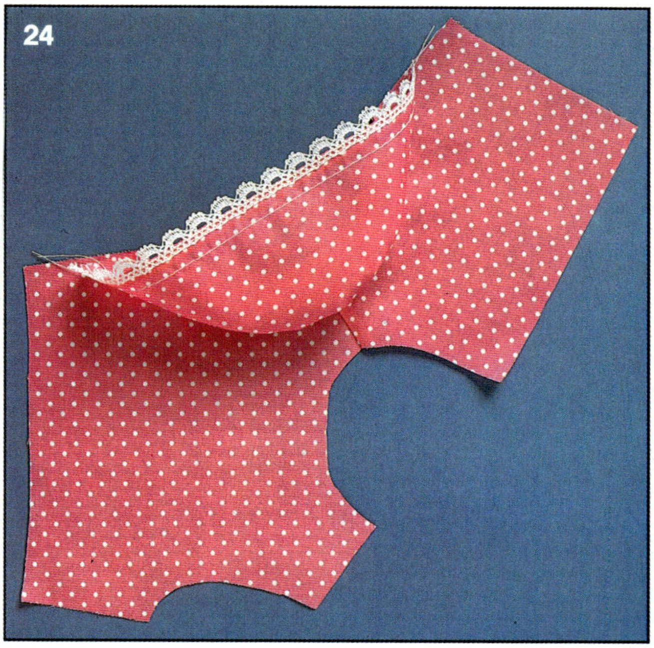

Tips zum Nähen der Puppengarderobe

Im großen und ganzen gelten dieselben Nähvorschriften wie für Kinder- und Erwachsenenkleidung. Natürlich sucht man für knifflige Arbeitsvorgänge, z. B. fürs Ärmeleinsetzen, eine einfachere Lösung. Ein Ärmel wird bis auf die Ärmelnaht fertig gemacht, d. h. gesäumt, mit Spitze besetzt – bei Puffärmeln auch mit Zugsaum ausgestattet (auf die Innenseite schmales Band aufsteppen, erst nach dem Einsetzen Gummifaden einziehen, beidseitig feststeppen) oder mit Gummifaden eingehalten. Sind Vorder- und Rückenteil durch die Schulternähte verbunden, kann der „offene" Ärmel mühelos eingesetzt werden. Nahtränder in Richtung Ärmel bügeln und zusammengefaßt versäubern, Abb. 24. Jetzt Seiten- und Ärmelnaht durchgehend schließen, siehe oben, Abb. 25.

Abb. 26 zeigt, daß bei Hosen zunächst die äußere Naht zu schließen ist. Jetzt kann der untere Rand gesäumt oder mit Spitze besetzt und die innere Naht geschlossen werden. Nahtränder beschneiden und zusammengefaßt versäubern.

Erst jetzt beide „Beinlinge" zusammennähen. Den oberen Rand zu einem Zugsaum umsteppen und Gummiband einziehen.

Vom Traum-haus bis zum Puzzle – alles aus Holz

20 Wenn Sie zu den begeisterten Heimwerkern gehören und über einen gut ausgestatteten Hobbyraum verfügen, wird es Ihnen Spaß machen, das prächtige Haus für Puppenkinder nachzubauen. Die vier großen Schubladen im „Keller" bieten viel Stauraum für Spielzeug.

Auch Puppen wollen schön wohnen

Unter dem Dach ist das Reich der Puppenkinder. Hier ist der größte Raum des Hauses. Das Dach läßt sich übrigens von beiden Seiten her aufklappen. Man muß nicht erst um das Haus herumlaufen, um ins Kinderzimmer zu gelangen. Die Wiege für das Puppenbaby findet im rustikal eingerichteten Elternschlafzimmer Platz.

Gemütliches Zentrum des Hauses ist die Bauernstube. Auf der Bank am warmen Kachelofen fühlen sich die Bewohner besonders wohl. Bezugsquellen für die Möbel finden Sie in der Beilage.

Wohnraum und Küche, mit vielen Extras liebevoll eingerichtet

Auch alle diese Möbel gibt es zu kaufen. Die vielen schmückenden Kleinigkeiten wie Wandbehänge, Bilder, Tischdecken sind zum Selbermachen. Detailfotos finden Sie auf den folgenden Seiten.

Selbstgebastelte Accessoires machen unser Puppenhaus erst gemütlich

21

22

21 Wanduhr mit Pfiff. Eine alte Armbanduhr wurde mit Hilfe von Knetmasse in einen nostalgischen Regulator umgewandelt.

22 Auf Tischen und Fensterbänken blühen kleine Stoffblumen an Ruskuszweigen. Die Töpfe bestehen aus Ton bzw. Knetmasse.

23 Für den Häkelteppich, den Perlenvorhang und das kleine Segelboot gibt's wie zu allen anderen Dingen die Anleitung in der Beilage.

24 Der kunterbunte Resteteppich ist in Plattstich schnell gestickt. Mit Fransen hat er eine Größe von 22 x 12 cm.

25 Etwas für besonders geschickte Hände ist diese kleine Blumenampel in Makramee-Technik. Die Bilderrahmen sind aus Knetmasse.

26 Niedlicher Wandbehang für die „gute Stube" mit einem Vogelpärchen aus bunten Stickgarnresten.

27 Nochmal Makramee. Dieses kleine Meisterwerk kann mit seinen großformatigen Verwandten durchaus konkurrieren.

23

25

26

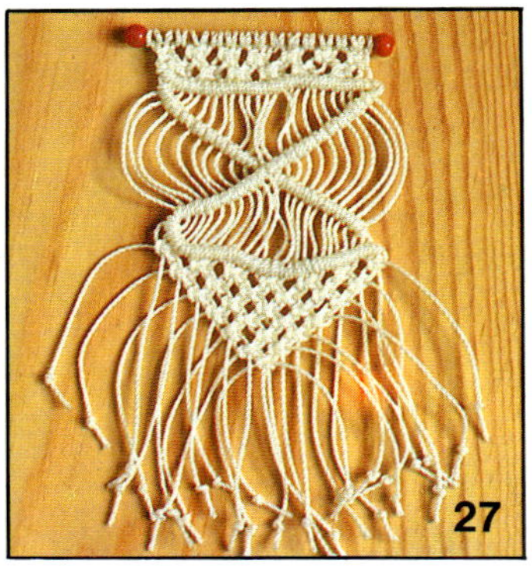

27

28 Brote, Brötchen, Brezeln und Torte, sogar ein winziges Spiegelei – alles wurde kunstvoll aus Knetmasse geformt.

29 Das alte Strickliesel kam hier zu Ehren. Im Nu entstehen lange bunte Schnüre, aus denen dieser Teppich „gerollt“ wird.

30 All diese vielen Kleinigkeiten wurden von Kinderhand geformt. Im Backofen gehärtet, sind sie unzerbrechlich.

31 Zur Aussteuer der Puppendamen gehören auch schöne Handarbeiten. Auf Tischdecke und Kissen blühen aufgemalte Tulpen.

24

28

29

30

31

Ein Häuschen aus dem Märchenbuch

32 Ein Knusperhaus – jedoch nicht zum Knabbern. Mit diesem Hexenhäuschen aus Holz kann man „Hänsel und Gretel" spielen. Alle Türen lassen sich öffnen und schließen, was für den großen Backofen besonders wichtig ist, denn darin soll ja die böse, alte Hexe verschwinden. Versierte Bastler werden das Häuschen vielleicht noch mit Beleuchtung versehen. Viel Spaß beim Spielen!

34

33

Kasperle-Theater

Ein Schauspielhaus fürs Kinderzimmer! Wenn Kasperle einlädt, kommen alle Gäste gern.

33 Unser Theater ist 125 cm hoch und 70 cm breit. Statt eines Vorhangs öffnet sich das Fenster. Es ist lustig bemalt, und eine selbsthaftende Rosenranke (bsb) schmückt das Fachwerk.

34 Die applizierte, fantasievolle Stoffkulisse (49 x 69 cm) ist zum Selbermachen.

35–42 Unser buntes Ensemble könnt ihr Kinder selber herstellen. Die Köpfe sind aus Pappmaché geformt und dann bemalt. Das ist kinderleicht. Beim Zuschneiden und Nähen der Kleider wird Mutti ein wenig mithelfen. Und dann geht's ans Erfinden von Theaterstücken. Die lustige Gesellschaft ist stets zum Spielen bereit.

35
36
37
38

39
40
41
42

Puzzles aus der eigenen Werkstatt

43

44

43–45 Hast du mit der Laubsäge schon ein bißchen Übung? Mit diesen formschönen Legespielen aus Holz kannst du einem kleinen Freund eine Riesenfreude bereiten.

45

Hier wird das Aufräumen zum Spaß! Kleiderbügel müssen nicht langweilig aussehen: Ausgesägt und lustig bemalt, schmücken sie deine Garderobe

46

Ein Pärchen zum Anziehen

46 Kleiderbügel

Musterzeichnung auf Bogen.

Du brauchst dazu:

2 Bretter Sperrholz, 10 mm dick, je 36 x 36 cm; Handwerkszeug und Farben wie bei den Puzzles auf der vorhergehenden Seite beschrieben. Lies den ganzen Vorgang durch, er ergänzt diese Beschreibung. Garderobenleiste von Knorr.

So wird's gemacht:

Übertrage zuerst nur die Konturen des Mädchen- und Jungenkopfes auf das Holz. Säge die Formen aus. Für das Loch zum Aufhängen bohrst du nahe der Linie innerhalb des Kreises mit dem Drillbohrer ein Loch. Führe das Sägeblatt hinein und säge die Rundung aus. Neben den gesägten Kanten mußt du auch Vorder- und Rückseite glattschmirgeln. Nimm nun die Musterzeichnung und pause die inneren Linien auf (Gesicht, Haare, Kragen). Male alles, auch die Garderobenleiste, mit Plaka-Farben an. Zuletzt die Vorder- und Rückseite der Bügel auch mit Klarlack bestreichen.

47

47 Wenn Sie mit diesem Glückshaus in die Ferien reisen, schlagen Sie gleich zwei Fliegen mit einer Klappe. Es dient als Badelaken und lockt Spieler an.

Spiele und viele liebe Kuscheltiere

48 Muscheln und Steine gibt es an jedem Strand genug. Sie brauchen also nur noch Ihr mit dem Mühlespiel appliziertes Badetuch auszubreiten, die Mitspieler kommen dann ganz von selbst.

48

49 Für alle, die in der Etagenwohnung mal die Kugel rollen lassen möchten, eignet sich dieses lautlose, ganz auf gute Nachbarschaft eingestellte Kegelspiel. Die 35 cm großen Figuren wie auch die Kugeln werden aus Nessel genäht, mit Dacron-Watte ausgestopft und mit Deka-Stoffmalfarben individuell angepinselt.

Damit spielen Kinder gern

50–52

Spieltiere wie diese ulkigen Gesellen machen jeden Spaß mit und stehen bei Kindern hoch im Kurs. Gute Verarbeitung garantiert hohe Lebensdauer.

53+54

50–54 Aus strapazierfähigem Stoff genäht und mit Lederflicken in unterschiedlichen Farben und Formen ausgestattet sind Frosch, Salamander, Krokodil, Fische und die 1,30 m lange Schlange.

55 + 56 Sehr majestätisch und doch ganz zahm stellen sich hier zwei Wüstenkönige vor. Ihr Fell ist aus Kurzhaarplüsch. Für die Mähne des großen Löwen (48 cm) eignet sich eine Faschingsperücke, der kleine (27 cm) trägt Langhaarplüsch.

55+56

57–59

57 Zottelig ist Struppis Fell. Er mißt nur 25 cm.

58 Liebenswert und kuschelweich hält Foxi (42 cm lang) viel von Hundetreue.

59 Brummerle, das Hundebaby (22 cm hoch), wünscht sich ein gutes Frauchen!

Keine Angst vor großen Tieren!

60 Leo, der gezähmte Löwe, ist 70 cm lang und liegt als lautloser Türhüter auf der Lauer. Für die königliche Mähne werden Wollschlingen gehäkelt. Damit er gut in Form bleibt, besteht sein „Futter“ aus Holzwolle und Schaumstoffflocken.

61 Streichelweich und sehr possierlich sind die 45 cm langen Wildkätzchen. Durch eine kuschelige Füllung aus Dacron-Watte machen sie jede Bewegung mit und setzen sich auch gern als Beifahrer im Auto in die rechte Positur.

62 Hasso, der schlaue Schäferhund, hält viel von Treue. Er hat eine Sitzhöhe von 50 cm. Bei allen Kindern ist er beliebt. Seine Schnauze stellt er auch mal als Zeitungshalter zur Verfügung.

60

63 In kindgerechter Größe bietet das Nilpferd seinen breiten Rücken zum Reitenlernen an. Ohren bitte besonders fest annähen, damit sie beim fröhlichen Treiben als Zaumzeug herhalten können.

63

64

64 In der Sofaecke hat es sich der 65 cm große Teddybär so richtig gemütlich gemacht, damit er fürs nächste Spiel wieder fit ist. Weil seine Arme und Beine beweglich sind und auch der Kopf in alle Richtungen zu drehen ist, muß er seine akrobatischen Künste nicht einstudieren. Für alle Modelle gibt es Anleitungen in der Beilage.

Reiten macht allen Kindern Spaß
65
Höhe
85 cm

65 Alois, der Esel, frißt kleinen Kindern aus der Hand, sie dürfen ihn nach Herzenslust streicheln, ziehen, schieben und auf ihm reiten. Er ist geduldig und kein bißchen stur! Seine Standfestigkeit erhält er durch ein Holzgestell, das Vati zimmern kann. Mutti wird den Bezug nähen und den Esel „anziehen". Wenn er erst ins Kinderzimmer rollt, vergißt er seine Musikantenrolle in Bremen!

66 Durstig kommt das farbenfrohe, fantasievoll gestaltete Fabeltier zur Quelle gekrochen. Hier will es sich laben, um dann wieder frisch gestärkt und gutgelaunt mit lieben Kindern zu spielen. Originelles Drumherum wie Flossenfüße, Rükkenkamm und gar noch Flügel machen es einmalig in der Welt der Kinder.

67 + 68 Aus dem Fluß steigen Mutter und Kind der Nilpferdsippe. Hier gibt es so schönes, frisches Gras in Hülle und Fülle. Und da die beiden vom Kalorienzählen nichts wissen, werden sie herrlich fett und sitzbequem. Das niedliche Kleine ist auf dem besten Weg, der Mutter nachzugeraten!

Liebe Hunde suchen Herrchen

69 Knuffi führt die Runde an. Er ist ein besonders weicher Knuddelhund, jeder hat ihn gern und möche ihn mal streicheln. Sein witziges Gesicht bringt alle zum Schmunzeln. Nase: Knorr.

70 Sein Körper ist aus rotem Blümchen- und Herzchen-Frottier. Er ist der mutige Hund, der mit Esel, Katze und Hahn damals in Bremen die Räuber verjagte. Alle Achtung!

71 Schenken Sie Ihren Kindern den schwarzen und den weißen Hund! Kinder lieben dieses kontrastierende Vierbeiner-Pärchen. Es ist nach einem Schnitt genäht und sogar waschbar.

72 Auch dieses Trio im bunten Gewand kann sich sehen lassen! Selbst wenn Sie noch wenig Erfahrung im Nähen haben, diese Hündchen sind wirklich leicht nachzumachen. Stoff: Sigikid.

73 Schlapp und Schnauz schauen erwartungsvoll in die Welt. Die beiden sind absolut stubenrein und pflegeleicht. Locker mit Dacron-Watte gefüllt, fühlen sie sich kuscheligweich und leicht an. Sind sie nicht ein gelungener Wurf?

74 Treuherzig schaut unser Florian aus seinem Körbchen. Er träumt von einem Herrchen oder Frauchen, das ihn liebhat. – Geübten Händen wird es nicht schwerfallen, ihn nach unserer Anleitung nachzuarbeiten. Material: Austermann.

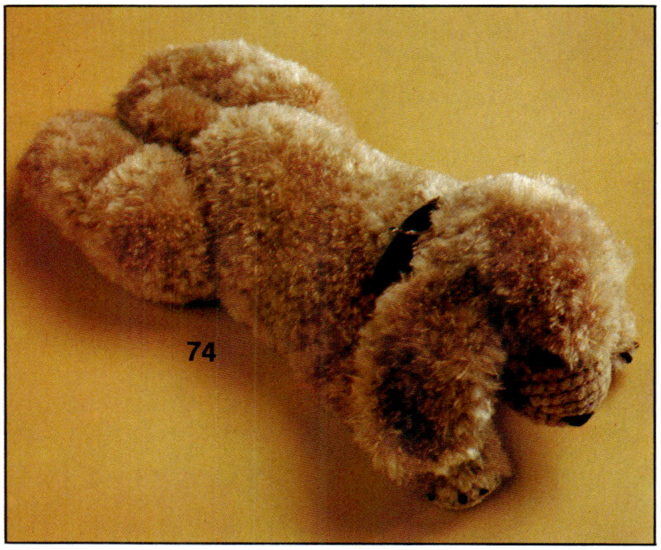

Basteleien für die Osterzeit

75 „Nachwuchs"-Osterhasen in Blond und Braun spitzen ihre Löffel. Sie bestaunen mit großen Kulleraugen das bunte Treiben am Ostermorgen. 23 cm groß und einfach zu nähen und zu basteln, möchten sie gern Maskottchen für groß und klein sein.

79 Witzige Enten komplettieren die Ostergesellschaft. Sie sind 20 cm lang. Bei der liegenden Ente zeigt sich die einfache Schnittform, die hockende hat nur den Kopf auf den Bauch geklappt. Kinder freuen sich bestimmt nicht nur zu Ostern darüber!

80 Sehr weich und anschmiegsam – das lammfromme Schaf. Gern begleitet es das liebe Kind folgsam ins Bett.

76–78 Der Hahn
ibt an. Mit Recht!
Ver hat schon solch
ine gefiederte
racht vorzuweisen?
r schmettert sein
Kikeriki“ in den Früh-
ngsmorgen und
nponiert damit dem
brigen Federvieh.
urch Körper und Beine
ieht sich ein Gestell
us Figurendraht, das dem
lahn in seiner Sippe den
ötigen Stand verleiht.
efieder: Fantex-Vlieseline.

1 Langohr Mümmelmann
at's gerade noch geschafft!
r kommt in letzter Minute
m die Ecke gewetzt, denn
chließlich ist er zu Ostern
ie Hauptperson! Er trägt
ur Feier des Tages Jeans.

82+83

82 + 83 Nicht nur Kinder freuen sich über diese lustigen Mümmelmänner. Die Osterhasenfrau mit niedlicher Rüschenschürze ist wie ihr Mann von den Füßen bis zur Ohrenspitze 65 cm groß.

85 Zum Aufessen viel zu schade! Nehmen Sie darum Gipseier aus der Samenhandlung, und bemalen Sie diese wie kleine Fachwerkhäuser. Selbstgezogene Kresse dient als Standort der Idylle. Sie muß zwei Wochen vor Ostern gesät werden.

84 Hübsch als Tischdekoration. Die Hasenfamilie samt Gartenzaun und Blümchen entstehen aus festen Kartonschablonen, die mit Wollfäden beklebt werden. Auch die Eier kann man in dieser Technik mit Wolle umwickeln. Zur Stabilisierung bekommt jedes Motiv einen Standfuß.

84

86

88

Hochsaison bei Familie Ostermann

85

91 Als Mobile gerät diese Henne mit ihrer Eierpracht beim leisesten Windhauch in Bewegung. Bemalt mit Plaka-Farbe und Festtagsgefieder aus bunten Stoffresten, kann sie sich von beiden Seiten sehen lassen.

87

89

90

91

86–88 Als Freundschaftsgeschenk haben selbstbemalte Ostereier eine nachahmenswert gute Tradition.

89 Wirkungsvoller Wandschmuck: Eier, mit einfachen Motiven bemalt, werden zum Kranz aufgefädelt.

90 Diese filigranen Motive gelingen nur mit Hilfe der Natur. Nehmen Sie sie in Anspruch, und freuen Sie sich am Dekor. Anleitungen für alle Modelle in der Beilage.

Geschenk-Boutique

Bestickt, bemalt oder appliziert: Duftkissen

92 Bei allen lieben Müttern und Schwiegermüttern können Sie mit diesem adretten Stickkissen jederzeit aufkreuzen.
93 Wer gern malt, greift zu waschechter Farbe aus der Tube und verschenkt den Blumenstrauß mit duftendem Innenleben
94 Dieses Duftbeutelchen mit aufgestickten Blumenkindern erfreut alle Stickfans, die den Wert der Arbeit schätzen könne
95 Geduldige sticken den Blumenstrauß, Eilige nähen Blümchen, die es fertig zu kaufen gibt, auf das Spitzenkissen.

96 Passend zum Lavendelduft ist auch die dekorative Hülle. Ein schmales Satinband umrahmt die aparte Tüllspitze.
97 Wer diesen herzigen Blütenkranz stickt, darf sich mit dem kleinen Sprüchlein ruhig selbst ins rechte Licht rücken.
98 Die aparte, applizierte Pussycat weiß genau, warum man ihr das weiche, duftende Plätzchen eingeräumt hat.
99 Wer die Brieftaube stickt und mit vielen Grüßen und Nelkenduft auf die Reise schickt, bekommt bestimmt bald Antwort.
00 Wählen Sie für die wirkungsvolle Applikation dieses Kissens harmonisch aufeinander abgestimmte Dessins.
01 Kleines Herz mit großer Wirkung. Das Zierdeckchen mit Rüschenrand wird auf den blumigen Untergrund gesteppt.
02 Malen Sie dieses oder das Haus Ihrer Freunde auf ein Minikissen, dann haben Sie immer ein duftes Geschenk.
03 Duftende Frische vermittelt schon der Anblick vom gemalten Schwan. Anleitungen und Musterzeichnungen in der Beilage.

104 + 105 Reisepantöffelchen mit Hülle und die gefächerte, praktische Strumpftasche sind aus einem Dessin. Besonders schön wäre es natürlich, wenn Sie beides farblich passend zum schon vorhandenen Morgenmantel arbeiten würden. Für die Sohlen der „Leisetreter“ nimmt man Schuheinlagen aus Filz, die es in verschiedenen Größen fertig zu kaufen gibt, und überzieht sie mit Stoff.

104+105

107 In diesen Kosmetikkoffer paßt wirklich alles, was zum umfangreichen Pflegeset gehört. Die Aufteilung des reich gefächerten Innenlebens läßt sich, den Erfordernissen entsprechend, bequem abändern.

107

108

106 Bringen Sie die Blümchen der gepolsterten Kleiderbügel mit einem Tupfer Parfüm zum Duften.

108 Hier ist alles übersichtlich untergebracht. Färben Sie ein billiges Spankörbchen, und geben Sie ihm das funktionelle Futter. Schlaufen mit eingearbeitetem Gummizug sorgen für Ordnung und ermöglichen auch Platzumstellungen.

109 Kleine Pannenhilfe für reiselustige Hobbyschneiderinnen und gefüttertes Körbchen für Strickfans.

113 + 114 Für Lockenköpfchen: Beutel und Täschen fürs Zubehör. Anleitungen in der Beilage.

110–112

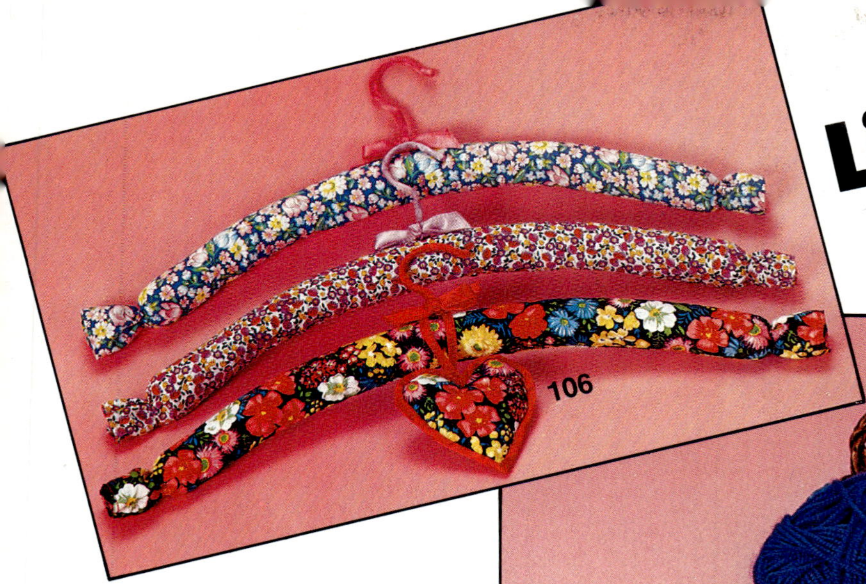

106

Liebenswertes und Nützliches

109

110–112 Schminkutensilien finden in der funktionellen Rolle ein ordentliches Zuhause. Das Medikamententäschchen ist mit abwaschbarem Futter ausgestattet. Im Taschentuchbehälter kann nichts vom Stapel fallen.

113+114

115–117 Bauernmalerei ist eine schöne Freizeitbeschäftigung mit lohnenden Ergebnissen. Spiegelrahmen und auch Schirmständer können Sie als Rohlinge kaufen. Die Kommode haben wir in einer Rumpelkammer gefunden und durch die Bemalung in ein adrettes Möbelstück verwandelt. Mit Abbeizpaste, Schmirgelpapier und etwas Ausdauer läßt sich die alte Lackschicht entfernen. Beim Malen der Motive kann ein Malstab hilfreich sein. Er wird von einer Hand gehalten und gibt der malenden Hand den nötigen Halt für einen ruhigen Pinselstrich. Weitere Tips finden Sie in der Beilage.

Bauernmalerei für Anfänger

118 Auf und in dieser Blumenwanne blüht es das ganze Jahr. Der Feldblumenstrauß wurde getrocknet.

118

Lassen Sie Rosen sprechen

119 Prachtvoller Schmuck für einen festlichen Anlaß, aus vielen großen Rosen gesteckt. Ein paar Stengel Schleierkraut inmitten der Rosenfülle verleihen noch mehr Duftigkeit. Die einzelnen Blüten haben einen Durchmesser von etwa 8 cm und sind aus schimmerndem Satin-

band auf einfache Weise geschlungen. Um Ihnen das Nacharbeiten noch leichter zu machen, sehen Sie nebenstehend den Foto-Lehrgang.

Blütenzauber

Rosen aus glänzendem Band

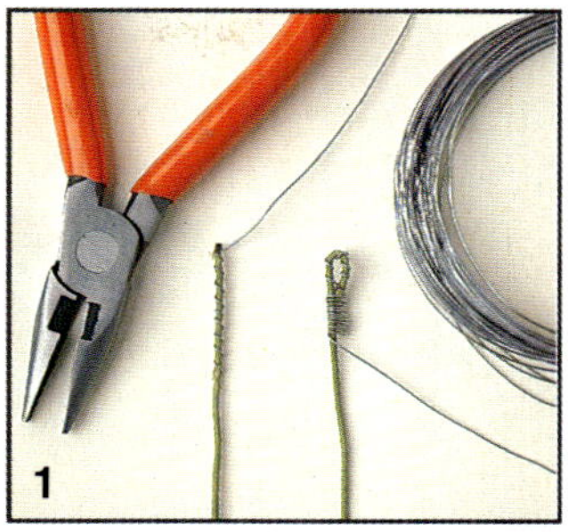

Damit man „am laufenden Band“ arbeiten kann, das Zubehör vorbereiten

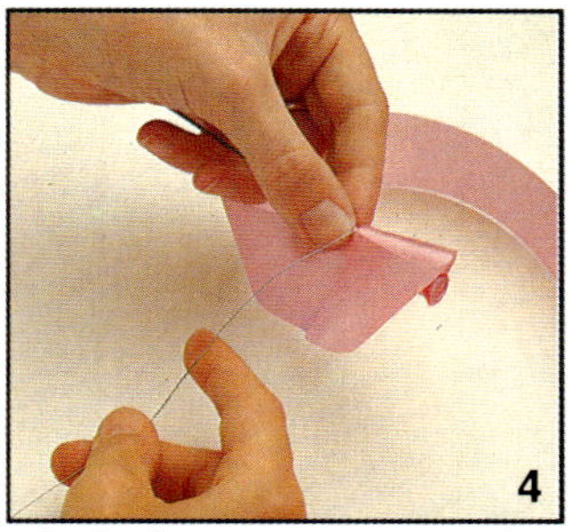

Beim Wickeln den Blumendraht immer waagrecht vor sich halten

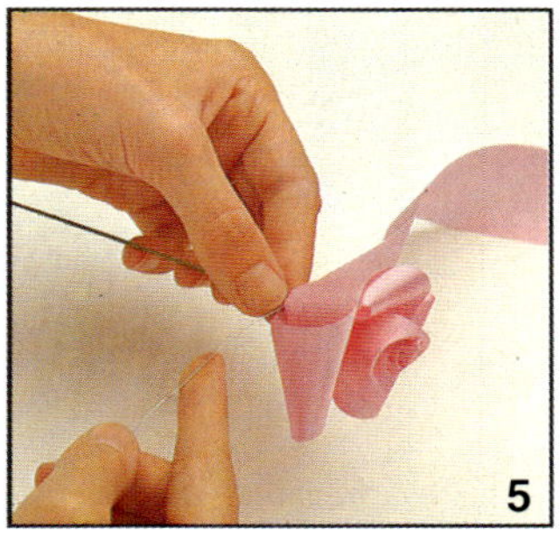

Material: Satinband, 38 mm breit, in Rosé 16, Dunkelrosa 33 und Erikarot 38 (gibt's auf Karten zu je 5 m, Nr. 51000); für die Stiele Blumendraht, 1 mm ∅, 50 cm lang (Nr. 12603-29) und 2 Rollen Bindedraht, 0,4 mm ∅ (Nr. 12600), Flora-Kreppband, grün (Nr. 51050), gepreßte Stoffblättchen, 32 x 60 mm (Nr. 51060) – alles von Rayher-Hobby. An Werkzeug braucht man Schere und kleine Kettelzange.

Ausführung: Für 1 Rose 1 bis 1,20 m Satinband und ca. 70 cm Bindedraht abschneiden. 1 Blumendraht und 2 oder mehr Stoffblättchen bereitlegen. Zuerst lt. Abb. 1 den Bindedraht am Stiel befestigen: Um die oberen 2 cm Bindedraht wikkeln, Stiel umbiegen und das Ende mit einwickeln, so gesichert, kann sich der Bindedraht nicht mehr lösen. Jetzt den Anfang des Satinbandes um den Stiel rollen, einbinden, Abb. 2, Band umschlagen, ca. 3mal in gerader Führung um den Stiel rollen. Bindedraht nachführen, dann mit dem Wikkeln beginnen, dabei den Stiel drehen. Darauf achten, daß Draht und Band immer dieselbe „Wickelrichtung“ haben, am besten auf sich gerichtet. Das Band läuft immer schräg nach außen und wird am unteren Rand vom Draht gehalten, Abb. 3. Nun das Band nach außen umschlagen, Abb. 4, und weiterwickeln, dies ca. nach jeder ⅓ Umdrehung wiederholen, das ergibt die typische Rosenform, Abb. 5. Bandende mit einbinden und den Blütenansatz mit Kreppband umwickeln, Abb. 6 (es wird durch die Handwärme geschmeidig). In Spiralen auch den Stiel umwickeln, dabei die Stoffblättchen mit einbinden.

120–122

120–122 Damit Sie lange Freude haben an des Sommers Pracht, empfehlen wir für Sets und Tischkärtchen eine Schutzschicht aus Klarsichtfolie. Unter Lampenschirmfolie blüht es auf den Teeglashüllen.
123 Für ganz besonders liebe Freunde wird diese herzige Blumenranke zur Glückwunschkarte.

123

124+125

Blumen und Gräser aus Feld und Flur

124 + 125 Zwischen Schleierkraut, Früchten der Mondviole und Staticen wirken Rosen sehr apart. Teerosen und auch Freilandrosen lassen sich hervorragend trocknen, wenn man sie mit den Köpfen nach unten aufhängt. Ein Drahtring von 20 cm ∅ dient als Grundform, um die das Trockenmaterial dicht an dicht gebunden wird. Schillernden Glanz auf den Mondviolen bewirkt eine Schicht rosa Nagellack.

126 Naturfreunde basteln sich ihre Gardinen selbst und können so auch als Großstädter mit diesem Fensterschmuck immer blühende Wiesen bewundern. Mit Fotoecken befestigt, lassen sich die Bilder zum Scheibenputzen abnehmen, denn die gepreßten Blumen und Blätter sind in Klarsichtfolie gefaßt.

Flechten mit Peddigrohr

127–135 Korbflechten macht Spaß, und sogar Kindern gelingt es, aus Peddigrohr hübsche Geschenke zu basteln. Zum Flechten muß das Rohr, das aus den Zweigen lianenartiger Kletterpalmen gewonnen wird, durch Einweichen in lauwarmem Wasser biegsam gemacht werden. Für „Staken", die das Gerüst des Geflechts bilden, nimmt man etwas dickeres Rohr. In Bastelläden gibt's verschiedene Stärken.

Wenn Sie schon etwas Übung im Korbflechten haben, können Sie nach dem Prinzip der Anleitung für den Übertopf auch eine Lampe basteln. Wichtig ist dabei, daß beide Schirme die gleiche Form und Größe kriegen.

Erst über 4, dann über 2 Staken flechten. Man nennt das „Aufbrechen“ (Abb. a). Bei ungerader Stakenzahl wird mit einem Faden geflochten. Wie beim Stopfen je 1 Stake auffassen, 1 übergehen (Abb. b). Bei gerader Stakenzahl mit 2 Fäden arbeiten. Ein Faden vor, den 2. hinter die Stake legen (Abb. c). Im linken unteren Viertel (Abb. d) ist das 17. Stakenpaar deutlich erkennbar, das Aufbrechen erfolgte in 6. Rd.

127–135

Glückwünsche mit ganz persönlicher Note

136

136 Stoffe mit knackigem Obst bedruckt lassen sich in einen Korb „pflanzen“.

137 Dieser Schornsteinfeger bringt außer Glück noch einen Blumenstrauß.

138 Hier drehen sich viele liebe Grüße im Glücksrad.

139 Aus Tortenspitze ein Henkelkorb, gefüllt mit Blüten aus der Restekiste.

140 Der eilige Kavalier kommt bestimmt gut an!

141 Glückliche Eltern freuen sich über treffende Grüße.

142 Zeitungsausschnitte, zusammengepuzzelt, haben sagenhafte Wirkung.

143 Gute Wünsche fürs neue Heim verbergen sich hinter den Fensterläden.

144 Auch paarweise kann man – gezeichnet oder fotografiert – Glück wünschen.

145 Ein Motiv aus dem Urlaub als lieber Gruß.

146 Dieses wonnige Blumenkind hat die Taschen voller herzlicher Wünsche.

137

138

139

140

141

142

143

144

145

146

147–152 Jede rustikale Holzbank wird zum einladenden Kuschelplatz, wenn Sie sie mit solch niedlichen Kissen polstern. Alle Motive können aus bunten und kleingemusterten Stoffen appliziert werden. Wenn Sie die Motive mittels Vliesofix aufbügeln, kann beim Aufsteppen nichts verrutschen. Wählen Sie möglichst Töne, die zur übrigen Raumausstattung passen. Unsere Kissen sind 34 x 34 cm groß und auch bei Kindern ein willkommenes Geschenk. Für alle Motive gibt es eine originalgroße Musterzeichnung.

147

148

149

150

Hübsche Ideen für Ihr Heim

151
152

153 Früchte, die man strapazieren darf, sind eine witzige Polsteridee für Leute, die das Besondere suchen. Die lustigen Früchtchen bekommen nach dem Nähen noch das gewisse Etwas, indem man sie mit Knötchen-, Stiel- und Margeritenstichen verziert.

154 Eine herzige Idee sind diese schnell zu nähenden Kissen. Farblich auf Ihr Heim abgestimmt, bekommen sie durch die Applikationen erst ihre individuelle Note. Auch bereits vorhandenen Kissenhüllen verhelfen die Herzen zu einem ganz neuen Gesicht.

155 + 156 Hübsche Obstarrangements, die auch Nähanfängern leichtfallen werden. Die farbigen Applikationsstoffe mit Haftvlies (im Kurzwarenhandel erhältlich) beschichten, die Motive ausschneiden, lt. Musterzeichnung aufbügeln und dann mit Zickzackstich aufnähen. So einfach ist diese tolle Idee zu verwirklichen!

Applikationen mit Früchten und Herzen

157 Auch auf kräftigem Untergrund kommt die Applikation sehr gut zur Geltung, ein Beispiel dafür ist unser dekoratives Kissen. Den Verwendungsmöglichkeiten des Motivs sind keine Grenzen gesetzt. Vielleicht gefällt Ihnen die Idee, mit ihm ein komplettes Set zu schmücken, das dem ganzen Raum Frische verleiht.

158 Um stolzer Besitzer dieses zauberhaften Kuschelteppichs zu werden, brauchen Sie lediglich das Baumwollgarn besorgen. Das Material zum Weben und Knüpfen sind in Streifen geschnittene, kunterbunte Stoffreste.
Dieser farbenfrohe Blickfang ist nicht nur als Teppich schön, auch als Wandbehang verfehlt er seine Wirkung nicht.

Hier geht's ganz rustikal zu

Ein Webrahmen zum Selbermachen

Die Herstellung dieses urtümlichen, einfachen Holzwebrahmens aus Material, wie die Natur es liefert, stellt für Bastler keine Schwierigkeit dar. Unser Modell ist 127 x 113 cm groß.

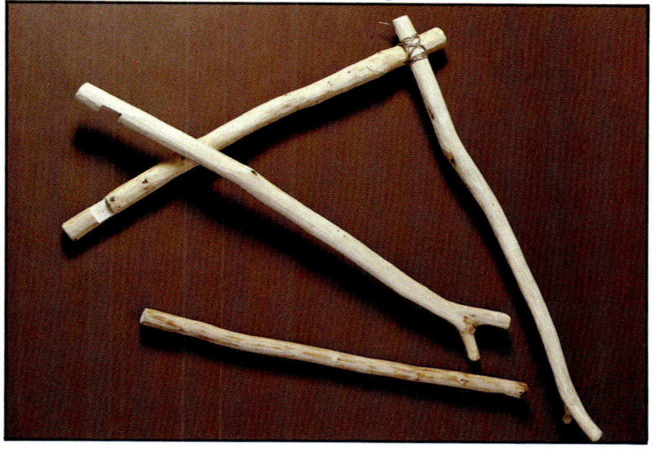

Sie benötigen zwei stabile Hölzer mit Astgabeln und zwei ebenso kräftige Querhölzer.
Das obere Querholz wird in die beiden Astgabeln eingelegt. Erst die gespannte Kette hält es fest.

Zur Stabilisierung des Rahmens werden die beiden Seitenstreben und das untere Querholz so eingekerbt, daß sie fest ineinandergefügt werden können. So ist auch die Breite des Rahmens fixiert.

Zum Aufbringen der Kette werden um das untere und obere Holz (Warenbaum und Kettbaum) Kettfäden in möglichst gleichen Abständen gespannt. Nach dieser Vorbereitung wird mit zwei Schußfäden in Leinwandbindung begonnen. Dann folgt eine Knüpfreihe, in der die einzelnen Fransen jeweils über zwei Kettfäden eingeknüpft werden. Nach jeder Knüpfreihe folgen zwei Schußreihen, die den Halt der Knüpfreihen gewährleisten. Mit einem kleinen Trick kann man ein Verrutschen der Kettfäden verhindern: Wenn vor dem Spannen der Kette auf den beiden Querhölzern doppelseitig klebendes Tesaband aufgebracht wird, hält dieses die Kette buchstäblich in „Reih und Glied".

Mit einer Häkelkette (Loopschlingen) am unteren Warenrand werden die Kettfäden zum Weben in eine Ebene gebracht.

Um diese Verbindung noch zu stabilisieren, sollte sie anschließend mit Sisalschnur umwickelt werden.

159

Buntes aus der Restekiste

159 Möchten Sie eine Schultertasche besitzen, die einmalig ist? Dann häkeln Sie sich doch eine! Aus den von Ihnen gewählten Stoffresten ergibt sich die Originalität des Dessins.

160 Auch diese Tasche hat Seltenheitswert. Bunte Schrägstreifen, die in ein Maschennetz aus Hanfgarn mit eingehäkelt werden, ergeben das hübsche Mosaik.

161 Für diesen strapazierfähigen Teppich müssen Sie die Flickenkiste auf den Kopf stellen! Die Häkeltechnik ist einfach, die Teppichgröße variabel.

160

161

162

162 Hier noch ein besonders hübscher, ovaler Flekkerlteppich, der – je nach Ausdauer und „Restebestand“ – beliebig groß entstehen kann.

Diese Malerei ist Spitze

Produzieren Sie doch mal Spitzen in eigener Werkstatt

Die Spitzenwerke dieser Seite sind nicht schwer nachzumachen, denn sie werden mit Hilfe von Papier- oder Plastiktortendeckchen auf den Stoff gedruckt. Wählen Sie Farben, die zur Umgebung passen!

163 Schlummerkissen oder originelles Schaustück ist das Kissen mit „Spitzenrüschchen". Es ist 25 x 40 cm groß und hat ein kuschelweiches Innenleben. Für den Kissenbezug können Sie auch ein ausgedientes Bettlaken verwenden.

164 + 165 Auf einer einfarbigen Tischdecke wirken Serviette und dazugehörige Serviettentasche richtig edel. Wie die Spitzenmalerei entsteht, sehen Sie auf dem Foto oben rechts. Spitzen gibt's mit vielen Mustern.

166 Frühstücken Sie gern im Bett? Dann ist das Tablettdeckchen das Richtige für Sie – oder Sie machen sich gleich mehrere als Sets für einen schöngedeckten Tisch.

167 Mustergültige Ordnung herrscht in diesem Schrank. Durch die dekorativen Schrankspitzen wird der Eindruck noch verstärkt. Zwischen den einzelnen Wäschestücken sorgen mit Lavendel, Nelken oder Anis gefüllte Beutelchen für duftende Frische. Auch sie sind natürlich mit Spitzenmustern reich verziert. Mit der Aufschrift „Lavendel", „Rosenblätter" oder andere Inhalte wird es bestimmt noch attraktiver.

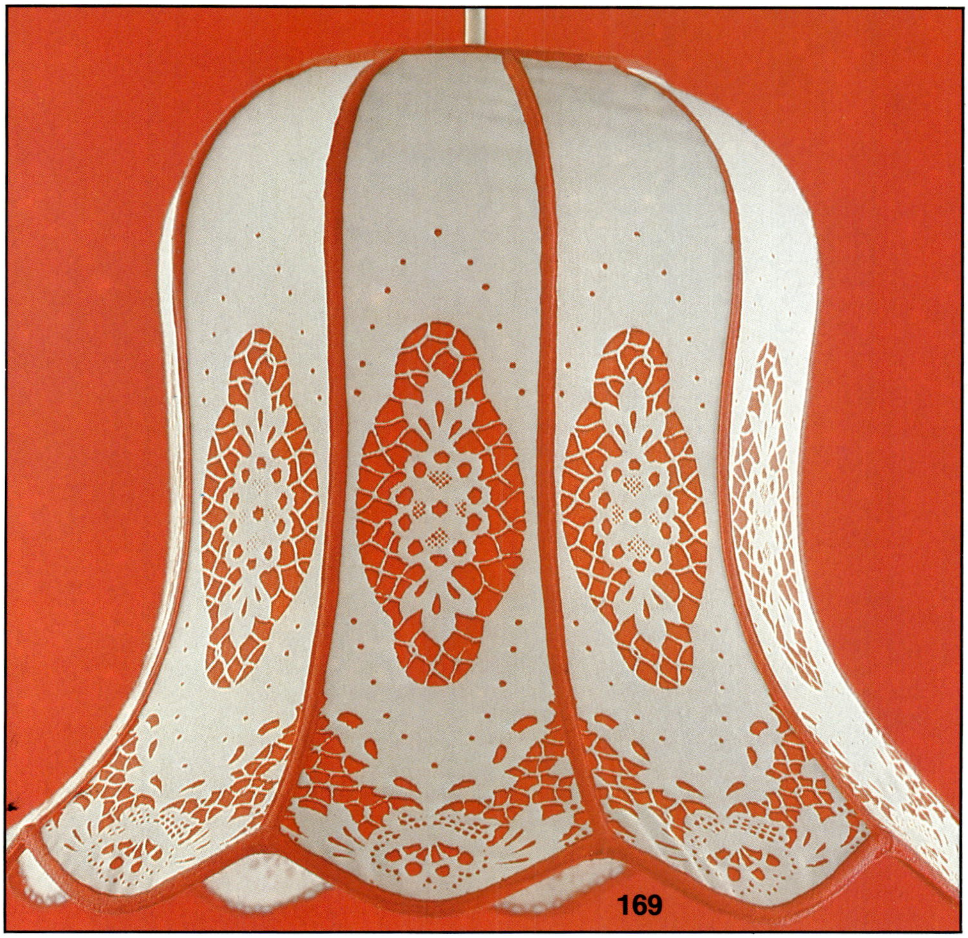

168 + 169 Damit alles schön harmonisch wirkt, haben wir auch Vorhänge und Lampenschirm mit Spitzen dekoriert.

Liebenswerte Technik – Batik –

170 Bei diesem in verschiedenen Blautönen gefärbten Seidentuch wurde der Rand zum Schluß in schwarze Farbe getaucht. Mit goldener Textilfarbe aufgemalt sind Tupfen und Sternchen, die den besonderen Effekt ausmachen.

170

171 Greifen Sie auch lieber nach der farbigen Bettwäsche, obwohl Sie den Schrank voller weißer Kissen und Bezüge haben? Hier zeigen wir Ihnen, wie man das ändern kann. Mit Batik-Kaltfarben, die unbedingt kochfest sind, können Sie in Farben schwelgen. Sicherlich freuen sich auch Ihre Gäste über einen besonders netten Gute-Nacht-Gruß. Auf dieser Seite möchten wir Ihnen Anregungen für eigene Entwürfe geben. Arbeitsanleitung i. d. Beilage.

172

172 Wie wäre es mit einem supergroßen Tuch für den Strand? Je nach Lust und Laune kann es gewickelt oder geschlungen werden. In jedem Fall wird es viele bewundernde Blicke auf sich ziehen. Die zarte Seide dieser Wickelbatik wurde in Violett und Bordeauxrot gefärbt. Arbeitsanleitung und Materialverbrauch i. d. Beil.

Große und kleine Kreise sind willkürlich über das ganze Tuch verteilt.

Vom Wickeln und Einknüpfen

Die nächste Variante ist das Einbinden oder Einknüpfen von kleinen Gegenständen wie Steinchen, Knöpfe, Hülsenfrüchte und viele andere Dinge mehr. Die Wirkung beruht auf der Tatsache, daß die verschiedenen Formen jeweils andere Muster hervorrufen. Ein längliches Steinchen ergibt eine Ellipse, der Knopf einen Kreis, Reiskörner kleine Tupfen.
Wichtig ist auch hier, daß Sie beim Abbinden die Schnur ganz fest anziehen und verknoten, so daß auch bei winzigen Objekten eine exakte Zeichnung entstehen kann. Je breiter Sie wickeln, desto größer wird das Motiv.

Batiken mit Nadel und Faden

173 Tritik oder Nähbatik ist eine weitere schöne Möglichkeit, die das große Thema Batik bietet. Jetzt tritt der Zufall ein wenig in den Hintergrund, denn man kann die Motive selbst bestimmen. Die großen, weißen Blüten, um eine hellrote Sonne gruppiert, werden mit nicht zu kleinen Stichen auf vorgezeichnete Konturen geheftet (siehe Werkfoto unten). Wenn alle Heftungen fertig sind, zieht man die Fäden ganz fest zusammen und verknotet sie. Die entstandenen Stoffbeutel sollen alle auf derselben Seite liegen. Weißes Hanfgarn oder Knopflochseide ist für diese Arbeit geeignet. Musterzeichnung und Anleitung i. d. Beil.

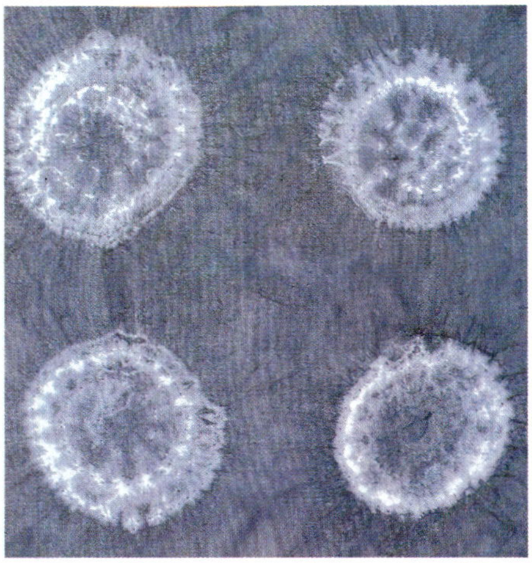

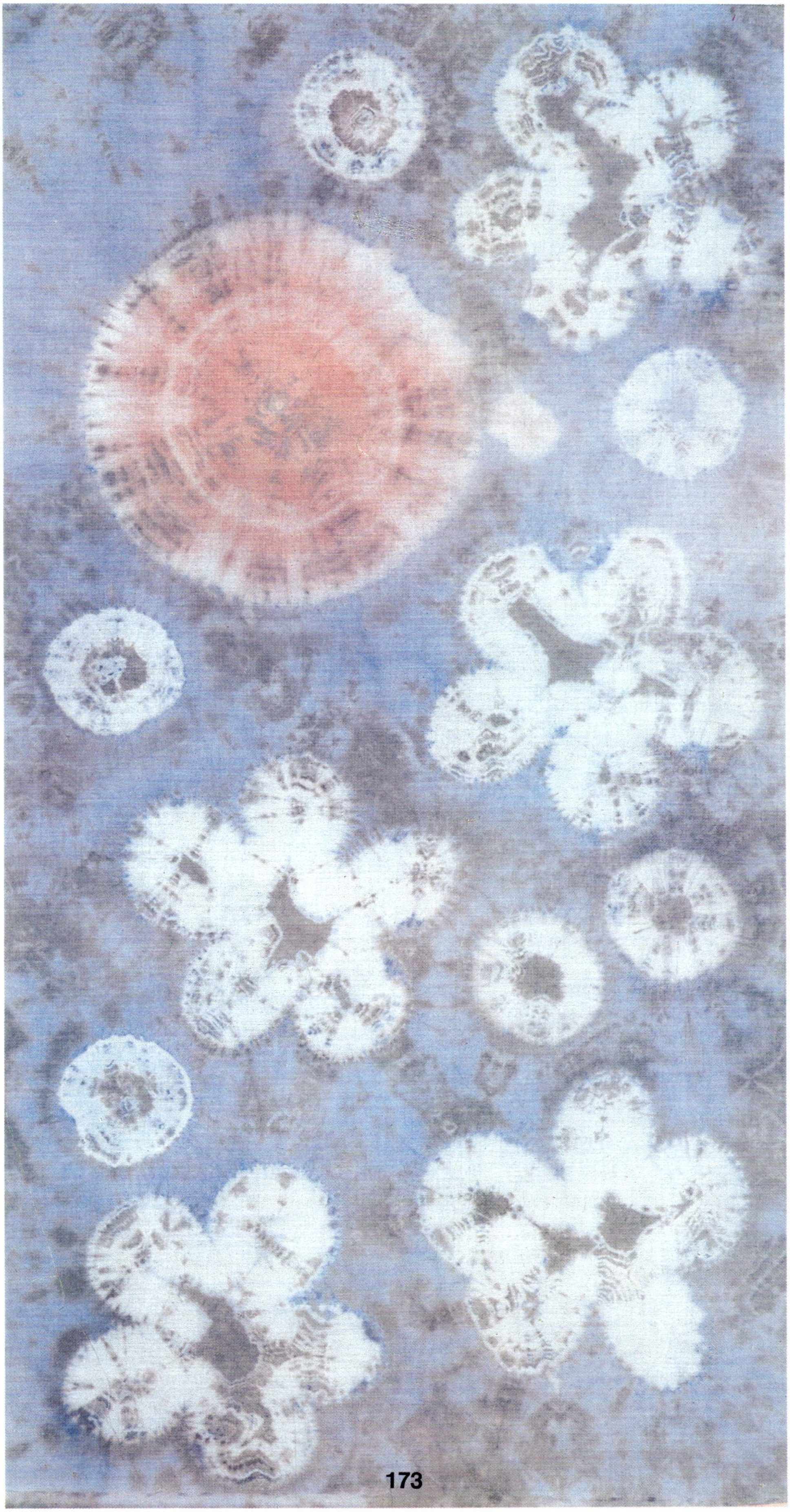

173

Schöne Accessoires für Ihr Heim

174 Was unserer Garderobe den letzten Pfiff gibt, macht auch unsere Umgebung schöner. Der Schirm dieser Tischlampe wurde mit einem gebatikten Seidenschal bezogen.

Auf den beiden Werkfotos sehen Sie, wie einfach diese Technik ist. Der Spaß kommt hier sozusagen bei der Arbeit. Es lassen sich nicht nur Kreis- und Ringmotive erzielen. Wenn der Stoff z. B. wie eine Ziehharmonika gefaltet und danach abgebunden wird, ergeben sich Streifen und Zick-Zack-Linien. Je ideenreicher Sie wickeln, desto interessanter ist das Ergebnis.

175 Drei leuchtende Fantasieblumen auf diesem Paravent lassen selbst an Regentagen ein wenig die Sonne scheinen. Der Zeitaufwand für die Herstellung dieses attraktiven Wohnaccessoires ist geringer, als man auf den ersten Blick meint. Das Material, ein Leinen, wird in 3 Farbbäder getaucht. Das Gestell für den Paravent besteht aus festen Holzleisten, die Scharniere aus Klavierband. Materialverbrauch und Arbeitsanleitung finden Sie in der Beilage.

175

Hübsches für Fenster und Tisch

176+177

176 + 177 Bei Gardine und Tischdecke hat die Wachsbatik, die älteste Technik, Pate gestanden. Für unser Motiv gibt es eine Musterzeichnung in der Beilage. Es läßt sich beliebig oft aneinanderreihen, so daß die Maße von Tischdecke oder Gardine keine Rolle spielen. Nachdem das Motiv auf den Stoff übertragen worden ist, werden alle Linien und Punkte mit flüssigem Wachs bemalt, damit sie später weiß bleiben. Wie intensiv die Farbe wird, bestimmen Sie mit der Färbedauer. Genaue Arbeitsanleitung i. d. Beilage.

Welches Zubehör ist nötig?

Um den Stoff zu spannen, gibt es im Handel spezielle Batikrahmen. Sie haben Einkerbungen und sind dadurch in der Größe verstellbar. Ein alter Bilderrahmen, eine Schublade oder zusammengeleimte Holzleisten tun es aber auch.

Wachs ist in Blöcken und Perlen erhältlich. Je nach Technik sind zum Auftragen feine und breite Pinsel oder Wachspfännchen (Tjantings) nötig, sowie Stifte zum Übertragen des Motives auf den Stoff.

Die Palette der Batikfarben ist sehr umfangreich. Außerdem gibt es noch spezielle, kochfeste Farben für Wäsche und Kleidung. Sehr zu empfehlen ist die Verwendung eines Fixiermittels.

Plastikeimer oder Schüssel fürs Farbbad, Gummihandschuhe, Rührlöffel und ein Badethermometer sind unerläßlich. Denken Sie auch an Essig und Salz, beides zum Ansetzen der Farbbäder.

Aus der fertigen Arbeit muß das Wachs entfernt werden. Es wird mit dem Bügeleisen „herausgeschmolzen". Dazu brauchen Sie altes Zeitungspapier, besser noch unbedrucktes Seidenpapier.

Fische für Sets

178 Beide Fische sind mit dem Tjanting entstanden. Das Wachspfännchen mit dem feinen Ausflußröhrchen ist nach einiger Übung leicht zu handhaben. Die Linien werden exakt, wenn Sie schnell arbeiten. Alle Flächen mit dem Pinsel ausmalen.

Feine Linien kann man sowohl mit dem Pinsel als auch mit dem Tjanting ziehen. Für freies Zeichnen ist das Wachspfännchen jedoch wesentlich besser geeignet.

Zum Ausfüllen von Flächen ist ein Pinsel unerläßlich. Für große Grundflächen hat sich ein breiter, flacher Kuchenpinsel gut bewährt. Er sollte nicht zu weich sein.

Hier noch ein Spezial-Tjanting. Er hat vier Ausflußröhrchen. Zwar erfordert es schon einige Übung, auch wirklich vier parallele Linien zu ziehen, aber es gelingt.

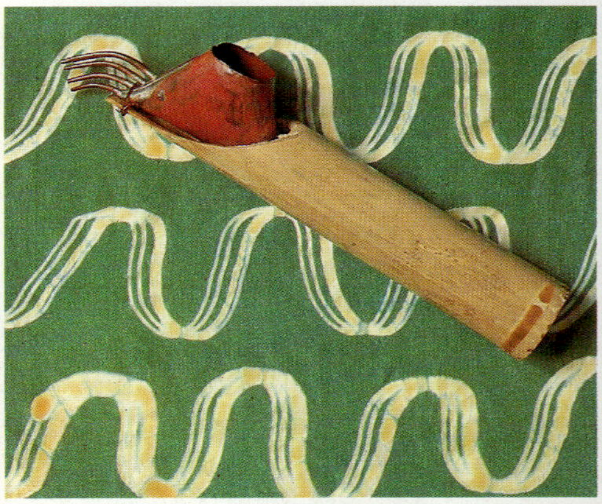

179

180

Große und kleine Kreise auf einem Seidentuch von 90 x 90 cm Größe

Blätter und Kreise in warmen Herbstfarben

179 + 180 Wie hingestreut liegen die Blätter auf dem Tischtuch aus Nessel. Es wurde in den gleichen Farbbädern wie das unten abgebildete Seidentuch gefärbt. Hieran sieht man, daß auf verschiedenen Stoffen die Farbwirkung jeweils anders ist. Auf Seide wird eine größere Leuchtkraft erreicht als auf anderen Stoffen.

Kostbare Sträuße und Gebinde

183

181–189 Gebinde aus Trockenmaterial

Beachten Sie den Lehrgang mit seinen vielen Abbildungen – in den Anleitungen wird darauf hingewiesen. Bindedraht (BD) und Kreppband werden für jedes Modell benötigt und sind nicht extra erwähnt. Alle Zutaten sind im Fachhandel erhältlich (Knorr-Art.). Gold-Bouillon a bis d siehe Abb. B, Bouillon f = a aus Silber, g = b aus Silber. <u>Folg. Art. werden in den Anleitungen abgekürzt:</u> B = Bucheckernkapseln, C, Cg = Casuarinazapfen natur, gold, D = Ilexbeeren, braun, 11 mm ⌀, E und Eg = Ilexbeeren, gold, 7 und 11 mm ⌀. Angaben fürs an 2. Stelle genannte Modell stehen jeweils in Klammern.

181b

181 a + b Zwei Goldsträußchen

10 (8) cm ⌀, 7 (5) cm hoch. Man braucht 10(6) C, 3(7) Cg, 18(6) Paar D, 8 B, 10 (3) Nelken, Zutaten für 5 (8) Blüten lt. Abb. 20a bis 21b (10, 11, 12 bis 13c, 16), Bouillon a, b, d (b, c, d, 12 Stoffblätter, braun, 30 x 15 mm), je 1 Goldmanschette, 10 cm ⌀, und 1 m braunes Samtband, 5 mm breit.
Lt. Abb. 1, 5, 7, 9a, c, 10 (1, 7, 9a, c, 11) die Einzelteile vorbereiten, lt. Abb. 28, 29a und b binden.

182, 187

181a

182 Kranz und Strauß, festlich

26 cm ⌀ (12 cm ⌀, halbkugelförmig ohne Stiel 9 cm hoch).
Man braucht 1 Beutel Nelken (12 B), 26 (12) C, 12 (8) Cg, 14 Paar D, 12 (2) Paar Eg, 40 (12) Paar E, 1 Beutel Ruskus, braun (Staticezweige, Goldspray), 10 Anissterne, 8 Haselnüsse, 2 Zimtstangen, je 1 Beutel Bouillon a, b, c, d (a, b, c, d, f), einige Wachsperlen 2, 3, 6 (2, 3, 6) und eine mit 8 mm ⌀, 3 Wachsoliven, 1,20 m Gold-Juteband (1,50 m -borte), 25 (5) mm breit, 6 rote Trokkenrosen (Kürbiskerne, gold, und Zutaten für 3 Blüten lt. Abb. 25, evtl. Perlen-Blütenstempel), Metallring, 20 cm ⌀ (Knorr-Art. 7 867 204).
Allgemeines siehe Kranz 1281/35.
3 Blüten lt. Abb. 11 bis 13 und 17, 19 vorbereiten (4 große Blüten lt. Abb. 17, 19. Staticezweige vergolden, mit Schleife binden, Abb. 27).

183 Kranz und Sträußchen, rustikal

27 cm ⌀ (10 cm ⌀, halbkugelförmig ohne Stil 8 cm hoch).
Man braucht 8 (1) Mohn- und 6 Kümmelkugeln, 8 (1) Mohn- und 8 (3) Haselnüsse – alles angedrahtet erhältlich; je 5 (1) Ingwerwurzeln und Zimtstangen, 8 (3) Anissterne, 1 Beutel (einige) Nelken, 2 (8) C, 30 (5) B, 12 braune und 10 karamel Stoffröschen, einige Wacholderbeeren, gold, und Pimentkörner, Ruskus, gebleicht oder braun (braun), 1 Metallring, 20 cm ⌀ (div. Körner, Stieldraht und Pappscheiben sowie Weißleim für 10 Blüten lt. Abb. 23 bis 25).
Ring mit Kreppband dicht umwikkeln. Teile andrahten, Nelken gruppenweise zus.-drehen. Im Wechsel mit Ruskus um den Ring binden, Abb. 32a, b (Ruskus kurz beschnitten andrahten, Stieldrähte der Blüten um 3 cm kürzen, mit den übrigen Teilen zum halbkugelförmigen Strauß binden, Abb. 29).

Viele Details im Lehrgang

188b

184
Fotoband, 8 x 45 cm

85 cm Goldjuteband, 25 mm breit, teilen, auf 5 x 41 cm Karton kleben, mit 40 cm Goldborte verzieren. 3 vergoldete Holzuntersetzer, 8 cm ∅, mit Foto und Goldkordel versehen sowie 3 verzierte Anissterne und Ruskus aufkleben (Ausführung siehe auch Seite 21).

185 Kranz und Strauß mit Silberbouillon und Perlen

14 cm ∅ (8 cm ∅, halbkugelförmig ohne Stiel 6 cm hoch).
Man braucht 15 (13) C, 10 (8) D, 45 (40) Nelken, 6 Stoffknospen (12 -blätter, 30 x 15 mm) und etwas Ruskus, braun (6 Erlenzäpfchen), Bouillon f (f), Wachsperlen 2 (2, 3, 4, 6 und 8) mm ∅, 1,20 (1) m Samtband, 5 mm breit (Biedermeiermanschette, 10 cm ∅). Lt. Abb. 1, 3, 7, 9, 16, 28 (1, 2, 7, 9, 11, 28) vorbereiten, lt. Abb. 31 (29) fertigstellen.

184

186 Zwei Gebinde, braun-gold

17 x 12 cm (14 x 9 cm)
Man braucht je 12 C und Cg, 10 Erlenzäpfchen, 20 (15) Nelken, 10 (je 5) Stoffblätter, 60 x 35 (48 x 28 und 30 x 15) mm, 8 Paar Eg, 35 Paar E (Bouillon b, d, 6 Stoffknospen), 1,20 (0,90) m Goldborte, 5 mm breit. Lt. Abb. 1, 2, 7, 9a, 28 (9, 28) vorbereiten und lt. Abb. 30a, b auf 7 (5) großen Blättern binden.

187 Nelkenkränzchen

11 (7) cm ∅, Größe variabel, ∅ des Kerzenhalters beachten.
Man braucht 48 (8) große Nelken (8 Stoffblätter, gold, 30 x 15 mm), Bouillon d (c), 50 (40) cm Samtband, 5 mm breit.
Nelken, lt. Abb. 9 mit Kreppband umwickelt, paarweise (mit je 1 Blatt) lt. Abb. 33a, b binden.

189

185

186–188a

188 a + b
Döschen, 8 und 6 cm ∅, Zierdose, 16 cm ∅, s. oben

Spandosen bronzieren bzw. lasieren. Deckel mit Körnern und Zierspiegel bzw. Stoffblättern und flachem Bukett, 15 cm ∅, aus Bouillonblüten bekleben. Mit Samt- und Goldband schmücken, siehe S. 21.

189 Kugeln, 7,5 cm ∅

Wattekugeln, 6 cm ∅, braun tönen, mit Piment, Wacholder bzw. Gleditsia bekleben. Gold- oder Samtband als Aufhänger aufkleben, Sträußchen, Abb. 26, feststecken (siehe auch Seite 21). Wenn Sie Nelken verwenden (rechts oben), diese mit gekürztem Stiel in eine Styroporkugel stecken.

Schmückendes mit würzigem Duft

184 Fotoband, 8 x 45 cm

Man braucht 85 cm Juteband mit Goldfäden, 25 mm breit (Knorr-Art. 7891113), 5 x 41 cm steifen Karton, 3 Holzuntersetzer, 8 cm ⌀ (Knorr-Art. 7821085), Wacolux-Goldbronze und Pinsel, 3 Anissterne, lt. Abb. 8a, b verziert, etwas Ruskus, braun, 65 cm Goldsoutache (Knorr-Art. 7891024), 40 cm -borte, 5 mm breit (Knorr-Art. 7891032), UHU hart. Juteband teilen und nebeneinander auf den Karton kleben, Enden mit Goldborte bekleben. Holzteile bronzieren, Fotos rund beschneiden, aufkleben, Rand mit Soutache kaschieren (Anfang und Ende später durch Ruskus verdecken). Bilder, dann Anissterne, Stiele gekürzt, und Ruskus aufkleben.

188 a Golddöschen mit Körnern, 8 und 6 cm ⌀

Man braucht 1 Spanschachtel, 8 (6) cm ⌀, Wacolux-Groldbronze und Pinsel, einige (wenige) Wacholderbeeren, gold, und Piment, Gleditsia (Sonnenblumenkerne, 1 Zierspiegel, 25 mm ⌀, 10 cm Bouillon c und BD), 55 (45) cm Goldborte, 9 (5) mm breit, UHU Greenit. Dosen vergolden. Deckel lt. Modellbild mit Körnern bekleben, am Außenrand (mit dem Spiegel) beginnen, Goldborte (Bouillonkranz über dem Spiegelrand) aufkleben.

188 b Zierdose mit Goldblüten, 16 cm ⌀

Man braucht 1 Spanschachtel, 16 cm ⌀, Holzlasur, braun, von Marabu und Pinsel, je 10 Stoffblätter, braun 60 x 35 mm, gold 40 x 28 mm, außerdem 15 braune – 40 x 25 mm und je 3 goldene und braune – 30 x 15 mm; Drähte a bis e, Wachs- und Stickperlen für 8 große Goldblüten lt. Abb. 15 bis 19, je 4 Paar D und Eg, 6 Paar E, 80 cm Goldband, 15 mm breit (Schleife), 110 cm Samtband, 9 mm breit (Dose), UHU coll. Dose lasieren, nach dem Trocknen sternförmig mit den großen braunen und goldenen Blättern bekleben. Ein flaches Bukett, 15 cm ⌀, aus den Blüten, 3 Spiralen lt. Abb. 10 und Grüppchen kleiner Blätter mit D, E und Eg, binden (unterste Stiele ca. 18 cm, obere 8–10 cm lang). Stiele kurz beschneiden, Bukett aufkleben, Stiel mit Schleife verdecken, Samtband aufkleben.

189 Duftkugeln, 7,5 cm ⌀

Man braucht je 1 Beutel Wacholderbeeren gold (2 Btl. Piment oder 3 Btl. Gleditsia oder 4 Btl. Nelken), ca. 1 m Gold- oder Samtband, 5 mm breit, Zutaten für die Sträußchen lt. Abb. 7, 21 a bis 22, außerdem kleine Stoffblätter, braun oder gold, UHU Greenit oder hart, Wattekugel 6 cm ⌀ (für Nelken besser aus Styropor) braune Farbe, z. B. Wasserfarbe.
Kugeln braun tönen, rundum mit Körnern bekleben (mit Nelken bestecken, Stiele auf 5 mm kürzen), Aufhänger und Schleife festkleben. Sträußchen lt. Abb. 26 binden und mit langen Stecknadeln feststecken.

LEHRGANG

Klar. Fingerspitzengefühl und Fantasie brauchen Sie, um diese hübschen Gebinde nachzumachen. Die vielen Abbildungen zeigen Ihnen ganz genau, worauf es hier im Detail ankommt. Verlieren Sie aber nicht gleich die Geduld. Erfolg fordert ein bißchen Ausdauer, auch bei dieser Sache.

Gebinde aus Trockenmaterial

Allgemeines

Die fantasievollen Gebinde aus Kunst- und Trockenblumen, -gräsern und -früchten, Perlen, Bändern u. dgl. haben ihre Vorbilder in der Volkskunst, in den Jungfernkränzen und Brautkronen, in den Buketts, die Mädchen jenen Burschen schenkten, mit denen sie beim nächsten Fest gern tanzten und die es dann an den Hut steckten, so daß jeder zeigen konnte, wie begehrt er unter den Dorfschönen war. Für die Blumensträuße, die nie welken, waren vielleicht auch jene aus kostbaren Edelsteinen Vorbild, die Kaiser und Könige sich schenkten.

Material und Werkzeug

Was Sie brauchen, um sich in dieser Kunstfertigkeit zu üben, zeigt Abb. A. Vieles können Sie in Wald und Flur sammeln und aus dem Gewürzschrank holen. Bis auf Erlenzäpfchen sind die gezeigten Zutaten (Gewürze haltbar präpariert) auch im Fachgeschäft zu kaufen (Knorr-Art.). Blumen zum Trocknen mit den Blüten nach unten an luftigem Ort aufhängen. Werden Sie – noch in frischem Zustand – mit Haarspray besprüht, bleiben sie haltbarer.
Abgebildet sind Bucheckernkapseln, Casuarinazapfen (natur, gold), Gleditsia, Ingwer, Kürbiskerne, Nelken, Sternanis, Wacholderbeeren, Zimtstangen und div. Gewürze, Ilexbeeren (braun, gold), Ruskuszweige, Stoffblüten und -blätter; bereits angedrahtet sind Hasel- und Muskatnüsse sowie Gewürzkugeln mit Kümmel, Mohn, Anis u. a.: Blütenstempel, Kreppbindeband, Wachsperlen (2–8 mm ∅). Glasstickperlen (3 mm ∅). Papiermanschetten und natürlich Stiel-, dünner Kupfer- und Bindedraht (in den Anleitungen kurz BD). An Werkzeug liegen Schere, Rund-, Flach- und Seitenschneider- bzw. Kombizange griffbereit. Zum Kleben empfehlen wir UHU hart, UHU Greenit und UHU coll express.
Abb. B zeigt verschiedene Zierdrähte, vor allem Kantille (auch Bouillon genannt), ein spiralförmig gedrehter Zierdraht, der teils auch „ausgezogen“ – d. h. leicht gedehnt – verarbeitet wird. In den folg. Anleitungen wird bei Bouillon immer der betr. Kleinbuchstabe genannt. Bouillon a und b gibt's in Gold und Silber = f. g.

a. f = Bouillon, 1,5 mm ∅
b. g = Bouillon, 2 mm ∅
c = Rundkrausbouillon, 2 mm ∅
d = Zackenkrausbouillon, 3 mm ∅
e = Plombendraht, 1 mm ∅

Verschiedene Details andrahten

<u>Abb. 1a, b, c:</u> Casuarinazapfen mit ca. 20 cm BD über der Mitte andrahten. Enden verdrehen, dann mit Bouillon a bzw. b, leicht ausgezogen, überspinnen. Enden um den BD wickeln.
<u>Abb. 2:</u> Erlen- und Tannenzapfen um den untersten Schuppenkranz andrahten; BD 2mal herumschlingen und verdrehen.
<u>Abb. 3:</u> Getrocknete Blüten und Zweige stets andrahten, sonst brechen die Stiele beim Binden. Blütenstiele zuvor kürzen.
<u>Abb. 4:</u> Zimtstangen mit scharfem Messer teilen, ca. 25 mm Bouillon c auf den BD fassen, Enden zus.-drehen; Ingwer, Kandis- und Würfelzucker ohne oder mit Bouillon andrahten.

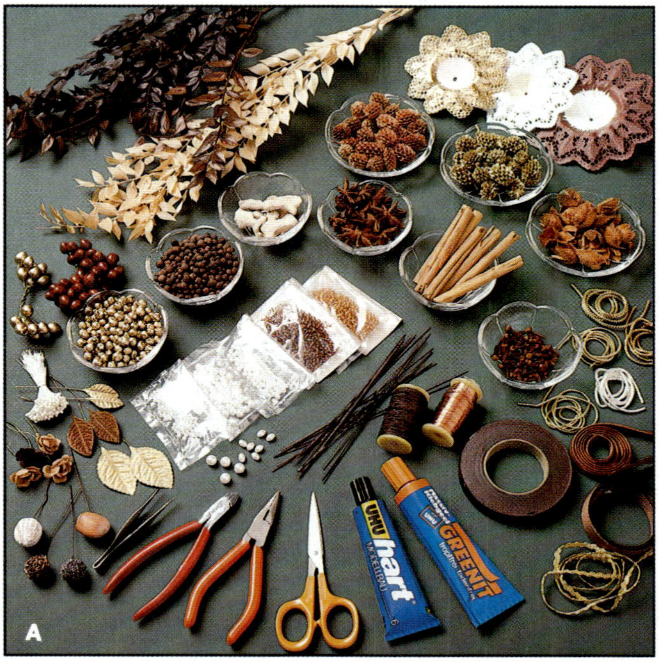

A

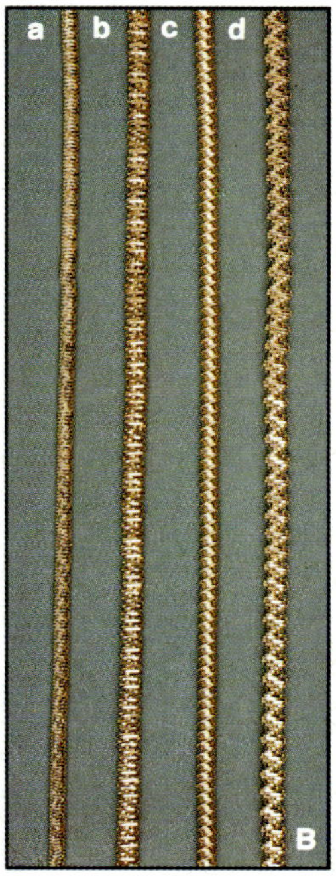

B

19

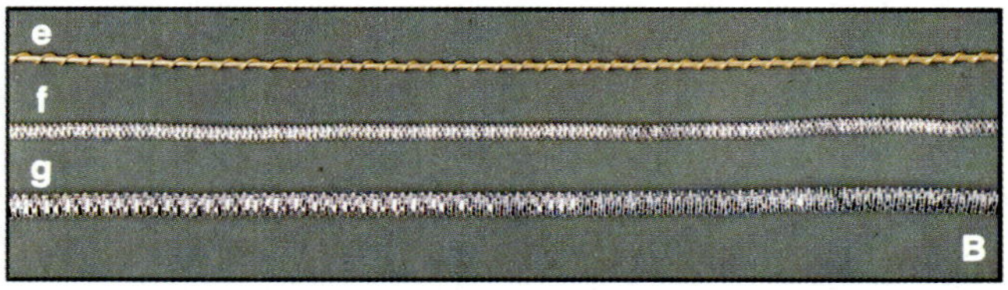

B

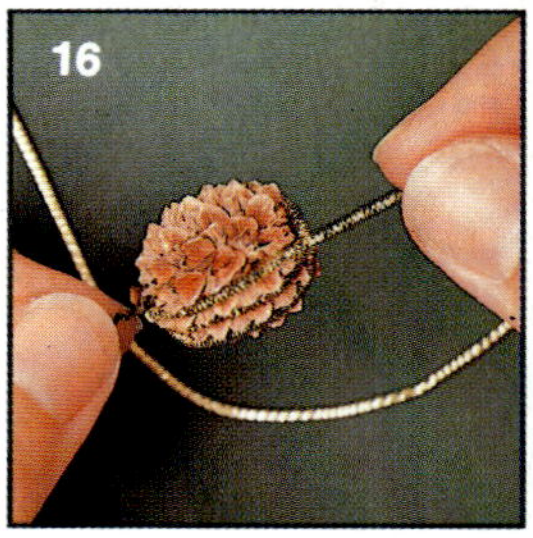
16

1c

2

3

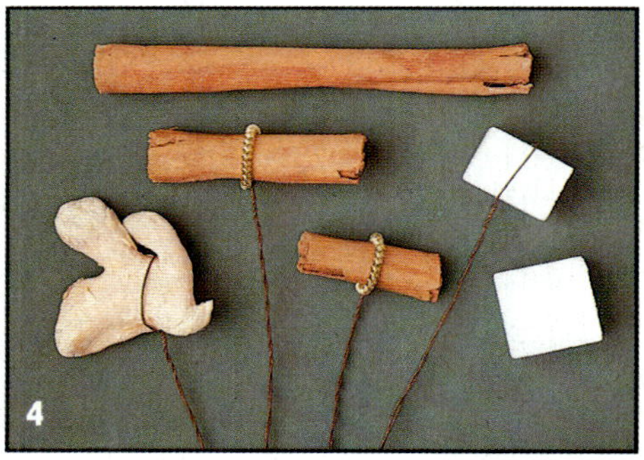
4

Abb. 5a, b: Bucheckernkapseln – natur oder innen goldbronziert – andrahten. Wacholderbeeren, vergoldet, oder Piment einkleben. Draht zuvor in der Bucheckernkapsel nach unten drücken.
Abb. 6, 7: Mini-Mohn, evtl. mit Piment- oder Kürbiskernen beklebt, mit gekürztem Stiel, Blütenstempel und Ilexbeeren lt. Abb. gebündelt andrahten.
Abb. 8a, b: Sternanis ist selten schön geformt bzw. als vollständige „Blüte" erhältlich. Unschöne Zakken durch seitliches Drücken herausbrechen, fehlende mit Holzleim einkleben. Einige Stunden trocknen lassen. BD über Kreuz um den Anisstern schlingen, auf dessen Unterseite verdrehen. Mit Bouillon b überspinnen oder mit Perlenstempel (siehe Abb. 11) bzw. einigen Gold-Ilexbeeren, mit Kupferdraht befestigt, ausstatten.
Abb. 9a, b, c: Von 20 cm BD ca. 8 cm als Stiel überstehen lassen, mit dem restlichen BD Nelkenstiel und Stieldraht umwickeln, Enden verdrehen, zuletzt bis zur Blüte mit Kreppband umwickeln. Verzierung mit allen Bouillonsorten sowie mit aufgefädelten Perlen, 2 mm ∅. Auf Kupfer- oder BD 15 bis 20 mm Bouillon fädeln. Drahtende zur Hälfte zurückführen und Enden straffen. Kränzchen über der Nelke befestigen. Für Bouillon b, c BD verwenden und entsprechend lang als Stiel zus.-drehen. 9c links: Nelkenstiel schlank oder kugelförmig mit Bouillon umwickelt. Perlenkränzchen siehe Abb. 11.

Blätter und Blüten mit Bouillon

Abb. 10: Für Bouillon-Schmuckelemente 5 bis 10 cm Bouillon auf BD fädeln (Ende 2 mm umbiegen). Über einer Stricknadel zur Spirale eindrehen; rechts im Bild Blüte aus 20 cm Bouillon (Spirale auf BD zum Blatt geformt) mit einer Wachsolive.
Abb. 11: Miniblüten bzw. -stempel werden aus 8 bis 12 Wachs- oder Stickperlen, 2 oder 3 mm ∅, und 1 Wachsperle, 6–8 mm ∅, gefertigt. Perlen auf BD fädeln, Enden 1mal verdrehen, auf 1 Draht die große Perle fädeln, Draht auf der Gegenseite nach unten führen und mit dem 2. BD verdrehen.
Abb. 12: Je nach Anzahl der Blütenblätter 3 bis 6 Bouillonabschnitte c, z. T. von Perlen unterbrochen, auf je 20 cm BD fädeln und zum Blatt formen.
Abb. 13a, b, c: Blätter und Stempel zusammenfügen und mit BD, zuletzt mit Kreppband, umwickeln.
Abb. 14 bis 16: Blatt-Variationen, von der Länge des Bouillonabschnittes (15 bis 55 mm) hängen Blatt- und Blütengröße ab. Lassen Sie bei der Blütengestaltung Ihrer Fantasie freien Lauf!
Abb. 17 bis 19: Blüten, 25 bis 50 mm ∅, z. T. mit Stempeln aus Ilexbeere oder Wachsperle.
Abb. 20a, b, c: Blattform aus je 6–8 cm Plombendraht biegen, Enden mit der Zange festhalten, Form drehen. Mit ausgezogenem Bouillon a umspinnen, am Ansatz beginnen, bis zur Blattspitze und wieder zurück wickeln, Bouillonanfang und -ende um den Plombendraht wickeln; 5 bzw. 6 Blätter mit Blütenstempel zur Blüte zus.-fassen.
Abb. 21a, b und 22: Blüten mit hellen und dunklen Stempeln und Einfassungen lt. Abb. 12 und 16.

Blüten aus Körnern und Kernen

Abb. 23: Als Halterung Stieldraht mit abgeknickten Häkchen (mit der Zange formen) zwischen 2 Papp- oder Kalikoscheiben, 2 cm ∅, kleben (davon eine mit Draht durchbohren). Senkrecht aufstellen (z. B. in eine Styroporplatte oder ein Sieb stecken), trocknen lassen. Abb. 24, 25: Reichlich Weißleim auftragen, Körner (Mais, Bohnen, Erbsen, Piment, Reis, Kürbiskerne, Wacholder u. a.) mit der Pinzette einsetzen, trocknen lassen. Evtl. lt. Abb. 23 Zierspiegel befestigen, die, mit Gewürzen und Goldkordel verziert, in manchen alpenländischen Gebinden zu finden sind.

5a

5b

6

7

8a

8b

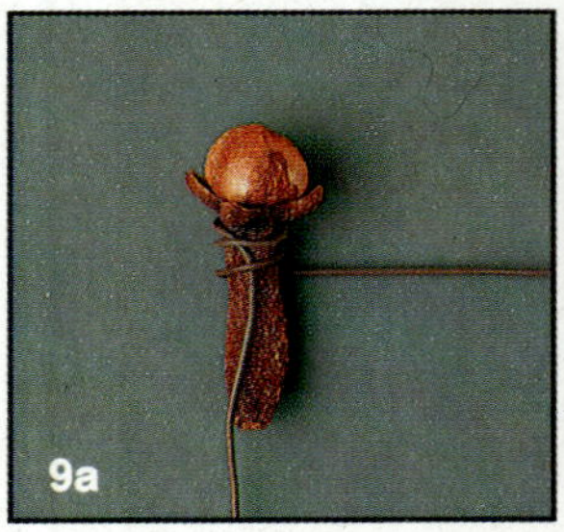
9a

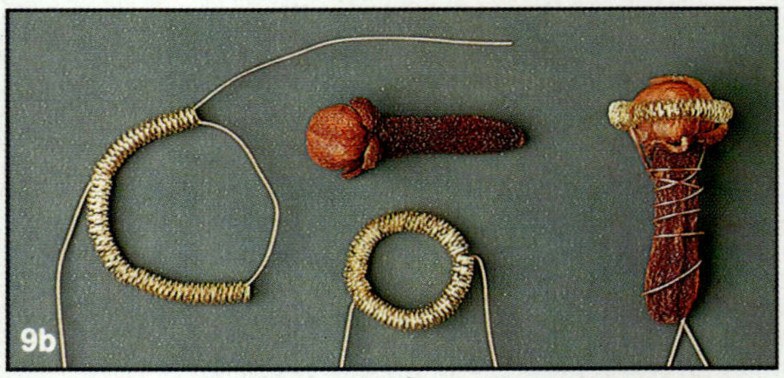
9b

9c

10

11

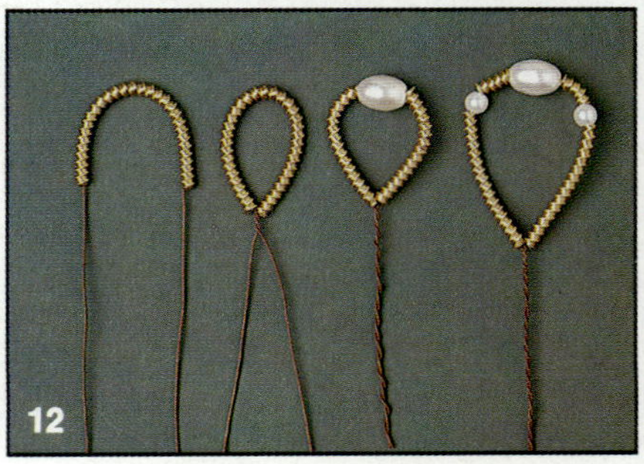
12

13a

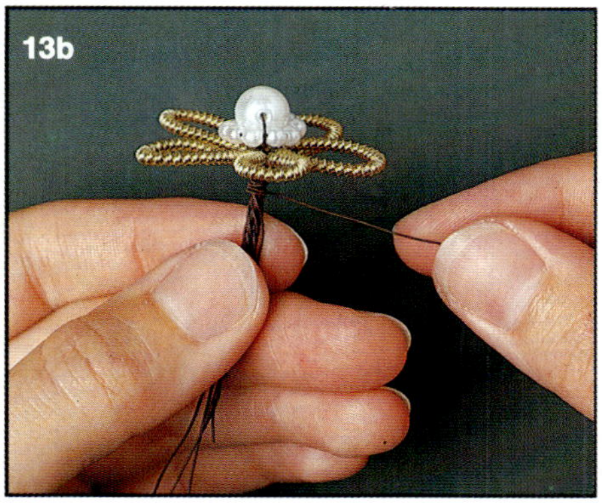
13b

13c

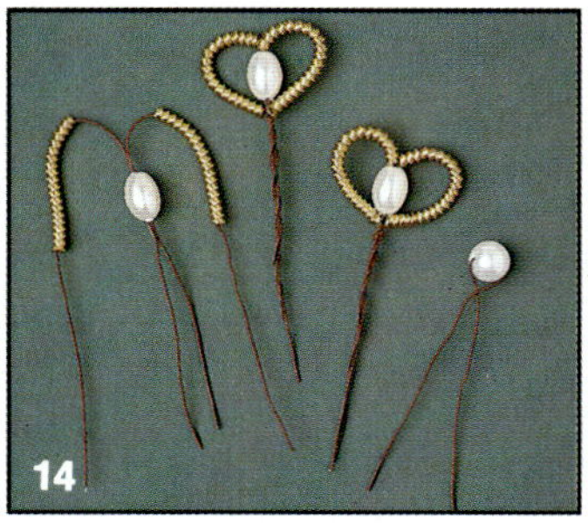
14

15

16

17

18

19

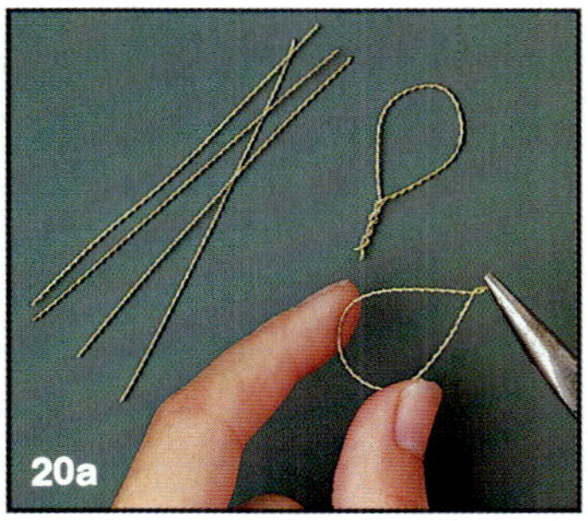
20a

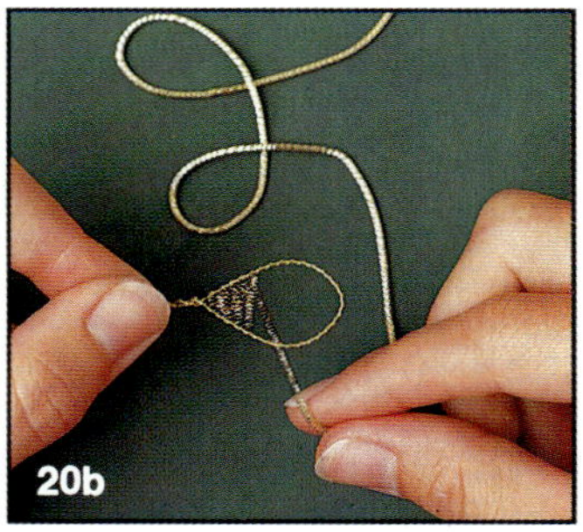
20b

20c

21a

21b

22

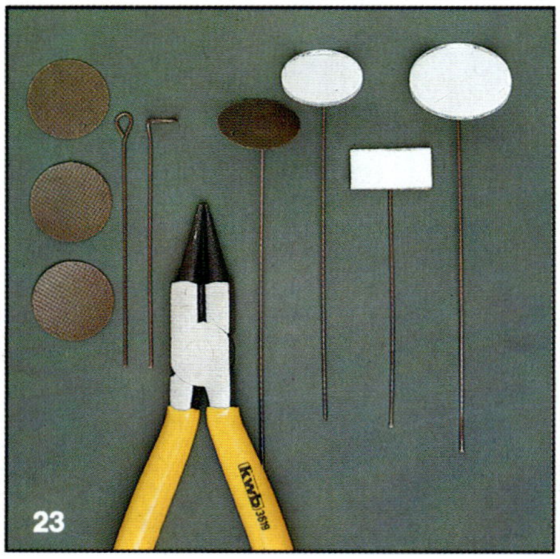
23

24

25

LEHRGANG

Binden

Sind Blüten, Blätter und übrige Teile in ausreichender Anzahl fertiggestellt, geht's ans Binden. (Stiele zuvor mit Kreppband umwickeln, für größere Sträuße mit dem BD zusätzlich einen Stieldraht befestigen.)

Abb. 26, 27: Sträuße aus Einzelblüten und -blättern – oder gruppenweise umwickelten Elementen – mit BD nach und nach zus.-binden (Drahtrolle in der Hand behalten, von Mal zu Mal straffziehen), auf ebenmäßige Form achten.

Abb. 28: Schleifen nicht binden, sondern legen, mit Draht zusammenfassen und zum Stiel zus.-drehen: zuletzt in den Strauß stecken, in Form zupfen. Enden abschrägen.

Abb. 29a, b: Stiele, evtl. gekürzt, mit Kreppband umwickeln (gut andrücken). Manschette überstreifen, zuletzt mit Kreppband fixieren.

Abb. 30a, b: Für dieses kleine Gebinde wurden mittelgroße Stoffblätter als Unterlage verwendet: Abb. 30b zeigt die Rückseite ohne Schleife.

Abb. 31a, b: Für Kränze einen Strang winden, diesen zum Kreis biegen. Anfang und Ende zus.-stecken, mit BD verbinden („Nahtstelle" evtl. mit Schleife kaschieren), Aufhänger aus BD anbringen.

Abb. 32a, b: Für größere Kränze einen Innenring aus Metall, doppeltem Manteldraht oder Peddigrohr, mit Kreppband umwickelt, einbinden.

Abb. 33a, b: Nelken, mit Bouillon verziert, werden paarweise, in der Höhe versetzt, als Strang gebunden, dann wie vorher beschrieben zum Kranz geformt.

Pflege-Tips

Klebstoffspuren auf Glaselementen oder Spiegeln werden vorsichtig mit Nagellackentferner beseitigt.

Wandschmuck und Sträuße nicht dem direkten Sonnenlicht aussetzen. Ruskuszweige und Blumen verblassen nach einiger Zeit. Eine Schicht aus Klarlack wäre ein sicherer Schutz, aber beeinträchtigt den natürlichen Effekt.

Staub, der sich mit der Zeit unvermeidbar festsetzt, wird vorsichtig abgeblasen oder mit einem superweichen Haarpinsel vorsichtig „abgekehrt".

Schleifen am besten „entdrahten", Band bügeln, Schleife neu legen und – angedrahtet – wieder einstecken. Unansehnlich gewordene oder beschädigte Details erneuern.

26

27

28

29a

29b

30a

30b

31a 31b

32a 32b

33a 33b

Erlesener Wand-schmuck – stilvoll gestaltet

190 Dieses duftende Gebinde ist ein wahres Prachtstück festlicher Raumdekoration. Mit etwas Geschick können Sie es leicht selbst anfertigen.

191 Wenn in frostklaren Nächten der Schnee unter den Füßen knirscht, kommen sie hervor aus ihren Verstekken, die kleinen Trolle. Sie wärmen sich am Lagerfeuer und bereiten sich auf die Zeit vor, in der sie St. Nikolaus tüchtig helfen müssen. Wenn Sie diese fleißigen Kerle auch so liebenswert finden, können Sie sie nacharbeiten. Es ist ganz einfach.

192

Adventliches, hübsch gesteckt und schön gebunden

195 Wie ein nächtlicher Himmel mit großen und kleinen Sternen wirkt der Tannenstrauß, der in einem irdenen Krug arrangiert wurde. Die Sterne aus Papier sind leicht nachzuarbeiten. Das zarte Schleierkraut wirkt duftig und frisch im dunklen Grün. Alle Anleitungen i. d. Beilage.

196 Hier wurde der tradi- tionelle Adventskranz du ein schön lackiertes Rad ersetzt, das nur mit Kerz und Tannenzapfen dekor wurde. Die Unterlage aus kreisförmig angeordnete Tannenzweigen läßt sich schnell auswechsel wenn sie nadelt.

192 Weihnachten beginnt in einem Winkel. Die ersten, kleinen Gestecke, wie dieses aus Ruskus und silbernen Kugeln, auf einer Styroporkugel befestigt, sind Vorboten der beginnenden festlichen Zeit. Auch als kleines Mitbringsel ist dieses Gesteck beliebt.

194 Kugeln und eine kleine Glocke mit einem Stechpalmenzweig, an einer goldenen Kordel schön aufgehängt.

193

193 Das kleine Herz, aus Ruskus gewunden und mit Kugeln und Trockenblumen besteckt, trägt liebevolle Geschenke.

194

195

196

197

198

197 Aus Nüssen, Kernen, Gewürzen und Bucheckernhüllen, goldschimmernd verziert, entstand das Kränzchen für die dicke Kerze. Ein kleines Schmuckstück, an dem Sie das ganze Jahr Ihre Freude haben.

198 Dekokugeln und Ilexperlen mit Perlmutteffekt sowie roter Ruskus sind für das zarte Arrangement rasch zusammengesteckt. Eine Dekoration, die Farbensinn verrät und den festlichen Schimmer der Kerze noch unterstreicht.

199 Ein kleines Wurzelstück bildet hier die Grundlage für das hübsche Gesteck aus verschiedenen Disteln. Die Silberdistel als „Königin“ (aus der Gärtnerei!) darf da natürlich nicht fehlen.

199

200 Interessante Fundsachen schöner Herbstspaziergänge kommen in diesem Adventsgesteck so recht zur Geltung. Ein bizarres Wurzelstück, trockene Gräser und Beeren, dazu Mohnkapseln und Silberdisteln (Falag) sowie ein wenig frisches Grün wurden hier zu einem zauberhaften Gesteck zusammengefügt.

Festliche Gestecke mit Kerzen

Weihnachtszeit

Nach alter Tradition zünden wir an jedem der vier Sonntage im Advent eine weitere Kerze an, so daß es in unseren Stuben von Woche zu Woche weihnachtlicher und heller wird.

201

201 Der Kranz aus Stroh, mit roten Schleifen und vielen selbstgebastelten und bemalten Kleinigkeiten geschmückt, wirkt sehr dekorativ und hat zudem noch einen großen Vortei Er nadelt nicht!

202 Daß nicht nur ein Kranz aus Tannengrün gewunden adventlichen Zauber verbreitet, beweist unser Kränzchen aus Hortensienblüten, Samtband und Kerzen, farblich aufeinander abgestimmt, machen es zu einem kleinen Kunstwerk.

203 In diesem aparten Adventskranz gibt's neben den Zapfen und Hülsen auch eine Menge süßer Dinge Trockenobst und Erdnüsse bringen Farbe in das „appetitliche" Arrangement, das ohne Kerzen auch Wandschmuck ist.

202

203

204 Vier Rebholzstücke (Wurzelwerk eignet sich ebenso) werden zu diesem „Kranz“ zusammengefügt. Bänder, Kerzen und buntes Beiwerk dienen als Dekor. Um solch ein Kunstwerk wird man Sie beneiden.

205 Ein Strohbalken (in Bastelgeschäften erhältlich) läßt sich mit hölzernen Kerzenhaltern, Bändern und Deko-Früchten im Handumdrehen in eine schmucke Tischdekoration verwandeln.

Lichter für den Advent

206–213 Für alle, die gern mit der Laubsäge hantieren, bieten diese Leuchter sicherlich Anreiz, sich sofort ins Bastelvergnügen zu stürzen. Aber auch allen, die noch nie mit Sperrholz gearbeitet haben, gelingt es, sich mit diesem Hobby erfolgreich anzufreunden. Engel Nußknacker und Nikolaus sind ca. 24 cm hoch, der Schneemann mißt 15 cm,

209

210

213

und die kleinen Leuchter haben eine Höhe von ca. 7 bis 10 cm. Für alle Figuren und Details gibt es originalgroße Musterzeichnungen auf dem Bogen. Eine kreisrunde Grundplatte sorgt für sicheren Stand der Leuchter. Mit Plaka-Farben gelingt auch Ungeübten die Bemalung nach unseren Vorschlägen. Ein Überzug mit Klarlack hält alles glänzend schön.

Wie diese beiden können sich auch die anderen Leuchter von allen Seiten farbenprächtig sehen lassen. Details (wie z. B. der Sack vom Nikolaus und der Hebel vom Nußknacker) werden mit UHU coll angeklebt.

214

Für die Adventszeit Kalender voller süßer Sachen

216

Leckeres Knusperhäuschen für Romantiker

215

214 Dieser farbenprächtige Nußknacker hält für jeden Tag im Advent ein Päckchen in seinen Händen. Er ist 92 cm groß.

215 Süßes Blockhaus zum Selberbacken. Eis und Schnee sind Zuckerguß und Watte. Rezept und Bauanleitung finden Sie in der Beilage.

216 Streichholzschachtel-Expreß im Zuckerbäckerstil – voll beladen mit süßen Überraschungen für brave Kinder.

217 Hier steht Nikolaus vor einer Glücksbude und hält alle Fäden in der Hand. Welches Päckchen wohl an welchem Faden hängt?

217

218 Diese Post im Weihnachtswald öffnet jedes Jahr für 24 Tage ihre Pforten. Hier darf täglich eines der kleinen, liebevoll verpackten Päckchen abgeholt werden. Für den Bau des Häuschens könnte der Papa die Teile aussägen, die Junioren fügen sie zusammen und bemalen sie, und die Mama hilft dann dem Nikolaus beim Verpacken.

Päckchen-Post für den Advent

219

Kleine Gaben für gute Freunde

Modellieren ist eine feine Sache, und es gibt im Handel viele verschiedene Materialien, die ganz einfach zu handhaben sind. Wer bekäme da nicht Lust, gleich mit der Arbeit zu beginnen?

219 Fachwerk für Fachleute in Sachen „Sparen". In dieses putzige Häuschen passen viele große und kleine Münzen. Durch einen Korkverschluß im Boden bleibt die Kasse „verschlossen". Auch Kinder können hier schon zu richtigen Bauherren werden.

220 Die lustigen Aufhänger wurden nach dem Modellieren einfach im Backofen gehärtet und können nun ihre „tragende Rolle" voll übernehmen. Kleine Geschenke, die für Ordnung sorgen, sind stets willkommen und bereiten für lange Zeit Freude.

220

221

222

221 Wünschen Sie sich einen „Blauen Salon“? Hier ist er zum Nacharbeiten. Das plastische Miniaturbildchen gewinnt durch den erhabenen Rahmen optisch noch an Tiefe und wirkt wie eine kleine Bühne. Das passende Theaterstück bleibt Ihrer Fantasie überlassen.

222 Der kleine Bilderrahmen und der Schmuckbehälter könnten Geschenke für die allerbeste Freundin werden. Sie wird sich freuen! Was hier so üppig blüht, ist Stück für Stück liebevoll aus Knetmasse geformt und wird nach dem Härten stabil und sogar abwaschbar.

Geschenke, die nicht nur zu Weihnachten Freude bereiten

223–225

223 Küchenfeen und auch Hobbyköche freuen sich über eine Schürze. Die geräumige Tasche ist in der Mitte geteilt und mit bunten Borten besetzt.

224 + 225 Topfhandschuhe mit oder ohne Daumen sind beim Grillen und Kochen fast unentbehrlich.

226 Die schlichte Hülle für eine Kladde wird mit Litze und Borte aufgemöbelt.

227 Schöpflöffel & Co. sind in diesem Utensilo stets griffbereit.

228 Schnell gebastelt: Einfach zwei Bortenschlaufen durch einen Ring ziehen, und fertig ist der praktische Tabletthalter.

229 Eine Waschmitteltonne wird zum schmucken Papierkorb umgestaltet.

230 Erkennungszeichen sind unterschiedliche Bordüren auf den Serviettentaschen.

231 Mit Zopfborte besetzt: Brillenhalter in Pantoffelform.

232 Fein bezogen wird ein Schuhkarton zur Schatztruhe.

233 Näh-Necessaire als Pannenhilfe für alle Reiselustigen.

234 Das Nadelkissen wird aus breiten dekorativen Borten zusammengenäht.

235 Ein Tannenbaum aus Filz fungiert als Sammelstelle für Post.

236 Wählen Sie Borten und Litzen für die Sets passend zum Geschirr. Praktisch: der Serviettenhalter.

237 Geschenk für Leseratten: Buchzeichen sind schnell gebastelt.

226

227

229

230

228

232–234

235

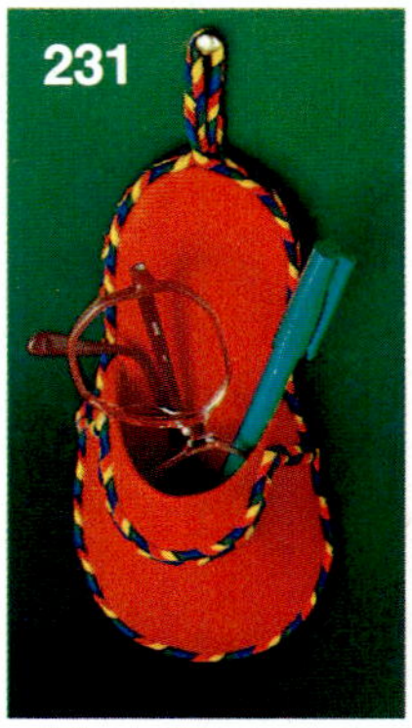
231

236

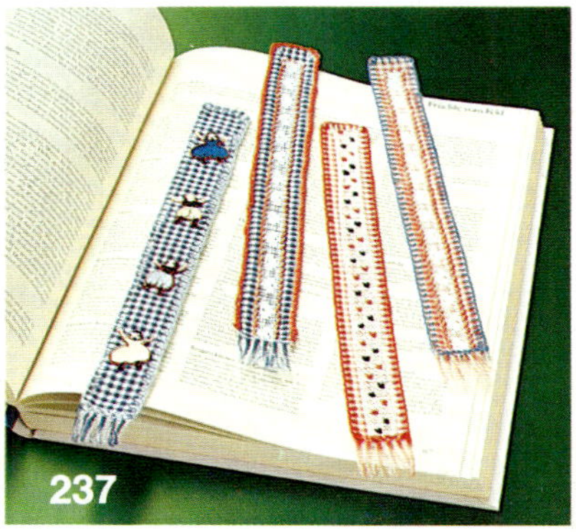
237

Für den Heiligen Abend

238

238 Um diese Krippe aus echten kleinen Klinkersteinen zu bauen, müssen Sie nicht das Maurerhandwerk erlernt haben. Die Materialien mit Bauplan und ausführlicher Bauanleitung gibt's im Bastelgeschäft.

239 So werden Kerzen zum kompletten Geschenk. Für Makrameefans ist der „Türkenbund" sicher längst eine einfache Sache. Neulingen erklären wir diese reizvolle Technik ausführlich mit Zeichnung in unserer Beilage.

240 Beim Anblick dieser prächtigen Rauschgoldengel werden Kindheitserinnerungen wach. Für die 27, 28 und 32 cm großen Figuren sind Köpfe und Hände aus Wachs im Handel erhältlich. Für die Gewänder gibt's Schnitte.

239

240

Eine Krippe für die Wand

241 Voraussetzung für diese kleine Krippe im Schaukasten – sie ist 45 x 35 cm groß und nur 5 cm tief – sind ausgedehnte Spaziergänge. Bis auf die Knetmasse für die Figürchen und ein wenig Stoff sind nämlich alle Materialien unseres Wandbildes Mitbringsel aus Wald und Feld. Hübsche Wurzeln, trockenes Moos, Wacholderzweige und dürres Reis bilden den dichten Wald, der auf die in Grüntönen bemalte Rückwand aufgeklebt ist. Der Besen wurde aus trockenem Gras gebunden, für die kleine Axt diente ein Stückchen Blech als Klinge. Ein dünnes Brett mit Astloch, längs gebrochen und mit kleinen Abständen geklebt, ergibt eine rustikale Bretterwand. Sicher werden Sie noch viel mehr interessante Dinge finden, die mit eingebaut werden können. Viel Spaß!

Die Krippe – Sinnbild für das Fest der Feste

242 Diese bildschöne Krippenszene ist einfacher nachzumachen, als es auf den ersten Blick aussieht. Alle Figuren- und Kulissenteile können nach unseren Musterzeichnungen leicht auf Karton oder Holz übertragen werden. Laut Modellbild oder auch nach eigenem Geschmack farbig ausmalen, ausschneiden bzw. aussägen und zusammenkleben – könnte das nicht eine Bastelidee für die ganze Familie sein?

243 Hier ein paar Ausschnitte des reichgeschmückten Tannenbaums. Aus Fimo werden die Formen wie beim Plätzchenbacken ausgestochen und dann, mit Blüten und Blättchen verziert, im Backofen gehärtet.

244–246 Für die Herstellung dieser drei Engelchen brauchen Sie etwas Geduld. Die Motive werden aus Fimo modelliert und dann liebevoll bemalt. Mit ein wenig Gold sieht alles gleich noch viel festlicher aus. Das Goldglöckchen, das der Engel läutet, gibt es in Bastelzubehörgeschäften zu kaufen (Falag).

244

245

246

Himmlischer Baumschmuck

243–246

Sachverzeichnis

Bastel- und Handarbeitsanleitungen

burda Großes Bastelbuch

Allgemeines für Nähanleitungen

So finden Sie die Schnitteile auf dem Bogen

In der Anleitung sind die einzelnen Schnitteile nummeriert. Die Nummern jedes Schnitteils finden Sie auf dem Schnittbogen als Suchnummer wieder. Am oberen Rand des Bogens stehen die ungeraden Zahlen, am unteren Rand die geraden Zahlen. Senkrecht unterhalb oder oberhalb der Suchnummer finden Sie die Schnitteilnummer an der Schnittkontur.
Ziehen Sie zur besseren Übersicht die Kontur des Schnitteils sowie alle eingezeichneten Linien mit dem Filzstift nach. Vergleichen Sie dabei mit der Schnittverkleinerung in der Anleitung.

So übertragen Sie den Schnitt auf Seidenpapier

Legen Sie Seidenpapier auf den Bogen und ziehen sie die Schnittlinien mit Filzstift nach. Beschriftungen und Nahtzahlen auch auf den Papierschnitt übertragen. Schneiden Sie den Papierschnitt aus.

So schneiden Sie zu

Falten Sie den Stoff so aufeinander, daß die linke Stoffseite oben liegt, die rechte Stoffseite liegt innen. Stecken Sie alle Papierschnitteile auf den Stoff. Die mit Stoffbruch bezeichnete Schnittkante wird an die gefaltete Stoffkante (Stoffbruch) angelegt.
Sie können auch bei offener Stofflage zuschneiden, also bei nicht gefaltetem Stoff. Dabei muß darauf geachtet werden, daß Schnitteile, die 2mal oder mehrfach zugeschnitten werden, gegengleich aufgelegt werden. Man legt dann den Papierschnitt 1mal mit der beschrifteten Seite nach oben und 1mal umgedreht (mit der beschrifteten Seite nach unten) auf den Stoff.
Die Schnitteile sind ohne Naht- und Saumzugaben. Zeichnen Sie deshalb rings um die aufgesteckten Schnitteile die erforderlichen Zugaben an (bei Puppen, Puppenkleidern und Stofftieren genügen ¾–1 cm). Schneiden Sie die Teile mit den Zugaben aus.

Zeichenerklärung für die Schnitte

— — — **Stoffbruch:** Diese Linie bedeutet, daß diese Schnitteilkante ohne Nahtzugabe an den Stoffbruch gelegt wird.

→ **Fadenlauf, Streifenlauf** oder **Strichrichtung.** Ist kein Pfeil eingezeichnet, läuft der Fadenlauf mit der angegebenen Schnittkante oder Linie.

Schlitzende

Einschnitt für Taschen und Schlitze

Knopfloch

Falte x auf o legen

Nahtzahlen sind Paßzeichen, die aufeinandertreffen.

Nur für die Schnittverkleinerung

Einhalten: Auf der Nahtlinie mit kleinen Vorstichen nähen. Fäden anziehen. Weite einbügeln.

Einreihen (einkräuseln): An beiden Seiten der Nahtlinie mit großer Sticheinstellung steppen. Unterfäden anziehen. Kräusel gleichmäßig verteilen.

Dehnen: Den Stoff mit einem Dampfbügeleisen oder unter feuchtem Tuch längen oder weiten.

Abkürzungen zum Häkeln und Stricken

abk.	= abketten	**Rd.**	= Runde
f. M.	= feste Masche	**Stb.**	= Stäbchen
fortl.	= fortlaufend	**Dstb.**	= Doppelstäbchen
h. Stb.	= halbe Stäbchen	**str.**	= stricken
Km. oder K.	= Kettmasche	**U.**	= Umschlag
Lm.	= Luftmasche	**wdh.**	= wiederholen
M.	= Masche	*	= Wiederholungszeichen
R.	= Reihe		

Die Zahlen bei den Schemazeichnungen bedeuten Zentimeter

Abkürzungen zu Makramee

F.	= Faden, Fäden	**Rk.**	= Rippenknoten
Dk.	= Flacher Doppelknoten	**R.**	= Reihe
		Rd.	= Runde
K.	= Knoten	**Wk.**	= Wellenknoten
Kk.	= Knüpfknoten	**Fk.**	= Flechtknoten

Kurzer Häkellehrgang

Abb. a, b und c: Die Anfangsschlinge, Abb. d: Die Luftmasche, auf der Nadel liegt 1 Umschlag. Abb. e zeigt die Kettmasche = niedrigste Maschenart. Abb. f: Feste

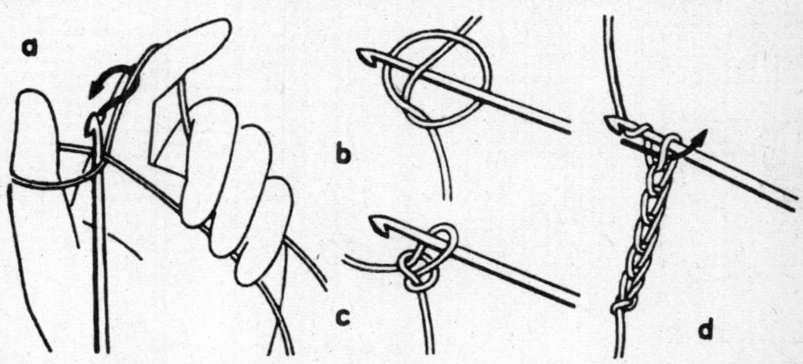

Masche. Abb. g: Halbes Stäbchen, vor dem Einstechen 1 Umschlag auf die Nadel nehmen. Abb. h: Das einfache Stäbchen – 1 Umschlag, einstechen, Schlinge durchholen, 2mal 2 Schlingen = paarweise abmaschen. Für Doppelstäbchen – Abb. i – 2 Umschläge und für dreifache Stäbchen – Abb. j – 3 Umschläge vor dem Einstechen auf die Nadel nehmen, dann die Schlingen – wie beim Stäbchen – paarweise abmaschen. Bei höheren Stäbchen entsprechend mehr Umschläge ausführen.

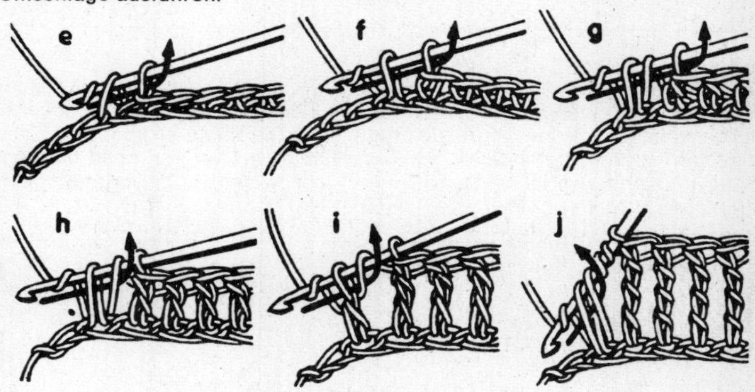

Allgemeine Hinweise

Vor Beginn einer Arbeit den Anleitungstext aufmerksam durchlesen. Stoffe stets fadengerade zuschneiden. Schnittkanten durch Umstechen oder mit einer Zickzacknaht vor dem Ausfransen sichern. Wenn nicht anders vermerkt, Muster immer von der Mitte der betreffenden Fläche aus anordnen. Fertige Stickerei auf weicher Unterlage von links sorgfältig bügeln – evtl. unter feuchtem Tuch. In der Regel den Saum als letzte Arbeit ausführen.

Fäden vernähen

Bei Zählstickereien wird der Fadenanfang durch die ersten Verbindungsstiche auf der Rückseite gehalten. Beim Sticken mit Wolle genügt es, 3 oder 4 Verbindungsstiche über den Fadenanfang zu führen, bei Baumwoll-, Metall- oder Seidengarn müssen es mehr Stiche sein. Das Fadenende ist in Richtung der Verbindungsstiche auf der Stoffrückseite zu vernähen.

Farberklärung

Bei vielfarbigen gezählten Stickereien sind die Farben im Anschluß an die Materialangaben in der Beilage erläutert. Sind größere Flächen innerhalb eines Motives in einer Farbe zu sticken, so ist die Type (das Zeichen, das in der Farberklärung steht) nicht in jedes Feld des Karonetzes eingetragen. Die Fläche ist durch eine Linie begrenzt, und innerhalb dieser Begrenzung steht die Zahl, die in der Farberklärung neben der Type aufgeführt ist.
Eine Leserin, die besonders viel stickt, erleichtert sich das Zurechtfinden unter vielen Farben wie folgt: Auf kleine Klebeetiketts (man bekommt sie in Papierfachgeschäften) überträgt sie Type und Farbzahl und klebt diese dann auf das entsprechende Garn- oder Wolleetikett über dem Strängchen.

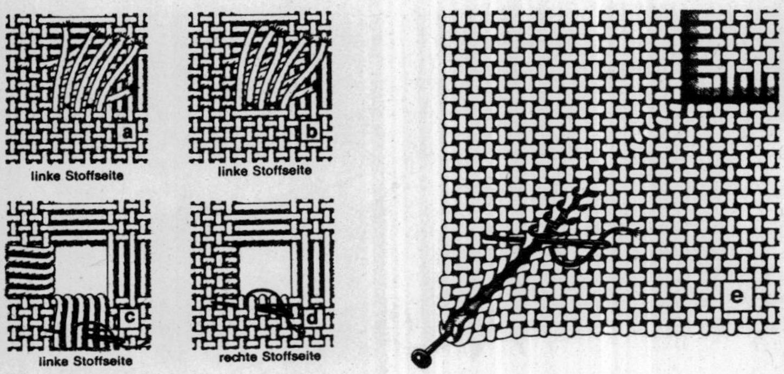

Einfacher Hohlnahtstich

Die Anzahl der Gewebefäden, die mit 1. Stich erfaßt werden, richtet sich nach der Breite der Fadenrinne und nach der Gewebedichte bzw. der Stichgröße der übrigen Stickerei.

Kissen

Stoffzuschnitt fadengerade ausführen. Die Fläche, für welche die Stickerei vorgesehen ist, auf der Oberseite umgrenzen. Die Nähte so anordnen, daß die Öffnung zum Einschieben der Kissenfüllung entweder an den unteren Rand (Schema a) oder in die Mitte der Kissenrückseite zu liegen kommt (Schema b).

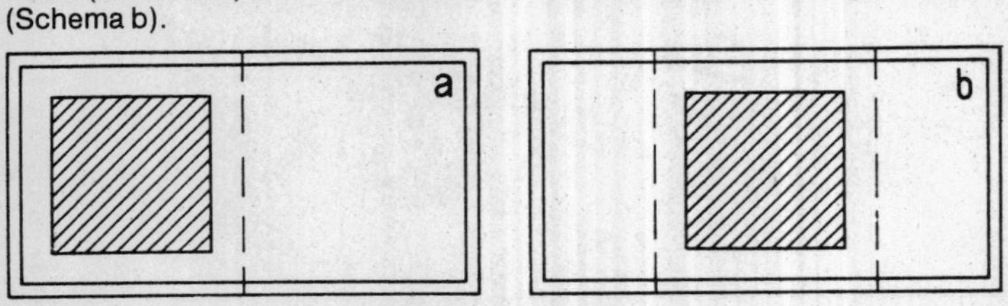

Ist die Stickerei sorgfältig gebügelt, die Nähte schließen. Nahtrand auf gleichmäßige Breite beschneiden, an den Ecken abschrägen und versäubern.
Wird ein Kissen auf Stramin gestickt, verwendet man für die Rückseite Samt, Duvetine oder schmalgerippten Cordsamt. Die Verbindungsnaht muß exakt fadengerade knapp neben der Stickerei verlaufen: Man kann die Naht von außen durch eine hohl aufgenähte Kordel, die farblich mit der Kissenrückseite bzw. mit der Stickerei harmoniert, verdecken. Die Öffnung zum Einschieben der Füllung kann man mit einem Reißverschluß schließen, der verdeckt einzunähen ist (in die Kissenrückseite verlegen – Schema b).

Möbelbezüge sticken

Wenn Sie nicht nur den Bezug sticken, sondern auch ein neues Gestell kaufen, wird der Schnitt vom Farbgeschäft mitgeliefert. Soll der Bezug aber für ein vorhandenes Möbelstück gestickt werden, muß man vor Stickbeginn einen Schnitt anfertigen. Dafür am besten Nessel (oder alten Wäschestoff) verwenden. Ein ausreichend großes Stück Nessel über der Mitte der Fläche fadengerade auflegen und feststecken. Über Rundungen und Ecken Falten bzw. „Abnäher" einlegen und abstecken (Abb. a). Alle Umrisse, Faltenbrüche und Konturen der Abnäher vor dem Entfernen der Stecknadeln mit Bleistiftpunkten markieren. Nachdem die Stecknadeln entfernt sind, die Markierungspunkte durch Linien verbinden, Abb. b. Die Schnittform ausschneiden und auf den Stramin legen, Konturen mit Schneiderkreide festhalten und dann mit Vorstichen nachziehen – dabei bereits die erforderliche Zugabe von 1 cm auf 50 cm einrechnen.

Läßt man die fertige Stickerei später beim Polsterer montieren, was mit Ausnahme einfachster Stuhlbezüge anzuraten ist, kann man sich den Schnitt auch anfertigen lassen. Möbelbezüge grundsätzlich im Perlstich oder im einfachen Gobelinstich über vorgespannten Faden sticken!

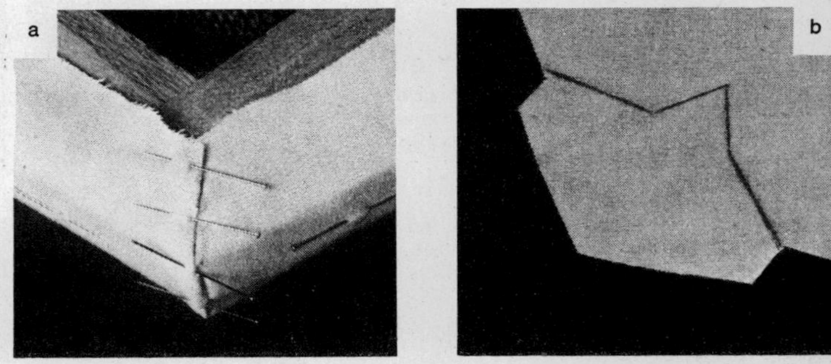

Kreis und Oval

Soll auf einen Stoff der Umfang eines Kreises – eines Ovales – markiert werden, zeichnet man die Konturen am besten auf die Stoffrückseite, und um sie auf die Oberseite zu übertragen, wird die Vorzeichnung mit Heftstichen nachgezogen, für die man Garn in abstechender Farbe verwendet.

Beim Kreis wird im Mittelpunkt eine Reißzwecke befestigt und um diese eine Fadenschlinge gelegt, die in der Länge genau mit dem Halbmesser des Kreises übereinstimmt. Die Spitze des Bleistiftes zieht die Schlinge straff, und in exakt senkrechter Haltung wird der Kreisumfang mit dem Bleistift vorgezeichnet. Abbildung siehe unten!

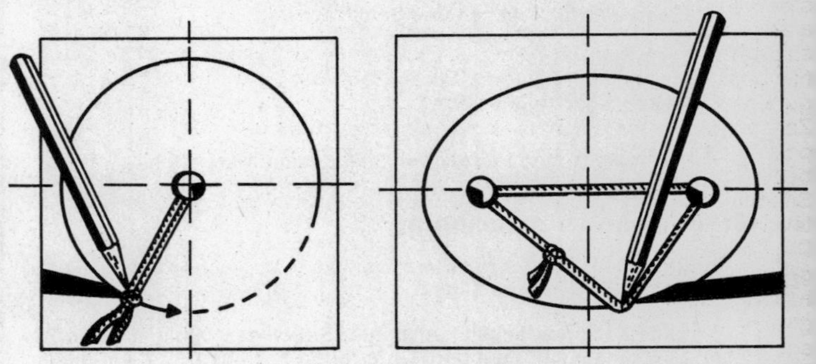

Für ein Oval wird die Längsachse markiert und auf dieser – mit gleichem Abstand zur Mitte – zwei Reißzwecken aufgesteckt. Je nachdem ob das Oval länglich oder mehr dem Kreis genähert ausfallen soll, muß der Abstand zur Mitte größer oder kleiner sein (je flacher das Oval, desto größer). Um die Reißzwecken wird eine Fadenschlinge lt. Abbildung gelegt, deren Länge sich nach der Form des Ovals richtet. Sie muß – straffgezogen – die beiden Scheitelpunkte erreichen – siehe untenstehende Abbildung! Die richtige Länge der Fadenschlinge muß ausprobiert werden. Bei straffgezogener Schlinge mit dem Bleistift, der senkrecht zu halten ist, das Oval aufzeichnen. Bei großen ovalen Decken einen Tischschnitt anfertigen, der mit Stecknadeln auf den Stoff geheftet wird. In dem Abstand, wie die Decke überhängen soll, wird auf dem Stoff ein Oval markiert. – Bei Bildern immer vor Stickbeginn den Rahmen besorgen und davon direkt die Fondform übertragen. Dadurch wird die Fertigmontage wesentlich erleichtert.

Musterzeichnung

Die Vorzeichnung wird von der Vorlage (vom Musterbogen) auf Transparentpapier übertragen. Bei runden, quadratischen, rechteckigen und ovalen Formen, bei denen die Zeichnung symmetrisch um die Mitte angeordnet ist, muß mindestens ein Viertel vorgezeichnet werden. Bei fortlaufenden Bordüren sollte man nicht nur einen Mustersatz, sondern wenigstens zwei, besser drei Mustersätze vorzeichnen. Je größer die Vorzeichnung, um so seltener müssen diese und das Kopierpapier beim Übertragen verschoben und wieder neu befestigt werden (dabei sind die Ansatzstellen genau zu beachten).
Stoff rechtwinkelig und glatt auf eine harte Unterlage legen, am besten mit Reißnägeln befestigen. Mitte markieren (entweder fadengerade einbügeln oder mit farblich abstechenden Vorstichen bezeichnen).
Bei dünnen, durchsichtigen Stoffen wendet man das Durchzeichnen an. Das Muster liegt in der vorgesehenen Anordnung unter dem Stoff, mit gutgespitztem Bleistift werden alle Linien nachgezogen. Die Vorzeichnung kann auch auf die Stoffrückseite übertragen werden – in diesem Falle allerdings spiegelverkehrt. Auf dichtgewebte Stoffe wird mittels Kopierpapier übertragen. Man schiebt das Kopierpapier – die färbende Seite liegt unten, also direkt auf dem Stoff – zwischen Musterzeichnung und Stoff. Mit spitzem Bleistift, besser mit einer Galalithstricknadel mit nicht zu scharfer Spitze, werden alle Musterlinien nachgezogen oder nur punktiert. Außerhalb der Linien ist jeglicher Druck zu vermeiden, da jede Druckstelle als Farbfleck auf dem Stoff erscheint.
Beim Nachziehen der Linien ist zu bedenken, daß beim Sticken nach Vorzeichnung knapp außerhalb der Musterlinien ein- und auszustechen ist, damit die Farbränder der Linien von der Stickerei eingeschlossen bzw. überdeckt werden. Beim Vorzeichnen und Übertragen deshalb äußerst exakt arbeiten!

Spannen und Leimen von Straminstickereien

Eine fertige Straminstickerei muß für die nachfolgende Montage rechtwinklig gespannt sein. Dafür eine alte Tür, die untere Küchentischseite oder eine ähnliche glatte Unterlage verwenden. Die rechte Seite der Stickerei nach unten legen, evtl. ein sauberes Tuch unterlegen. Mit Nägeln die Stickerei spannen, mit einem Schwamm gleichmäßig anfeuchten und nach dem Trocknen aus der Spannung lösen. Wenn die Stickerei zu stark verzogen ist, muß die Rückseite geleimt werden. Man verteilt darauf gleichmäßig steif angerührten Tapetenkleister, der, falls er sich einmal auf die Vorderseite durchdrücken sollte, leicht abschaben läßt. Für das Trocknen muß man maximal 2 Tage rechnen. Erst dann die Nägel entfernen.

Zählstickerei

Unter diesen Sammelbegriff fallen alle jene Stickereien, die nicht „frei", d. h. nach einer Vorzeichnung, sondern nach dem Gewebefaden gestickt werden. Dazu gehören „gezählter" Kreuz- und Plattstich genauso wie Gobelin-, Hardanger- und Durchbruchstickerei. Sofern der Zählvorgang ein Liniennetz mit quadratischer Einteilung zugrunde liegt, sollte auch der Stoff „quadratisch gewebt" sein (in Kette und Schuß messen die Gewebefäden gleichviel). Wird dieses Qualitätsmerkmal außer acht gelassen, erscheint die Stickerei verzerrt.
Bei einer großen Stickerei ist es eine Erleichterung, markiert man im Zählmuster regelmäßige Abstände von 5 oder 10 Stichen bzw. Reihen, indem man am Rand die Zahlen mit Kugelschreiber einträgt. Auf diese Weise findet man sich auf einer einmal weggelegten Stickerei schnell wieder zurecht. Das Liniennetz fast aller Zählmuster ist in Felder von 5 × 5 oder 10 × 10 Karos eingeteilt, die durch dezente Markierungen getrennt sind. Ein Kästchen des Zählmusters gilt für einen Stich bzw. die ein Quadrat umfassende Stichgruppe, beim Knüpfen für einen Knoten. Darauf achten: Bei allen anderen Zählarbeiten gilt eine Linie des Karonetzes für 1 Gewebefaden des Stoffes (bei Stramin für 1 Fadenpaar). Verschiedene Zeichen (Typen) erläutern die Aufteilung der Farben, siehe „Farberklärung".
Die Größe einer gezählten Stickerei – und deshalb auch die Größe des fertigen Modells – richtet sich nach der Fadendichte. Die Maße, die in den Anleitungen genannt sind, gelten daher nur für das empfohlene Gewebe und die genannte Stichgröße. Verwenden Sie Stoff mit anderer Fadendichte, müssen Stickereigröße und Modellmaß neu errechnet werden.
Dazu ein Beispiel: Ein Motiv zählt 140 : 140 Stiche, 5 Stiche messen 1 cm.
140 : 5 = 28 × 1 = 28, Motiv 28 × 28 cm.
Bei Stramin mit 4 Fadenkaros/1 cm sieht die Rechnung so aus: 140 : 4 = 35 × 1 = 35, Motiv 35 × 35 cm.

Zubehör

In den Anleitungen erwähnen wir diejenigen Stoffe, Garne und Wollsorten, die wir zur Ausführung der Originalmodelle verwendeten. Da das Angebot heutzutage riesengroß ist, kann ein Handarbeitsgeschäft unmöglich auch nur annähernd die bekanntesten Qualitäten an Stoffen und Garnen führen. Sollten Sie hie und da Schwierigkeiten bei der Beschaffung des Zubehörs haben, wenden Sie sich an die betreffenden Hersteller, deren Adressen auf dieser Seite vermerkt sind. Man kann Ihnen das Material zwar nicht direkt liefern, sicher aber eine Bezugsquelle in Ihrem Wohnort oder in der Nähe nennen.

Batik

Die Technik des Batikens ist Jahrhunderte alt. Gegen Ende des letzten Jahrhunderts kam sie aus Java auch nach Europa. Das Wort Batik ist von dem javanischen Wort Ambatik abgeleitet und bedeutet soviel wie Schreiben oder Zeichnen. Stoffe und Kleider, in dieser kunstvollen Technik hergestellt, waren ursprünglich nur der herrschenden Klasse vorbehalten. Heute ist diese alte Kunst wegen der einfachen Handhabung und der vielfältigen Gestaltungsmöglichkeiten zum beliebten Hobby geworden.

Wahl und Vorbereitung des Stoffes

Zum Batiken eigenen sich alle Stoffe aus Naturfasern wie Seide, Wolle, Baumwolle und Leinen. Reine Kunstfasern sowie auch Mischgewebe nehmen die Farbe kaum oder gar nicht an. Alle Stoffe müssen vor Beginn der Arbeit unbedingt von Appretur befreit sein, weil sonst die Farben nicht eindringen können. Sie sollen trocken und glatt sein. Je feiner der Stoff gewebt ist (Seide und Batiste), desto klarer kommen Muster und Farben zur Geltung. Bei der Wachsbatik müssen sehr feste, dichte Gewebe evtl. von beiden Seiten mit Wachs versehen werden, falls es bei der ersten Behandlung nicht ganz durchgedrungen ist. Sie sollten auf der Rückseite unbedingt prüfen, ob klare Konturen gewährleistet sind.

Das Übertragen der Motive auf den Stoff

Wenn Sie sich für ein Motiv entschieden haben, gibt es mehrere Möglichkeiten, es auf den Stoff zu übertragen. Am einfachsten ist es, wenn der Stoff genügend durchsichtig ist, das Motiv auf Transparentpapier durchzupausen, es auf einen Leuchttisch zu legen, den Stoff darüber zu legen und durchzupausen. Bei kleinen Motiven genügt es auch, das Transparentpapier mit der Skizze und darüber den Stoff auf einer Fensterscheibe mit Klebeband zu befestigen und durchzuzeichnen. Sehr weiche Bleistifte und Kohlestift eignen sich und lassen sich bei der Wäsche auch wieder entfernen. Besonders aber bietet sich ein Aufbügelstift (Fa. DEKA) an. Wenn Sie die Skizze auf Pergamentpapier übertragen haben, zeichnen Sie auf der Rückseite des Pergamentpapiers alle Konturen mit dem Aufbügelstift genau nach, legen diese auf den Stoff und bügeln das Muster einfach auf. (Wenn Sie gleich mit dem Aufbügelstift durchpausen und das Muster verwenden, erscheint es später seitenverkehrt.)

Das Aufspannen des Stoffes

Das Aufspannen des Stoffes vor jedem Einwachsen ist nötig, damit er nicht auf der Unterlage festklebt. Beim Entfernen wird die untere Wachsschicht evtl. beschädigt, und die Farben können einsickern. Außerdem läßt es sich auf gespannter, glatter Oberfläche leichter malen. Im Handel (in Bastelgeschäften) gibt es spezielle Batikrahmen zu kaufen. Durch ihre Einkerbungen sind sie in der Größe verstellbar. Alte Bilderrahmen, Schubladen oder feste Schachteln und Kartons sind ebenso geeignet, den Stoff darauf mit Reißzwecken oder Eisbärnadeln aufzuspannen. Eine weitere Methode ist, den Stoff auf einer festen Unterlage lose zu spannen und jeweils unter die zu bearbeitende Stelle ein hochkant gestelltes Lineal zu schieben. Dadurch wird der Stoff auch vor dem Ankleben bewahrt.

Die verschiedenen Wachssorten

Reines Bienenwachs ist sehr geschmeidig und läßt wenig oder gar keine Risse und Sprünge für die typischen Krakeluren zu. Paraffin ist spröde und fördert durch seine Brüchigkeit diese typischen Äderungen. Das ideale Batikwachs ist eine Mischung aus beiden und ist im Handel in Blöcken oder in Tropfenform erhältlich. Wenn Sie in der Kunst des Batikens fortgeschritten sind und spezielle Wünsche haben, können Sie sich diese Mischungen auch selbst zusammenstellen.

Das Schmelzen des Wachses geschieht in einem alten Topf auf der Elektroplatte. Offene Feuerstellen sollten nach Möglichkeit gemieden werden, da Wachs leicht entflammbar ist. Im Handel sind Wachsthermometer erhältlich, um das Wachs auf einer gleichmäßigen Temperatur halten zu können. Als Faustregel gilt jedoch, daß es auf keinen Fall dampfen darf, dann ist es zu heiß. Das merken Sie auch, wenn es im Stoff keine glatten Konturen mehr hinterläßt, sondern ausläuft. Zu kaltes Wachs hingegen liegt wie ein dicker Klecks auf dem Stoff und durchdringt ihn nicht mehr. Mit Wachs versehener Stoff sollte, gegen das Licht gehalten, den Eindruck von Pergamentpapier machen. Bei sehr dichten Geweben ist es gelegentlich nötig, die mit Wachs versehenen Stellen auf der Rückseite nochmals zu bestreichen, um sicher zu gehen, daß keine weitere Farbe eindringen kann.

Das Malen mit Pinsel und Tjanting

Um feine Linien und Konturen mit Wachs nachzumalen, benötigen Sie sehr schmale Borstenpinsel oder das Wachspfännchen (Tjanting). Tjantings sind kleine Behälter für das flüssige Wachs mit einem oder mehreren Ausflußröhrchen. Das heiße Wachs fließt hier recht gleichmäßig und erfordert ein zügiges Arbeiten. Mit dem Pinsel muß mehrfach innerhalb der Linien neu angesetzt werden, jedoch erlaubt er ein langsameres und genau so präzises Wachsauftragen. Zum Ausfüllen großer Flächen sind breite Pinsel (z. B. Kuchenpinsel) ideal. Haarpinsel eignen sich weniger gut, da sie im heißen Wachs leicht verbrennen oder nach dem Erstarren des Wachses brechen. Die bereits in der Anleitung erwähnten Wachstropfen oder -perlen sind besonders praktisch, weil man sie in einem Tjanting direkt schmelzen kann. Wegen der Entflammbarkeit sollte er nicht zu dicht über die Kerzenflamme gehalten werden, und achten Sie auch darauf, daß Kerzenruß stets abgewischt wird, um Ihre Arbeit nicht zu verschmieren.

Das Farbbad

Batikfarben und dazugehörige Fixiermittel von verschiedenen Herstellern sind im Fachhandel erhältlich. Sie sind hoch lichtecht und beständig. Für Kleidung und Wäsche bieten sich Textilkaltfarben an, weil sie sogar kochfest sind. Bei der Zubereitung sollten Sie sich unbedingt an die Anweisungen auf den Verpackungen halten. Prüfen Sie mit einem Badethermometer die Temperatur, bevor der Stoff eingelegt wird. Wachs beginnt bei ca. 60° zu schmelzen. Salz und Essig sind in den meisten Fällen nötig, um die Farbbäder anzusetzen. Denken Sie daran. (Es wäre schade, wenn Sie die Arbeit beginnen wollen und nach Geschäftsschluß diese wichtigen Dinge nicht auftreibbar sind.) Wenn Sie die Leuchtkraft Ihrer Werke erhalten wollen, sollten Sie zum Schluß möglichst ein Fixierbad anwenden.

Das Entfernen des Wachses

Wenn alle Farbbäder vollendet sind, muß das Wachs wieder entfernt werden. Das geschieht durch Ausbügeln zwischen dicken Lagen von altem Zeitungspapier. Druckfrische Zeitungen geben evtl. noch Farbe ab. Um ganz sicher zu gehen, daß das nicht passiert, können Seidenpapierbogen zwischen Stoff und Zeitung geschoben werden. Wachsreste, die noch als Fettränder im Stoff verblieben sind, können in einem Bad aus Waschbenzin entfernt werden. Wir empfehlen wegen der hohen Brandgefahr, ein Kleiderbad in der Reinigung vornehmen zu lassen.

Wickelbatik

Wie im Bildheft bereits gesagt, muß besonders darauf geachtet werden, daß die abgebundenen Stellen sicher vor dem Eindringen der Farbe geschützt sind. Das kann nur erreicht werden, indem sehr fest gewickelt und verknotet wird. Naturbast (Kunstbast dehnt sich bei Feuchtigkeit aus) und dünne, feste Paketschnur eignen sich besonders gut. Dicker Zwirn und 4-fach-Garne sind ausgezeichnet, wenn feine Linien entstehen sollen. Bei der Wickelbatik ist es auch wesentlich, die Färbedauer nicht zu lange zu bemessen, damit die Farbe nicht unter den abgebundenen Stellen einsickern kann. Wenn mehrere Farben nacheinander eingefärbt werden, muß vor jedem neuen Farbbad zusätzlich neu abgebunden werden, um die bereits erreichte Farbtönung vor der nächsten Farbe zu schützen.

Nähbatik

Bei dieser Technik, die so viele reizvolle Möglichkeiten bietet, sollten Sie stets daran denken, unbedingt mit weißem Garn zu arbeiten. Farbige Fäden können Farbe abgeben, und die Einstichstellen bleiben später sichtbar. Das Aufmalen der Motive ist am zweckmäßigsten mit dem Aufbügelstift (z. B. von DEKA) vorzunehmen, da er sich auf Stoffen aus Naturfasern mühelos wieder auswaschen läßt.

Einbindebatik

Sehr reizvolle Muster erzielen Sie durch Einbinden von Samenkörnern, Steinen und anderen winzigen Gegenständen. Das ist zwar eine etwas mühselige Arbeit, aber der Effekt lohnt den Aufwand. Verschiedene Grundformen ergeben jeweils andere Muster. Allerdings sollten keine Objekte aus Metall benutzt werden. Sie könnten oxydieren.

Malbatik

Hier werden einzelne Farbbäder ausgelassen und durch Aufmalen der Farben ersetzt. Z. B. wenn Sie einzelne Farbakzente setzen wollen, die in der von Ihnen gewählten Folge der Farbbänder nicht erreichbar sind, können diese mit Stoffmalfarben oder besonders konzentriert angesetzten Batikfarben aufgemalt werden. Diese Partien sind dann genau wie normal eingefärbte Stellen zu behandeln. Erst wenn sie trocken sind, darf hier Wachs aufgetragen werden. Dann können weitere Farbbäder erfolgen. Ebenso ist es möglich, Bildchen ganz mit Stoffmalfarben zu malen, sie später zu überwachsen und nur einmal mit einem Färbebad versehen, in eine „Mogelbatik" zu verwandeln.

Und hierzu noch ein paar wichtige Tips

Jede Batik ist ein absolutes Unikat. Keine wird je der anderen gleichen. Der Zufall hat seine Hand im Spiel. Nicht nur die Äderung ist stets eine andere, Färbedauer und Konsistenz des Farbbades bestimmen die Tiefe des erreichten Farbtones. Auch wenn Sie nacharbeiten, Ihr Werk wird stets ein absolutes Einzelstück sein.

Wenn eine Färbung mißlingt, kann mit Entfärber gearbeitet werden. Alle bereits gelungenen und mit Wachs versehenen Stellen vor dem Entfärbebad prüfen, ob das Wachs gut abdeckt. Sonst wird auch hier die Farbe entzogen.

Beim Auftragen des Wachses sollten Sie Ihren Arbeitsplatz mit Zeitungspapier oder Plastikfolie abdecken. Bei sehr feinen Stoffen kann Wachs auch hindurchtropfen.

Wenn versehentliche Wachskleckse nicht unauffällig ins Muster einzubeziehen sind, kann man sie nach dem Erkalten vorsichtig mit dem Messer abschaben. Für sehr Geduldige gibt es auch die Möglichkeit, mit Löschpapier und erhitzter Stricknadel kleine Reste herauszuschmelzen.

Zum Trocknen die gewachsten Stoffe nicht in die Sonne oder an eine Heizung hängen. Das Wachs könnte anschmelzen.

Welche Farben ergeben sich beim Übereinanderfärben?
Kleine Tabelle der wichtigsten Farben:

1. Farbe ▶ 2. Farbe ▼	Gelb	Orange	Rot	Grün	Blau
Gelb	kräftiges Gelb	Hellorange	Orange	helles Grün	Grün
Orange	Hellorange	tiefes Orange	dunkles Rotorange	helles Grünbraun	Braun
Rot	Orange	dunkles Rotorange	kräftiges Rot	Braun	Violett
Grün	Hellgrün	helles Grünbraun	Braun	Dunkelgrün	Blaugrün
Blau	Grün	Braun	Violett	Blaugrün	tiefes Blau

Kleiner Makramee-Knüpflehrgang

Ansetzen eines neuen Fadens
Am geeignetsten dafür ist der soge-nannte Weberknoten. Laut Abb. 1a das Fadenende über den neuen Fa-den legen und diesen lt. Abb. 1b zur Schlinge legen. Das nach rechts zei-gende Fadenende unter der Schlin-ge hindurchführen, wie die Abb. 1c zeigt. Nun das links liegende Faden-ende mit dem alten Faden halten und nun den neuen Faden ruckartig straffziehen; keiner der beiden Fä-den darf mehr hin- und hergleiten.

1a

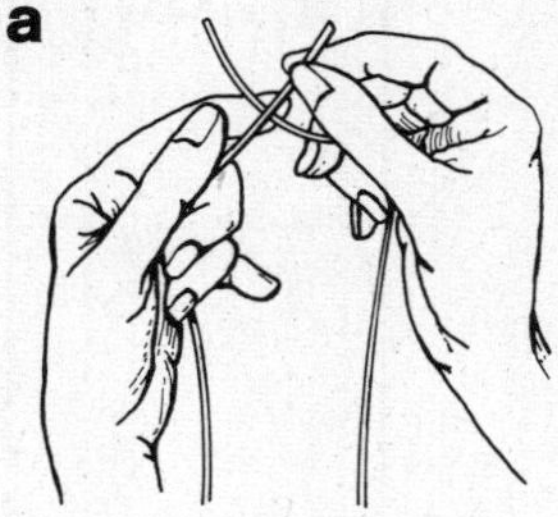

1b

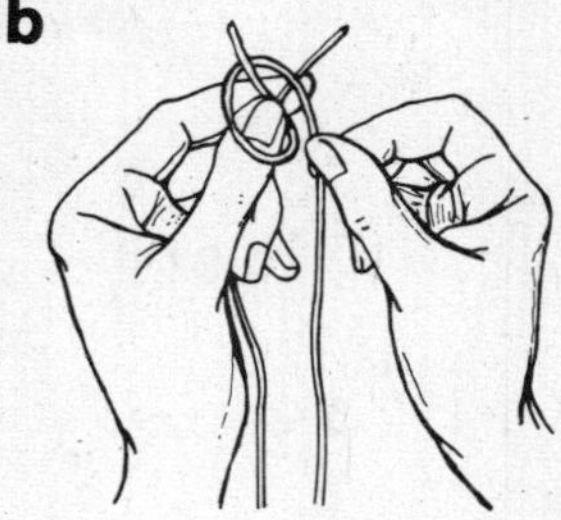

1c

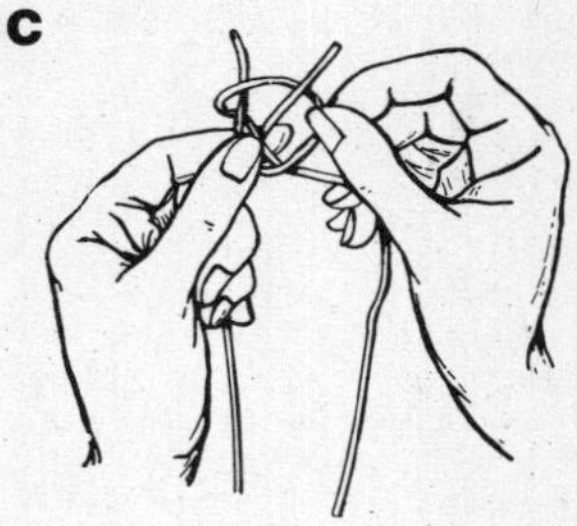

Einhängen der Fäden
Die erforderliche Fadenzahl wird lt. Abb. 2a bzw. 2b um die Halteschlinge geknüpft. Die Halteschlinge kann ein Einlagefaden, ein Taschengriff, das Rundholz für die Aufhängung des Wandbehanges oder auch wie bei dem Halsschmuck ein Silberdraht sein. Den zur Hälfte gelegten Knüpf-faden mit der Häkelnadel oder ein-fach mit dem Finger durch die Schlin-ge holen, dabei auf gleich lange Fa-denenden achten. Wenn die Knüpf-fäden der Anfangsreihe nicht dicht auf dicht folgen sollen, wird zum Sperren nach jedem Einhängen laut Abbildung 2c beidseitig je ein Rip-penknoten eingefügt.

2a

2b

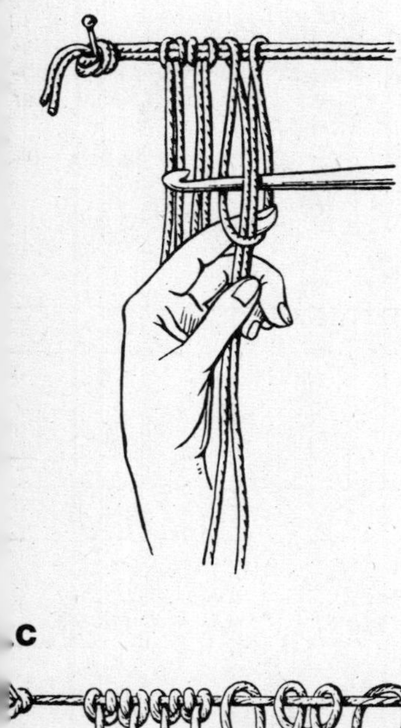

c

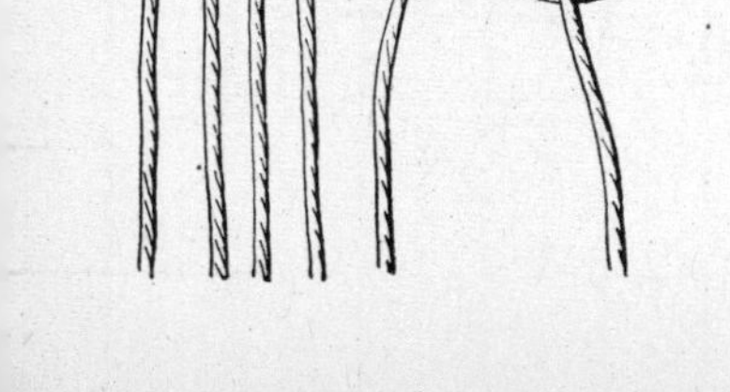

Flacher Doppelknoten
Er besteht aus zwei Verschlingungen und erfordert immer vier Fäden bzw. zwei Knüpffadenpaare. Beim 1. Kno-ten bilden der 2. und 3. Faden die Ein-lage- bzw. Spannfäden, der 1. und 4. Faden sind Knüpffäden. Bei dün-nem Garn kann die Häkelnadel hilf-reich sein. Nach der 1. Verschlingung (Abb. 3b) hängt der 4. Faden links au-ßen (Abb. 3c). Der erste Faden wird nun lt. Abb. 3c durchgeholt und tritt nun an die 4. Stelle. Nach der 2. Ver-schlingung haben die Fäden wieder ihre Ausgangsposition, siehe 2. Pha-se der Abb. 3a. Die dritte Phase die-ser Abbildung zeigt den straffgezo-genen und an die Halteschlinge herangeschobenen Doppelknoten. Wird zum Beispiel das Muster über mehrere Reihen fortgesetzt, kann man die Fäden in den folgenden Rei-hen versetzt knüpfen (siehe Phase 4 der Abb. 3a und Abbildung 3d).

3a

3b

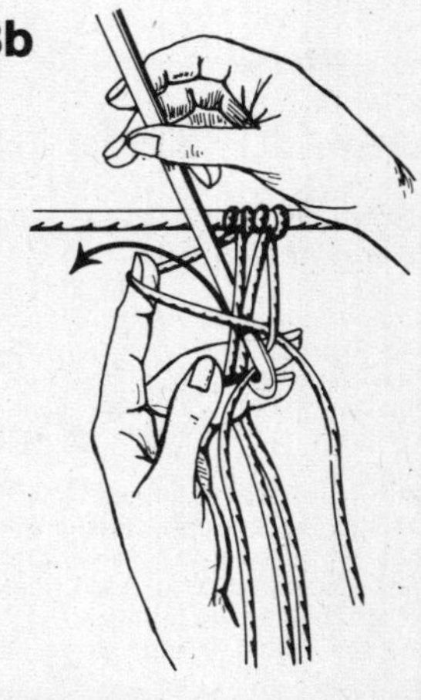

3c

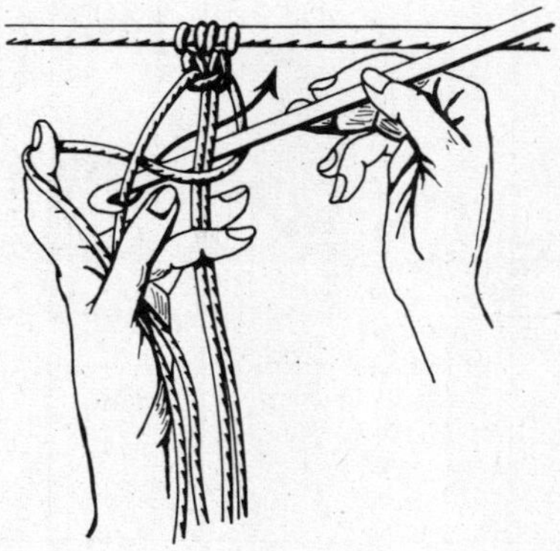

3d

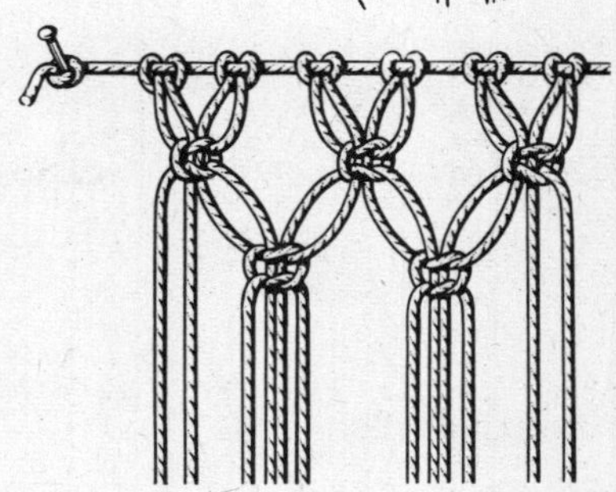

Wellenknoten
Wellenknoten sind halbe Doppel-knoten. Durch die einseitige Ver-schlingung drehen sie sich wie ein Gewinde. Wie für den flachen Dop-pelknoten braucht man für den Wel-lenknoten 4 Fäden, wovon der 2. und 3. Faden die Einlage bilden. Der 1. und 4. Faden sind lt. Abb. 4a um die Einlage zu knoten und straffzuziehen (Abb. 4b). Man kann, wenn mehrere Wellenknoten untereinander ge-knüpft werden, die einzelnen Win-dungen durch Rippenknoten fixieren (Abb. 4e und Abb. 5b).

4

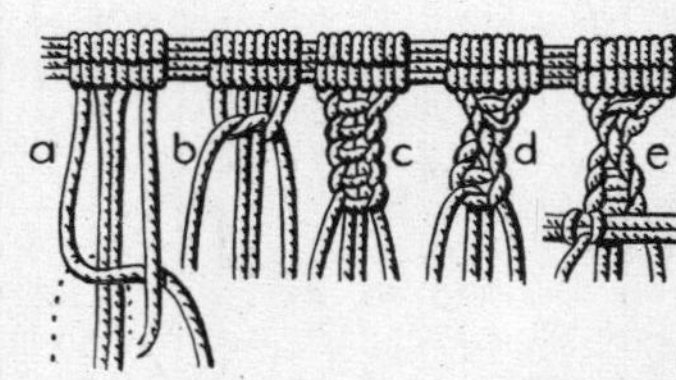

Rippenknoten (in Musterung)
Bei Musterbildungen werden, je nachdem es die Vorlage erfordert, ein, zwei, drei oder mehr Fäden über denselben Einlagefaden geknüpft. Die Rippen können während der Arbeit die Richtung wechseln und trotzdem über die gleiche Einlage geknotet sein. Auch eine neue Rippe kann unmittelbar an die vorherige angeschlossen werden. Zumeist verlangen die Muster, daß man die Rippen nach rechts oder links über den schräg gehaltenen Einlagefaden knüpft. Die Abbildungen 5a bis 5c zeigen die Rippenknotenreihe von links nach rechts, aus vier Fäden gebildet. Der links hängende, also der 1. Faden, bildet die Einlage, um welche die Fäden 2 bis 4, einer nach dem anderen, zu knüpfen sind. Die Einlage mit der rechten Hand straffhalten, mit der linken Hand die Verschlingung bzw. den Knoten ausführen.
Die Verschlingungen lt. Abb. 5a und b ergeben den 1. Rippenknoten. In der 3. Probe ist der 2. Knoten fertig, der 3. noch nicht straffgezogen. Die Ziffern 1 bis 4 machen außerdem verständlich, welchen Platz die Fäden nach den Verschlingungen einnehmen und daß der 2. Faden des Anfangs die Einlage für die 2. Rippenknotenreihe bildet. Entgegengesetzt verläuft die Arbeit bei einer von rechts nach links gerichteten schrägen Rippenknotenreihe. Auch hier geben die Ziffern in den Abb. 6a bis 6c Aufschluß über die Lage der Fäden.

5

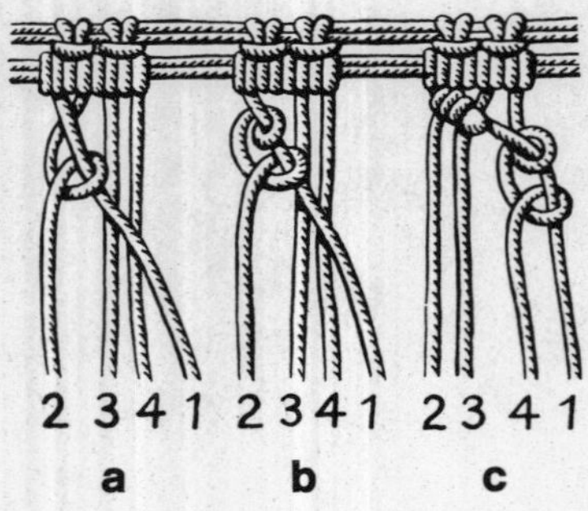

6

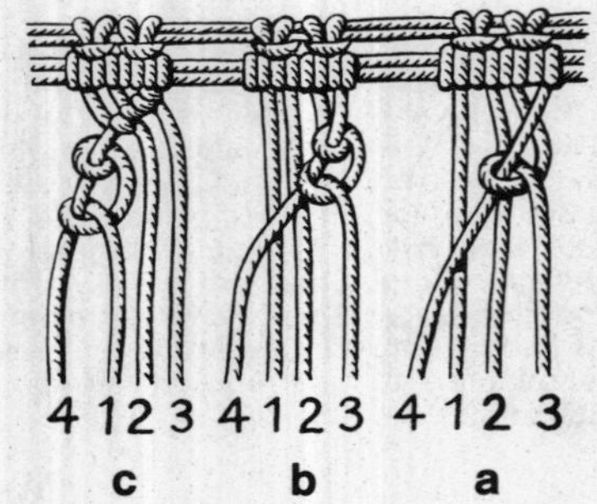

Flechtknoten
Der Flechtknoten wird aus 4 Fäden oder Bündeln lt. Abb. 7a geknüpft: Faden 1 zur Schlaufe legen, über Faden 2 führen. Faden 2 um Faden 1 schlingen und über Faden 3 führen. Faden 3 um Faden 2 schlingen und über Faden 4 führen. Faden 4 um Faden 3 schlingen und durch die Schlaufe von Faden 1 führen. Alle Fäden strammziehen. Abb. 7b zeigt die seitliche Ansicht der verflochtenen Fäden.

7b

7a

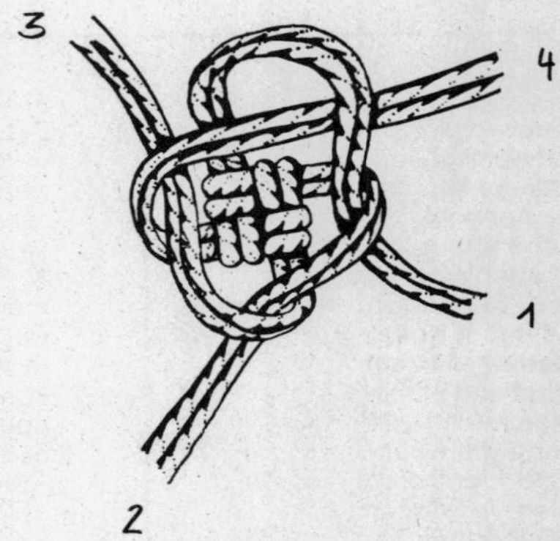

Kleiner Sticklehrgang

1 Schling- oder Langettenstich

Man stickt den Schlingstich von links nach rechts; die senkrechten Verbindungsstiche werden von oben nach unten – oder umgekehrt von unten nach oben ausgeführt. Der Faden muß stets unter der Nadelspitze liegen.
In der Abbildung 1a sind mehrere Reihen versetzt untereinander angeordnet. In der Zeichnung 1b wird der Schlingenrand mit einem andersfarbigen Faden durchzogen und in der Zeichnung 1c zusätzlich durch schrägliegende Spannstiche in einer anderen Farbe ergänzt.
Soll der Schlingstich einer Rundung folgen, liegen die Einstiche am Innenrand dichter als die Ausstichstellen. Auf gleichmäßige Anordnung der Stiche ist zu achten, siehe Abbildung 1d. Kleine Dreiecke entstehen, wird wechselnd von rechts oben und links oben nach unten gestickt, siehe Abbildung 1e (A = 1., C = 2., D = 3. Ausstich; B = 1. und 2. Einstich).

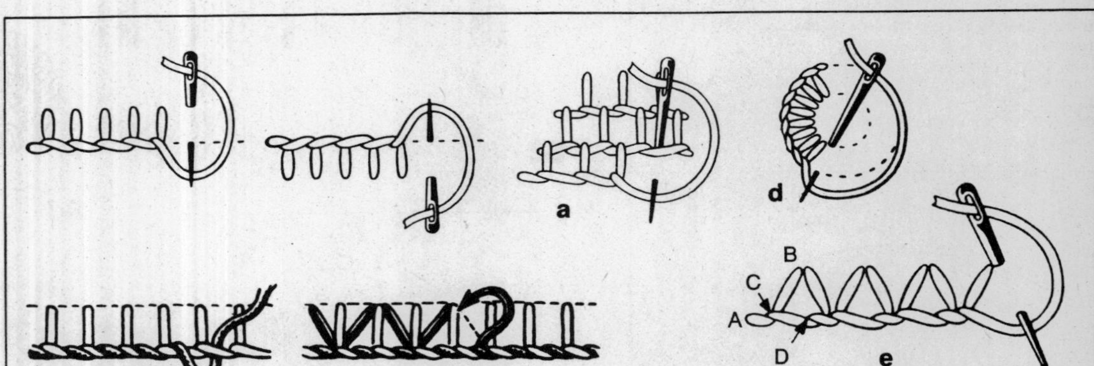

2a Der Flachstich

Der Flachstich wird oft dann angewendet, wenn die Form für den Plattstich zu breit ist. Durch die versetzt angeordneten Stiche erfolgt eine Unterteilung. Für die Einstiche, die immer zu beiden Seiten der Mitte einer Form liegen, können Hilfslinien eingezeichnet werden. Bei geometrischen Formen die Stiche reihenweise versetzen.

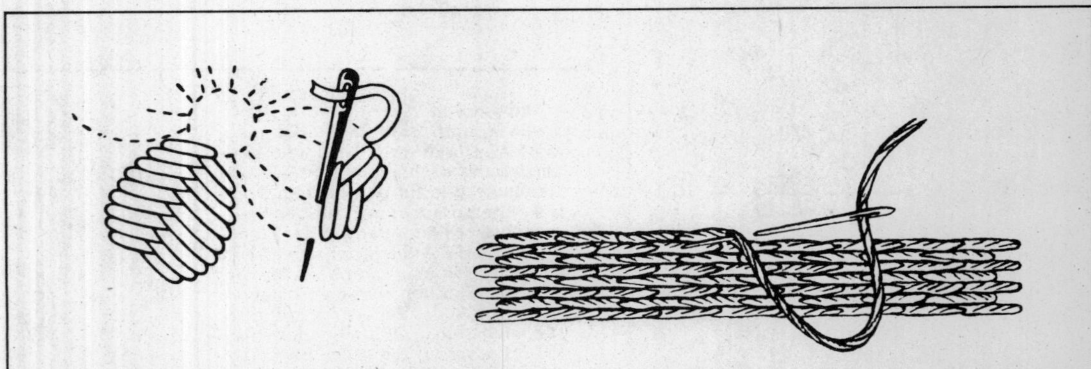

2 Der Plattstich

Der Plattstich wird vorwiegend bei schmalen, länglichen Formen nach freier Zeichnung angewendet. Die Stiche greifen in gerader (Abbildungen a, c, e, Mitte in Abbildung k) oder schräger Lage (Abbildungen d, f) über eine Form. Breite Muster erhalten eine Unterteilung, siehe Abbildungen e, f, g und k.
Da man im Rahmen stickt, können die Stiche von links nach rechts (Abb. b, d und e) oder von rechts nach links bzw. von unten nach oben (Abb. c) ausgeführt sein.
Im Gegensatz zur mehrfach unterlegten Hochstickerei erhebt sich die Plattstichstickerei nur unmerklich über der Stofffläche. Dennoch kann durch die geschickte Anordnung der Stichlage eine sehr plastische, Licht- und Schatteneffekte erziehende Wirkung erreicht werden. Beispiele für die Anordnung der Stiche bei mehrteiligen Formen geben die Abbildungen e bis k. Um bei Kreisen eine gleichmäßige Rundung zu erreichen, stickt man von der Mitte ausgehend in zwei Hälften. Der letzte Stich am Rand muß jeweils dicht unter den vorletzten Stich gestickt werden (siehe auch Abbildung g). Sehr reizvoll ist die Kreisform der Abbildung i unterteilt: In einen großen Kreis ist außerhalb des Mittelpunktes ein kleiner Kreis eingestickt. Wie die Abbildung deutlich zeigt, liegen die Stiche am Rand nicht so dicht wie in der Mitte um den kleinen Kreis. Um zu vermeiden, daß an solchen Stellen die Stiche zu dicht liegen, wird ab und zu ein kürzerer Stich ausgeführt.

Bei mehrteiligen Formen, siehe Abbildung k, beginnt man in der Mitte, die hier in gerader Stichlage ausgeführt ist. Am Rand greifen die Stiche von der größeren, äußeren Rundung zur engeren, inneren Rundung. Die Einstiche erfolgen am Innenrand.
Soll eine Form plastisch ausfallen, muß unterlegt werden; man zieht zunächst die Konturen mit kleinen Vorstichen nach. Die Stichlage des Plattstiches muß entgegengesetzt zum Unterlegen erfolgen, siehe Abbildungen a und b. Bei geteilten Formen ist darauf zu achten, daß die Teilungslinie beim Unterlegen nicht überstickt werden darf.

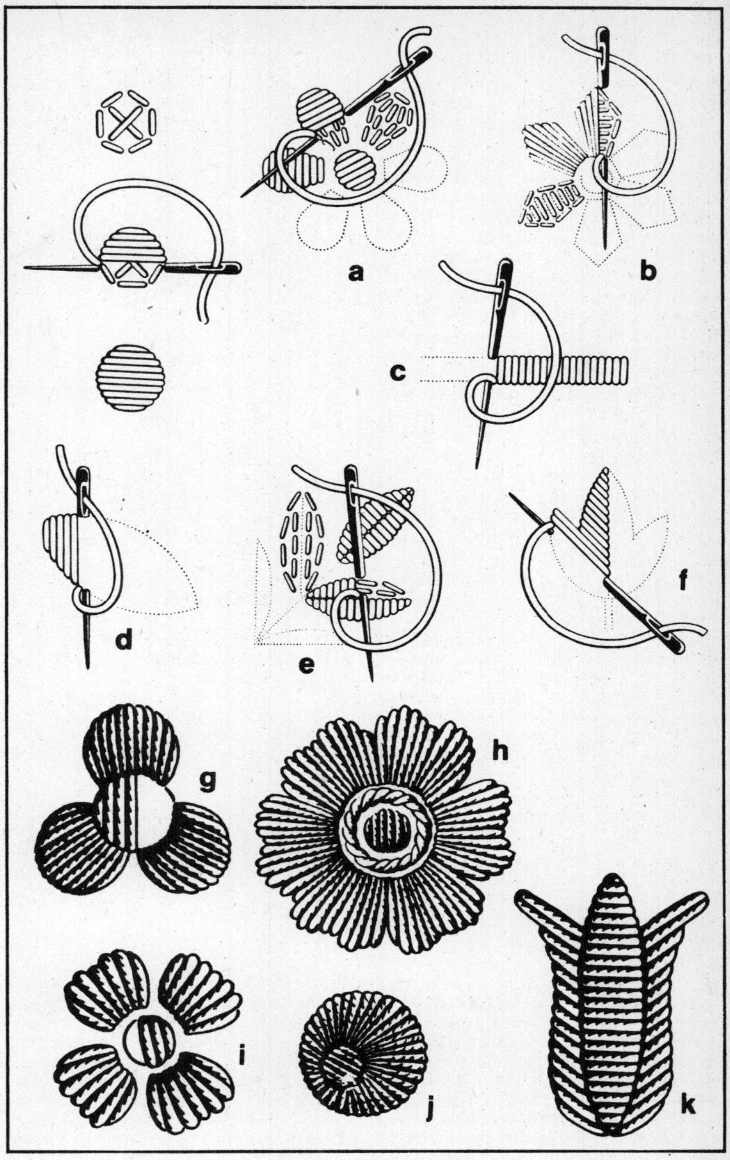

3 Überfangstich

Die Abbildungen A bis D erklären die Ausführung dieses Stiches, der nur bei gerade gezeichneten Linien anzuwenden ist. Von links nach rechts den Faden vorspannen, rückgehend mit kurzen schrägen Stichen übersticken; auf der Rückseite bilden sich kurze, von rechts nach links gerichtete Schrägstiche.

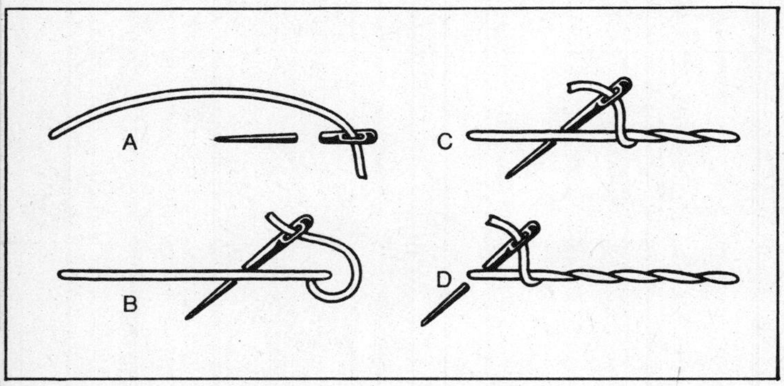

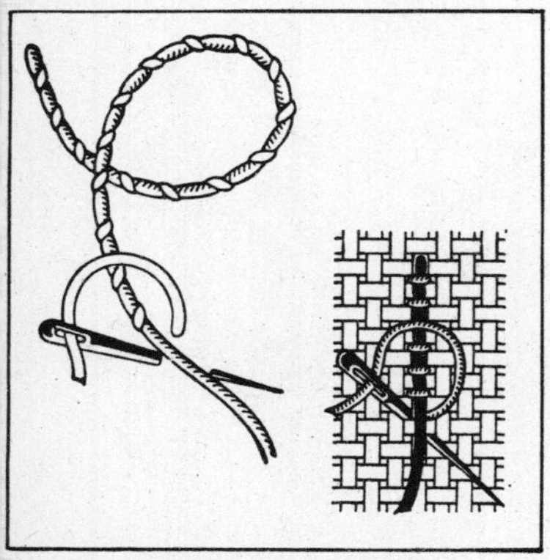

3a Faden überstickt mit Überfangstichen

Im Gegensatz zum Überfangstich können mit vorgelegtem Faden auch geschwungene Linien überstickt werden. Man arbeitet von rechts nach links. Der zu überstickende Faden wird auf der Rückseite mit einigen Stichen befestigt, auf die Oberseite geführt und mit einem zweiten Faden in kurzen Abständen überstickt.

4 Gezackter Kettenstich

Man stickt von oben nach unten oder von rechts nach links. Nach dem Ausstich (= A) ✦ den Faden von rechts nach links zur Schlinge legen, mit dem linken Daumen festhalten, den Faden laut Abbildung um die Nadel schlingen, einen kurzen Vorstich ausführen. Ab ✦ fortlaufend wiederholen.
a: Dieser Stich kann auch in Zickzackrichtung gestickt werden.

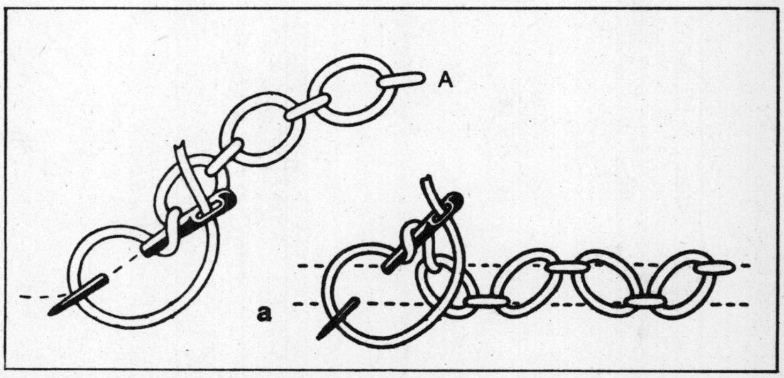

5 Der Kettenstich

Man stickt von oben nach unten: Ausstechen, den Faden zur Schlinge legen, in der Ausstichstelle wieder einstechen und innerhalb der Fadenschlinge ausstechen. Die Rückseite zeigt eine Steppstichlinie. a: Eine Kettenstichreihe wird in Wellenlinien durchzogen. b: Der Kettenstich ist mit überwendlichen Stichen überstickt, jeden Stich erfassen. c: Der Kettenstich wird in Zickzackrichtung von oben nach unten oder von rechts nach links gestickt; Punkt B bezeichnet die 2. Ausstich-, C die 2. Einstichstelle innerhalb des ersten Kettenstiches. d: Es wird mit 2 Fäden, die in eine Nadel eingefädelt sind, gestickt. Es werden stets beide Fäden durchgezogen, jedoch abwechselnd der dunkle und der helle Faden als Schlinge unter die Nadelspitze gelegt; den lockeren Faden jeweils nachziehen.

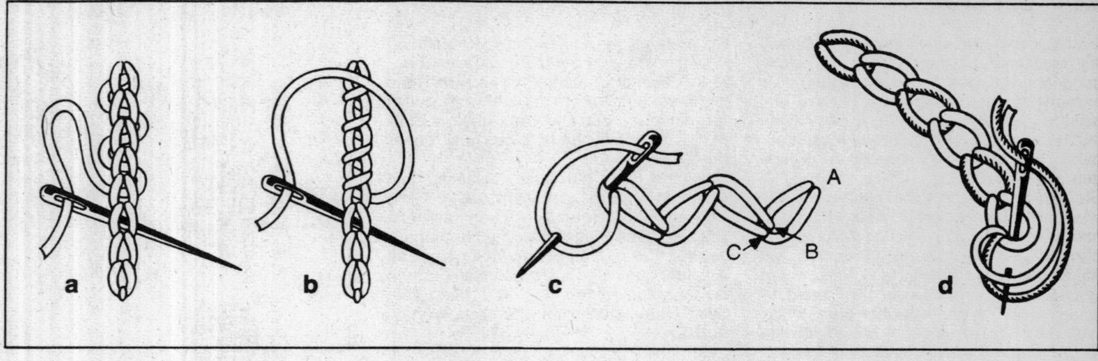

6 Der Knötchenstich

Der Knötchenstich kann mit einer, mit zwei, ja sogar mit drei Umwicklungen gestickt werden. Der Faden ist von unten nach oben um die Nadelspitze zu winden, und der Einstich muß knapp neben der Ausstichstelle erfolgen; siehe Zeichnung und Stickproben!

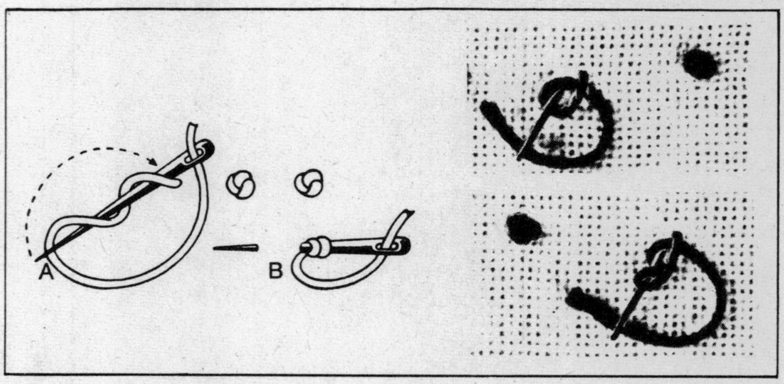

7 Der Margeritenstich

Beim Margeritenstich handelt es sich eigentlich um einen einzeln stehenden Kettenstich, der mit einem oder mit 3 Überfangstichen gehalten wird. Besonders große Stiche sollte man mit einem Spannstich oder einem kleineren Margeritenstich ausfüllen. Bei kleinen Blüten treffen die Stiche in der Mitte in eine Einstichstelle, a. Bei größeren Motiven bilden Ein- und Ausstiche, die nicht unbedingt in denselben Punkt treffen müssen, eine geschlossene Kontur, siehe b. In der 3. Blüte dieser Gruppe sind die Margeritenstiche mit Spannstichen ausgefüllt. In der Blütenform c wechseln lange mit kurzen Margeritenstichen. In den Blüten e und f gruppieren sich die Margeritenstiche um eine Mitte aus Knötchenstichen; in den kleinen Blütensternen der Zeichnung h ist in der Blütenmitte ein Knötchenstich ausgeführt, die winzigen Blättchen sind mit Spannstichen eingestickt. Auch die übrigen Abbildungen sind Beispiele dafür, wie vielseitig die Anwendung dieses einfachen Stiches ist.

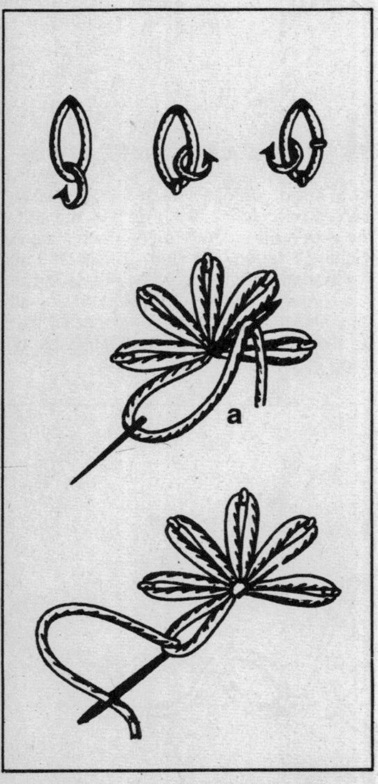

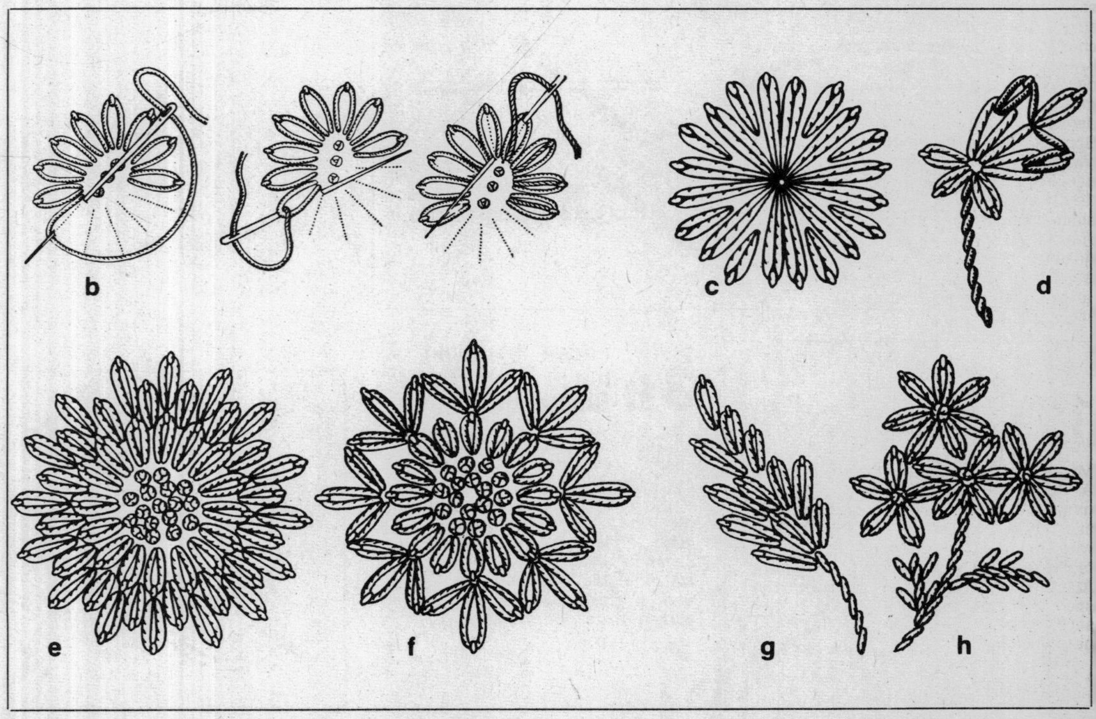

8 Der gefiederte Zopfstich

Man stickt von oben nach unten. Bei Punkt A ausstechen, schräg nach rechts oben gerichtet einen kurzen waagrechten Vorstich ausführen, Buchstabe B; Punkt C bezeichnet die folgende Ein-, D die Ausstichstelle. Nunmehr das bei B entstandene Fadenkreuz von rechts nach links auffassen (siehe Zeichnung), nicht in den Stoff einstechen, bei E am rechten Rand wieder einstechen. Arbeitsvorgang D bis E fortlaufend wiederholen. Die Stiche nicht zu straff anziehen, damit der Zopf in der Mitte reliefartig ausfällt.

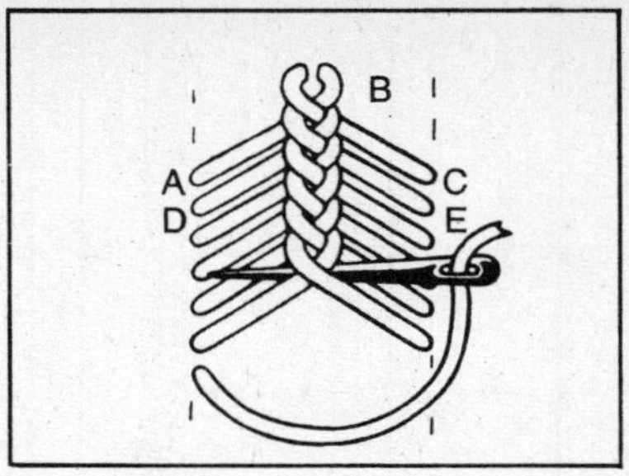

9a Gefiederter Hexenstich

Im Unterschied zum normalen Hexenstich, bei welchem die Verbindungsstiche auf der Rückseite waagrecht verlaufen, liegen sie hier schräg zur Mitte gerichtet. Die Buchstaben A, C und E bezeichnen die Ausstich-, B, D und F die Einstichstellen. Auf gleichmäßige Abstände ist zu achten. Man kann die Form zum Schluß mit Stiel-, Ketten- oder Steppstich umranden.

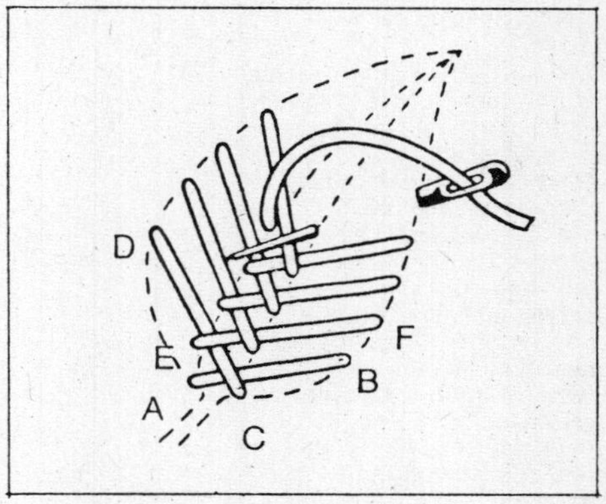

9 Der Hexenstich

Zwischen Schrägstichen, die wechselnd von links nach rechts und umgekehrt von rechts nach links gerichtet sind, arbeitet man waagrechte Verbindungsstiche laut Abbildung, diese liegen in der unteren Reihe versetzt zu den Stichen der oberen Reihe. Zeichnung a zeigt den Hexenstich in Wellenlinien durchzogen.

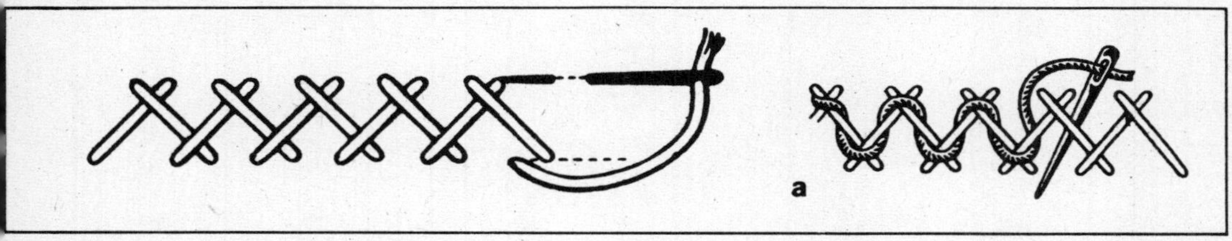

10 Der Spannstich

Der Spannstich kann gleich oder ungleich lang in regelmäßigen und unregelmäßigen Abständen ausgeführt werden; man kann ihn in der Reihe, in der Runde und in Gruppen anordnen. Nie sollten die Stiche zu lang und zu lose ausgeführt werden. Soll mit über Kreuz liegenden Spannstichen eine größere Form gefüllt werden, befestigt man die Spannstiche an den Kreuzungspunkten mit kleinen Überfangstichen, siehe Zeichnung a, oder kleinen Kreuzchen, siehe Abbildung b. Diese kleinen Befestigungsstiche sollte man stets mit dünnerem Garn ausführen, als für den Spannstich verwendet. Treffen je 3 Spannstiche in eine Einstichstelle, spricht man vom «Farnkrautstich». Man kann diesen einfachen Stich nach dem Gewebefaden auszählen (Zeichnung c) oder nach einer Vorzeichnung sticken. In der Zeichnung d gelten die Buchstaben A für den Ausstich, B, C und D für die Einstichstellen. Nach dem 3. Spannstich folgt der lange Verbindungsstich D–E, der zur Ausstichstelle der nächsten Stichgruppe führt.

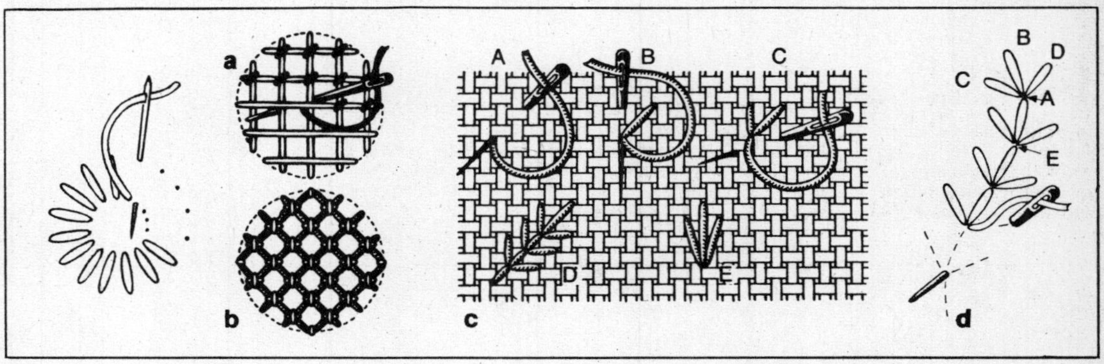

11 Der Stielstich

Man kann den Stielstich auf verschiedene Art sticken, immer wird jedoch von links nach rechts gearbeitet. Der Verbindungsstich auf der Rückseite ist nur halb so lang wie der Oberstich. Der Einstich erfolgt rechts neben der letzten Ausstichstelle im Abstand der halben Stichlänge, der Ausstich erfolgt in der vorhergehenden Einstichstelle. Auf der Rückseite entsteht eine geschlossene Linie, die Stiche gleichen den Rückstichen. Abbildung a: Die gestickte Linie fällt etwas breiter aus, erfolgt der Ausstich knapp oberhalb der vorhergehenden Einstichstelle; die Verbindungsstiche auf der Rückseite sind schräg gerichtet. Abbildung b: Glatter wird die gestickte Linie, führt man den Stielstich in der Richtung der Fadendrehung aus. Der Faden liegt beim Sticken nicht unterhalb, sondern oberhalb der Nadel. Die Rückseite zeigt das gleiche Aussehen wie bei der anfangs beschriebenen Art.

12 Zweig- oder Fliegenstich

Der Pfeil bezeichnet den Ausstich; Es folgt der Schrägstich A–B, dann der kurze Überfangstich C–D. Bei kurzem Überfangstich liegen die Stiche dicht. Die Stickprobe b zeigt die Ausführung mit sehr flachem Schrägstich.

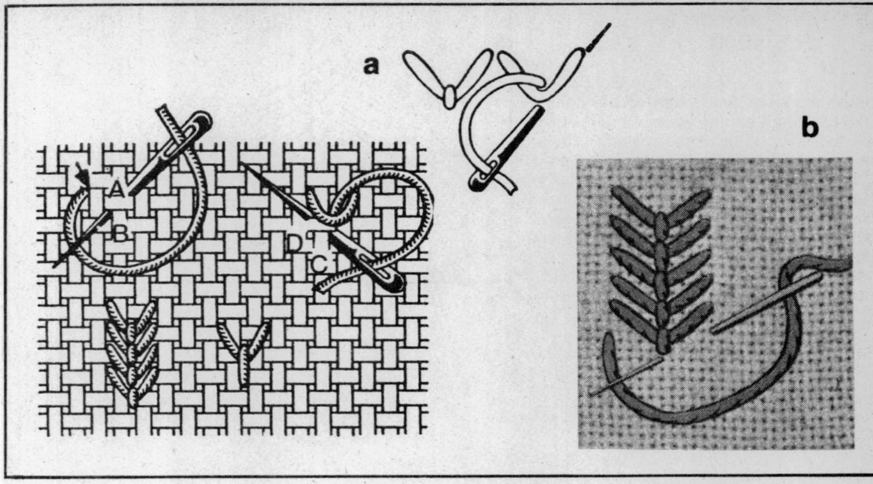

13 Rück- oder Steppstich

Den Rückstich arbeitet man von rechts nach links: Ausstechen, rechts von der Ausstichlinie einstechen, in doppelter Stichlänge nach links gerichtet ausstechen, in der vorletzten Ausstichstelle wieder einstechen usw. 3a: Eine Steppstichlinie wird in Wellenlinien durchgezogen. 3b: Die Wellenlinien werden hin- und rückgehend eingezogen. 3c: Eine Linie aus Rückstichen ist in Schlingenform durchzogen. 3d: Zwei parallel verlaufende Rückstichlinien in Achterform durchziehen. Die Durchzugsreihen können bei den Abwandelungen a bis d in der Farbe des Rückstiches oder davon abweichend ausgeführt sein.

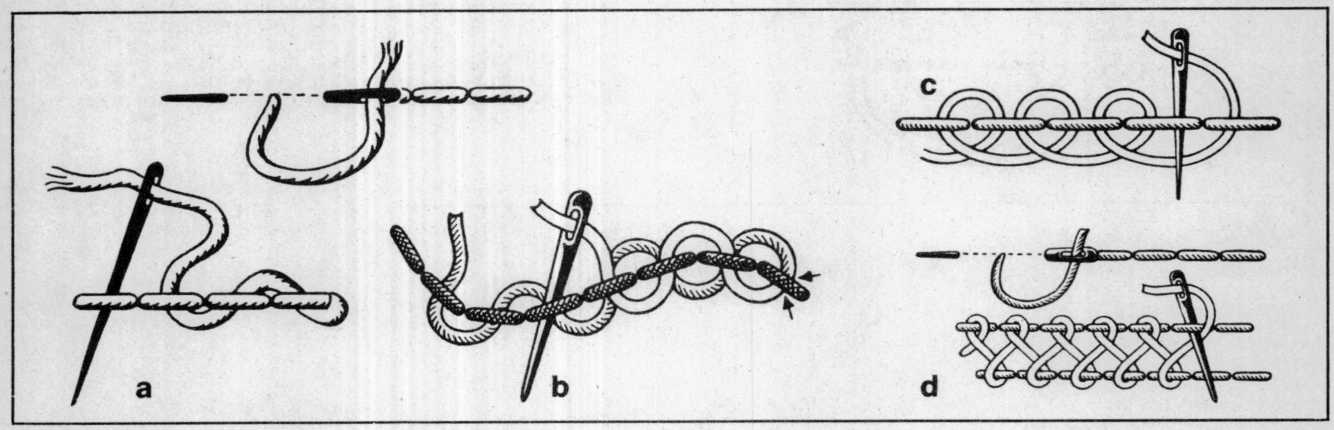

14 Der Fischgrätstich

Es werden abwechselnd nach rechts und nach links gerichtete Schlingstiche untereinander gestickt. Bei geschlossener Ausführung verlaufen die Verbindungsstiche auf der Rückseite senkrecht und liegen dicht. In den Zeichnungen bezeichnen die Buchstaben A, C und E den Ausstich, B, D und F den Einstich. Bei offener Ausführung entstehen zur Mitte gerichtete Schrägstiche, Abb. a. Eine Abwandlung zeigt Abb. b: Nach je 2 Stichen wechselt die Richtung.

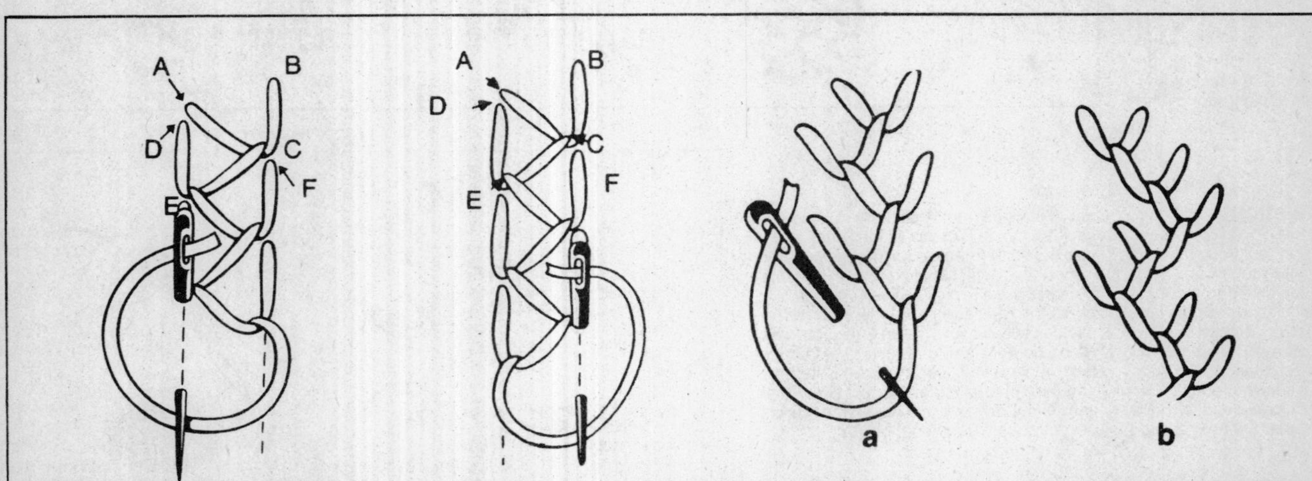

Gedrehte Schnüre

Die einfachste aller Schnüre ist die gedrehte Schnur. Zu ihrer Herstellung müssen die Fäden etwa dreimal so lang, wie die fertige Schnur ausfallen soll, geschnitten werden. Die Fäden verknotet man an beiden Seiten, ein Ende wird an einem Haken oder an einem Türdrücker befestigt. Vor der zweiten Verknotung wird eine Stricknadel durch die Fäden geschoben, mit deren Hilfe man die Fäden fest zusammendreht; die Fäden gleiten dabei durch die linke Hand. Diese gedrehte Schnur wird zur Hälfte gelegt, beide Enden halten, und in die Mitte eine Schere eingehängt; das hat zur Folge, daß sich die Schnur in entgegengesetzter Richtung noch einmal eindreht, dabei muß die rechte Hand die Drehungen der Schere regulieren (um ungleichmäßige Drehungen zu vermeiden). Zuletzt wird die Schere entfernt, und die Enden der Schnur verknotet man, damit sich die Drehungen nicht wieder auflösen.

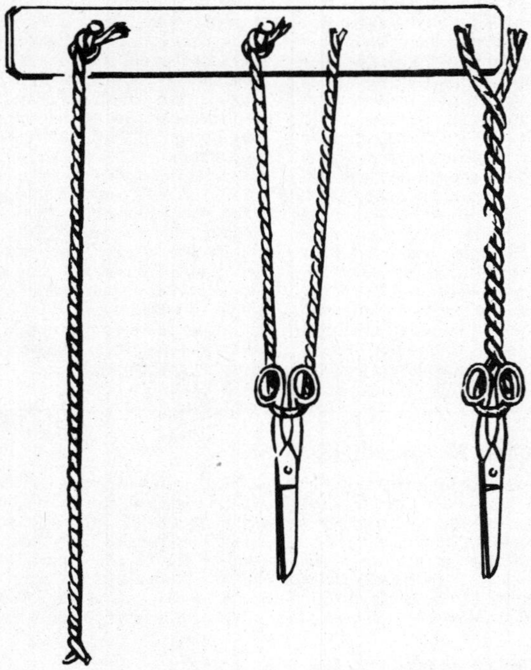

Aus den obenstehenden Abbildungen ist zu ersehen, wie die Schere in die bereits einmal gedrehte Schnur eingehängt werden muß.

Anfertigung von Pompons

Pompons arbeitet man über 2 Pappscheiben, die in der Mitte durchlocht sind. Die Größe der Pappscheiben richtet sich nach der Größe des Pompons. Je nachdem, ob die Pompons mehr oder weniger dicht ausfallen sollen, muß das Loch in der Mitte der Pappscheiben größer oder kleiner sein. Sind die Scheiben mit Wolle dicht umnäht, so führt man die Schere zwischen beide Pappscheiben, schneidet die Fäden durch und bindet sie mit einem langen Faden, den man zwischen die beiden Pappscheiben wickelt, zusammen. Die Scheiben werden eingeschnitten und vom Pompon gelöst. Der fertige Pompon wird verschnitten und aufgelockert.

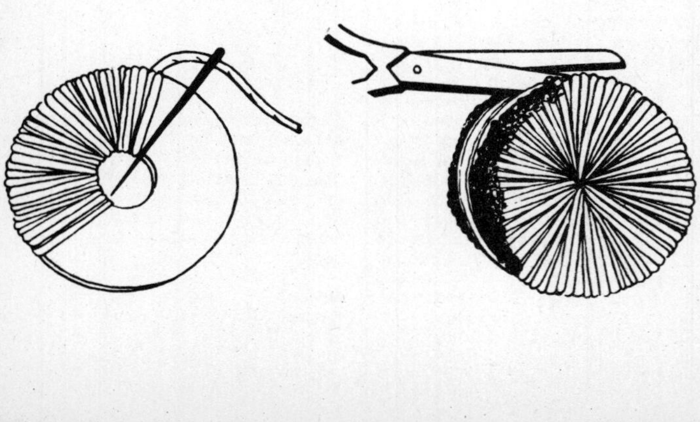

Häkellehrgang

Grundmuster aus festen Maschen

In allen R. f. M. häkeln. Die 1. f. M. in der 1. R. in die 2. Lm. von der Nadel aus arbeiten. Am Anfang aller folgenden R. stets mit 1 Lm. wenden, diese rechnet in der Maschenzahl nicht mit.

Zunehmen einer festen Masche: 2 f. M. in eine M. der Vor-R. häkeln.
Zunehmen mehrerer fester Maschen: Am Anfang der R. eine entsprechende Anzahl Lm. anschlagen, zusätzlich 1 Lm. zum Wenden. Am Ende der R. nach der letzten f. M. wie folgt arbeiten: Nadel in dieselbe M. einstechen, in die die letzte f.M. gehäkelt wurde, ✱ Faden als Schlinge durchziehen, Faden holen und durch diese Schlinge ziehen (= Fußschlinge), Faden holen und durch 2 Schlingen ziehen, Nadel in die vorhergehende Fußschlinge einstechen und ab ✱ wdh., bis die erforderliche Anzahl f. M. zugenommen ist.

Abnehmen einer festen Masche: Aus 2 nebeneinanderliegenden M. je 1 Schlinge holen, dann mit 1 U. die 3 Schlingen auf der Nadel zus. abmaschen.
Abnehmen mehrerer fester Maschen: Am Anfang der R. die entsprechende Anzahl mit Km. überhäkeln, am Ende der R. unbehäkelt lassen.

Grundmuster aus halben Stäbchen
In allen R. h. Stb. häkeln. Das 1. h. Stb. in der 1. R. in die 3. Lm. von der Nadel aus arbeiten. Am Anfang aller folgenden R. stets mit 2 Lm. wenden.

Zunehmen eines halben Stäbchens: 2 h. Stb. in eine M. der Vor-R. häkeln.

Zunehmen mehrerer halber Stäbchen: Am Anfang der R. eine entsprechende Anzahl Lm. anschlagen, zusätzlich 2 Lm. zum Wenden. Am Ende der R. nach dem letzten h. Stb. wie folgt arbeiten: 1 U., Nadel in dieselbe M. einstechen, in die das letzte h. Stb. gehäkelt wurde, ✱ Faden als Schlinge durchziehen, Faden holen und durch diese Schlinge ziehen (= Fußschlinge), Faden holen und durch 3 Schlingen ziehen, 1 U., Nadel in die vorhergehende Fußschlinge einstechen, ab ✱ wdh., bis die erforderliche Anzahl h. Stb. zugenommen ist.

Abnehmen eines halben Stäbchens: Über 2 nebeneinanderliegenden M. 2 h. Stb. wie folgt zusammenhäkeln: in die 1. M. einstechen und Faden zur Schlinge holen, 1 U. in die 2. M. einstechen und Faden zur Schlinge holen, dann mit 1 U. alle 4 Schlingen auf die Nadel zusammen abmaschen.

Abnehmen mehrerer halber Stäbchen: Am Anfang der R. die entsprechende Anzahl mit Km. überhäkeln, am Ende der R. unbehäkelt lassen. Um Stufen zu vermeiden, häkelt man an Stelle des ersten bzw. letzten h. Stb. der R. 1 f. M.

Grundmuster aus Stäbchen
In alle R. Stb. häkeln. **1. R.:** 1 Stb. in der 4. Lm. von der Nadel aus, die ersten 3 Lm. sind Ersatz für das 1. Stb.; dann 1 Stb. in jede Lm. häkeln. **2. R. und alle folgenden R.:** 3 Lm. als Ersatz für das 1. Stb. und dafür das 1. Stb. der Vor-R. überspringen; dann 1 Stb. in jedes Stb. und das letzte Stb. in die oberste Lm. des Ersatzstb. der Vor-R. häkeln. – Die 3 Lm. am Anfang jeder R. rechnen in der Maschenzahl als 1 Stb. mit.

Zunehmen eines Stäbchens: Am Anfang der R. nach den 3 Lm. 1 Stb. in das 1. Stb. häkeln, dieses wird also nicht übersprungen ● das Ersatzstb. der Vor-R. arbeiten. – Beim Zunehmen ● Arbeit häkelt man 2 Stb. in eine M. der Vor-R.

Zunehmen mehrerer Stäbchen: Am Anfang der R. die entsprechende Anzahl Lm. anschlagen, dabei sind für das 1. Stb. 3 Lm. zu berechnen. Am Ende der R. nach dem letzten Stb. wie folgt arbeiten: 1 U., Nadel in dieselbe M. einstechen, in die das letzte Stb. gehäkelt wurde, ✱ Faden als Schlinge durchziehen, Faden holen und durch diese Schlinge ziehen (= Fußschlinge), dann mit je 1 U. 2mal 2 Schlingen abmaschen, 1 U., Nadel in die vorhergehende Fußschlinge einstechen und ab ✱ wdh., bis die erforderliche Anzahl Stb. zugenommen ist.

Abnehmen eines Stäbchens durch Zusammenhäkeln von 2 Stb.: in zwei nebeneinanderliegende M. je 1 Stb. häkeln, jedoch von jedem nur 1mal 2 Schlingen abmaschen, dann mit 1 U. die 3 Schlingen auf der Nadel zus. abmaschen.

Abnehmen zweier Stäbchen durch Zusammenhäkeln von 3 Stb.: In drei nebeneinanderliegende M. je 1 Stb. häkeln, jedoch von jedem nur 1mal 2 Schlingen abmaschen, dann mit 1 U. die 4 Schlingen auf der Nadel zus. abmaschen.

Abnehmen mehrerer Stäbchen: Am Anfang der R. die entsprechende Anzahl mit Km. überhäkeln, am Ende der R. unbehäkelt lassen. Um Stufen am Übergang zu vermeiden, häkelt man anstelle der ersten 2 Stb. 1 f. M., 1 h. Stb. und anstelle der letzten 2 Stb. 1 h. Stb., 1 f. M.

1 Clown „Pepe", 65 cm groß (Seite 6/7)

Die Schnitteile sind auf Bogen A (schwarz)

Material: Feiner, hautfarbener Jersey für den Körper 0,50 m, 140 cm breit. Karostoff für den Anzug 0,90 m, 90 cm breit. Weißer Stoffrest für den Kragen 25 × 30 cm. Lederimitat für die Schuhe 0,15 m, 140 cm breit. Weißer Teddyplüsch (Rest) für die Pompons. Dacron-Watte zum Ausstopfen (Kiloware). Deka Permanent Stoffmalfarbe in Schwarz, Braun, Blau und Rot zum Aufmalen des Gesichts. Roter Filzrest für die Nase. Für die Haare ca. 50 g orangefarbene Wolle. 1 Reißverschluß, 18 cm lang. Gummiband ½ cm breit.

Zuschneiden:
Körper:
1 Körperteil 2mal
2 Armteil 4mal
3 Beinteil 4mal
4 Vord. Kopfteil 1mal
5 Seitl. Kopfteil 1mal
6 Rückw. Kopfteil 1mal
Anzug:
7 Vorderteil 2mal
8 Rückenteil 2mal
9 Ärmel 2mal
10 Kragen 4mal
Schuhe:
11 Sohle 2mal
12 Vord. Schuhteil 2mal
13 Rückw. Schuhteil 2mal
Alle Teile mit Nahtzugabe zuschneiden.

Schnittübersicht

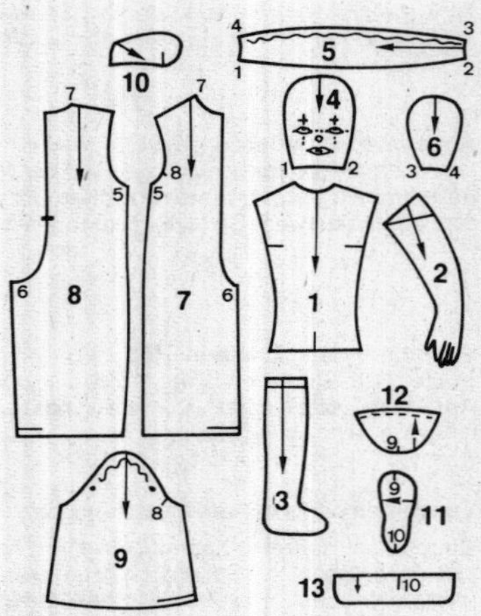

Gesicht aufmalen: Siehe Anleitung 4 Katrinchen. Nase aus Filz ausschneiden und aufkleben.

Nähen:
Körper arbeiten, wie bei Katrinchen (Anl. 4) beschrieben. Jedoch die Hände nur flach ausstopfen und die Finger entlang den eingezeichneten Stepplinien absteppen.
Frisur: Wolle zu Schlingen legen, in waagrechten Reihen am Kopf aufnähen. Mit der untersten Reihe beginnen, oben am Kopf die Reihen zum Kreis schließen. Gleichmäßige Schlingen erhalten Sie, wenn Sie die Wolle um Ihre Hand wickeln oder um einen entsprechend zugeschnittenen Pappstreifen. Die Länge der Schlingen ist ca. 5 cm.
Kleidung: Anzug: Seitennähte, innere Beinnähte und Schulternähte steppen. Hosenbeine rechts auf rechts ineinanderschieben und die Mittelnaht steppen, hinten den Schlitz offen lassen. Ärmelnähte steppen. An den unteren Ärmel- und Hosenbeinkanten die Zugabe nach innen wenden und wie eingez. für Gummizug feststeppen. Ein Stück Naht zum Einziehen des Gummibands offen lassen. Gummiband einziehen. Ärmelkugeln einhalten. Ärmel rechts auf rechts in die Armausschnitte stecken und einsteppen. Je zwei Kragenteile rechts auf rechts aufeinanderlegen und die Außenkanten aufeinandersteppen, die runde vord. Kante bis zum Querstrich. Kragenteile wenden. Kanten heften und bügeln. Kragenteile an den Halsausschnitt steppen. Hinten den Reißverschluß einnähen. – Fünf Pompons arbeiten: 5 Kreise mit 9 cm Durchmesser aus dem Plüschrest zuschneiden. Mit doppeltem Faden entlang den Kreiskanten nähen (kleine Vorstiche). Dacron-Watte in den Kreis hineinlegen, den Faden anziehen und verknoten. – 3. Pompons auf die vord. Mitte des Anzugs nähen.
Schuhe arbeiten wie in der Anleitung 11, Charlie beschrieben. Die Schuhe jedoch nicht zubinden, sondern vorn mit ein paar Stichen zusammennähen. Je einen Pompon aufnähen.

2 + 3 Christian und Christinchen, 50 cm groß (Seite 8/9)

Material für eine Puppe: Hautfarbener Jersey 0,40 m, 140 cm breit. Dacron-Watte zum Füllen. Für die Haare: Wirkpelz-Langhaar (Firma Falag, Art. Nr. 940242). Für das Gesicht: Deka permanent Stoffmalfarben. Hemd: Baumwolljersey 0,30 m, 90 cm breit. Mäusezähnchenborte 0,70 m, ¾ cm breit. Gummifaden. Schmale Kordel. Anzug: 0,45 m, 90 cm breit. Gummifaden.

Die Schnitteile sind auf Bogen A (schwarz)

Zuschneiden:
Körper:
14 Vord. Kopfteil 1mal
15 Seitl. Kopfteil 1mal
16 Rückw. Kopfteil 1mal
17 Körperteil 2mal
18 Armteil 4mal
19 Beinteil 4mal
Hemd:
20 Vorderteil 1mal im Stoffbruch
21 Rückenteil 2mal
22 Ärmel 2mal
Anzug:
23 Vorderteil 2mal
24 Rückenteil 2mal
25 Passe 4mal im Stoffbruch
26 Sohle 2mal
Hemd: Schrägstreifen für Ausschnitt 25 cm lang, 3 cm breit. Anzug: Träger 4mal 18 cm lang, 2 cm breit (fertige Breite 1 cm), 2 Schrägstreifen für Armausschnitte 10 cm lang, 2,5 cm breit.
Teile plus Nahtzugabe zuschneiden.

Schnittübersicht

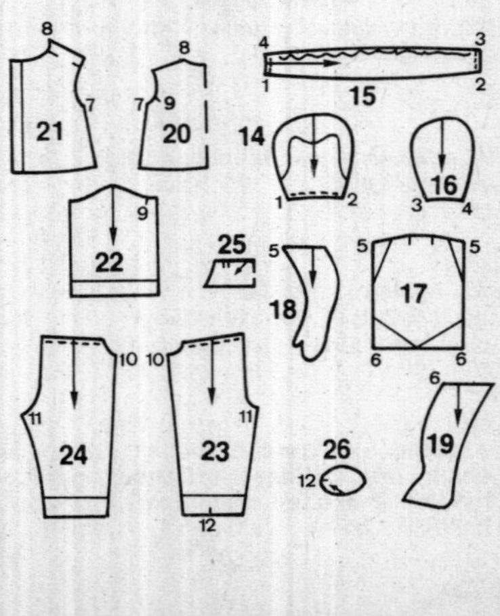

Gesicht aufmalen: Die Musterzeichnung finden Sie im Halbton Schwarz auf Bogen A. – Gesicht vom Bogen abpausen und mit Kopierpapier auf das zugeschnittene vord. Kopfteil übertragen (die Linien mit einem Messerrücken oder einer Stricknadel nachfahren). Gesicht lt. Abbildung aufmalen (beachten Sie die Gebrauchsanweisung der Farben).

Nähen: Körper: Seitl. Kopfteil rechts auf rechts an das vord. und rückw. Kopfteil steppen, dabei an der rückw. Naht das seitl. Kopfteil einhalten. Je zwei Arm- und Beinteile rechts auf rechts aufeinandersteppen (außer an den schmalen oberen Kanten). Kopf, Arme und Beine wenden und ausstopfen. Körperteile rechts auf rechts legen. Außenkanten aufeinandersteppen, Ansatzkanten offen lassen. Körper wenden. Körper entlang den im Schnitt eingez. Linien absteppen. Körper ausstopfen, die Kanten außerhalb der Stepplinien werden nicht ausgestopft, (dienen als Gelenke). Arme und Beine zwischen die Ansatzkanten schieben und feststeppen. Die untere Kante am Kopf mit einem doppelten Faden einreihen. Kopf an den Körper nähen. – Haare (Wirkpelz) entlang der eingez. Linie aufnähen.
Hemd: Schulternähte steppen. Die Zugaben an den unteren Ärmelkanten nach innen wenden. Borte schmalkantig untersteppen. Die unteren Ärmelkanten von links wie eingez. mit Zickzackstichen absteppen, Gummifaden zwischen den Zickzackstichen mitführen. Gummifaden anziehen, Fadenenden vernähen. Ärmel an die Armausschnitte steppen. Seitennähte und fortlaufend die Ärmelnähte steppen. Hemd säumen. An den rückw. Kanten die angeschn. Besätze nach innen wenden und eingeschlagen feststeppen. Schrägstreifen an die Halsausschnittkante steppen, Borte zwischenfassen. Halsausschnitt ¾ cm breit mit dem Schrägstreifen einfassen, an den rückw. Kanten den Einlaß für den Kordeldurchzug offen lassen. Kordel zum Binden einziehen.

Anzug: Am Vorder- und Rückenteil entlang den eingez. Stepplinien von links mit Zickzackstichen steppen, Gummifaden zwischen den Zickzackstichen mitführen. Gummifaden jeweils anziehen, Fadenenden vernähen. Seiten- und innere Beinnähte steppen. Vord. und rückw. Mittelnaht steppen. Sohle nahtzahlengemäß an die untere Hosenkante steppen. Obere Vorder- und Rückenteilkante einreihen. Armausschnittkanten ¾ cm breit mit den Schrägstreifen einfassen. Träger jeweils verstürzen. Je zwei Passenteile an den seitl. und oberen Kanten miteinander verstürzen, dabei an den oberen Kanten wie eingez. die Träger zwischenfassen. Passen an die obere Vorder- und Rückenteilkante steppen, innen eingeschlagen an die Ansatznähte nähen.

4 Katrinchen, 60 cm groß (Seite 8/9)

Material: Feiner, hautfarbener Jersey für den Körper 0,45 m, 140 cm breit. Weißer Baumwollstoff für Höschen und Unterrock 0,40 m, 90 cm breit. Wäschespitze 1,10 m, 3 cm breit. Heller, gemusterter Baumwollstoff für das Kleid 0,80 m, 90 cm breit. Baumwollstoff mit bunten Blümchen für die Schürze 0,55 m, 90 cm breit. Tresse 0,75 m, 1 cm breit. Cord für Schuhe und Cape 1 m, 70 cm breit. Weißer Teddyplüsch 0,30 m, 140 cm breit. Dacron-Watte zum Ausstopfen (Kiloware). Deka permanent Stoffmalfarben in Braun, Blau und Hellrot zum Aufmalen des Gesichts. Für die Haare ca. 50 g braune Wolle. Weißer Wollrest. Einlage. Gummiband, ½ cm breit. Gummifaden. 3 kleine Knöpfe. Haken und Öse. Druckknöpfe.

Die Schnitteile sind auf Bogen B (schwarz)

Zuschneiden:
Körper:
1 Körperteil 2mal
2 Armteil 4mal
3 Beinteil 4mal
4 Vord. Kopfteil 1mal
5 Seitl. Kopfteil 1mal
6 Rückw. Kopfteil 1mal
Hose:
7 Hosenteil 2mal
Kleid:
8 Oberteil 1mal im Stoffbruch
9 Ärmel 2mal
Schürze:
10 Passe 1mal im Stoffbruch
11 Ärmelflügel 2mal
Schuhe:
12 Sohle 2mal
13 Vord. Schuhteil 2mal
14 Rückw. Schuhteil 2mal
Cape:
15 Vorderteil 2mal
16 Rückenteil 1mal im Stoffbruch
17 Mittl. Kapuzenteil 1mal im Stoffbruch
18 Seitl. Kapuzenteil 2mal
Unterrock: 24 cm lang, 55 cm weit. Zum Kleid: Rockbahn 30 cm lang, 88 cm weit, Halsrüsche in schrägem Fadenlauf 30 cm lang, 3 cm breit (fertige Breite 1,5 cm). Zur Schürze: Rockbahn 20 cm lang, 70 cm weit, Saumrüsche 105 cm lang, 8 cm breit, 2 Rüschen in schrägem Fadenlauf 1mal 120 cm lang und 1mal 60 cm lang, 1,5 cm breit aus dem Kleiderstoff. Zu den Schuhen: 2 Streifen 25 cm lang, 4 cm breit (fertige Breite 2 cm) aus Teddyplüsch. Zum Cape: Vord. Blende 136 cm lang, Saumblende 140 cm lang, je 8 cm breit (fertige Breite 4 cm) aus Teddyplüsch, 4 Paspelschrägstreifen 13 cm lang, 3 cm breit aus Cord. Muff: 22 cm lang, 26 cm breit (fertige Breite 13 cm) aus Teddyplüsch.
Alle Teile mit Nahtzugabe zuschneiden.

Schnittübersicht

Gesicht aufmalen: Gesicht vom Bogen abpausen und mit Kopierpapier auf das zugeschnittene vord. Kopfteil übertragen (dabei die Linien mit einem Messerrücken oder einer Stricknadel nachfahren). Gesicht laut Abbildung aufmalen (beachten Sie die Gebrauchsanweisung der Farben).

Nähen:
Körper: Seitl. Kopfteil rechts auf rechts an das vord. und an das rückw. Kopfteil

steppen. Für die rückw. Naht das seitl. Kopfteil einhalten. Je zwei Arm- und Beinteile rechts auf rechts aufeinanderlegen, Kanten aufeinandersteppen (außer den schmalen oberen Kanten). Kopf, Arme und Beine wenden und ausstopfen. Arme und Beine entlang der im Schnitt eingez. Stepplinie zusteppen, dabei liegen die Beinnähte jeweils in der Mitte. Die nicht ausgestopften Kanten oberhalb der Stepplinie dienen als Gelenke. Körperteile rechts auf rechts aufeinandersteppen, Ansatzkanten offen lassen. Körper wenden. Arme und Beine zwischen die Ansatzkanten schieben und feststeppen. Körper ausstopfen. Die untere Kante des Kopfs vorn mit einem doppelten Faden einhalten. Kopf an den Körper nähen.

Frisur: Zuerst für den Pony ca. 18 cm lange Wollfäden schneiden. Fäden doppelt legen und oben auf dem Kopf in einer Reihe dicht nebeneinander festnähen. Wenn der Pony dicht genug ist, ca. 1 m lange Fäden schneiden. Diese Fäden quer über den Kopf legen und in der Mitte aufnähen. Dabei können mehrere Fäden zusammengefaßt werden. Sind die „Haare“ so aufgenäht, werden sie zu dicken Zöpfen geflochten, zu Schnecken gelegt und fest angenäht.

Kleidung: Hose: Hosenteile rechts auf rechts aufeinanderlegen, Seiten- und innere Beinnähte steppen. An der oberen Hosenkante die Zugabe nach innen wenden und 1 cm breit für Gummizug feststeppen, etwas Naht zum Einziehen des Gummibands offen lassen. Gummiband einziehen, Enden zusammennähen. An den unteren Hosenkanten die Wäschespitze ansteppen. **Unterrock:** An der Rockbahn die schmalen Kanten zusammensteppen. Obere Kante (lange Kante) eingeschlagen für Gummizug feststeppen, etwas Naht zum Einziehen des Gummibands offen lassen. Gummiband einziehen, Enden zusammennähen. An der unteren Rockkante die Wäschespitze ansteppen. **Kleid:** Untere Ärmelkanten entlang der Umbruchlinie nach innen wenden und bügeln. Ärmel entlang den eingez. Stepplinien absteppen. Obere Ärmelkanten zwischen den Sternchen einreihen. Ärmel rechts auf rechts an die Oberteilkanten steppen (zwischen den Querstrichen). Ärmelnähte steppen sowie unterhalb der Ärmel die Seitennähte steppen. Halsrüsche der Länge nach links auf links falten. Die schmalen Kanten einschlagen und die langen Kanten aufeinanderheften. Rüsche bügeln, in kleine Fältchen legen und an den Halsausschnitt steppen. Zugaben am Halsausschnitt einschneiden, in das Oberteil legen und schmal feststeppen. An der Rockbahn die schmalen Kanten zusammensteppen, oben einen 6 cm langen Schlitz offen lassen. Obere Rockkante (lange Kante) einreihen. Rock an das Oberteil steppen. Schlitzkanten schmal einschlagen, feststeppen. Schlitz mit Knöpfen und Garnschlingen schließen (oder kleine Druckknöpfe annähen). Kleid säumen. An den Ärmeln zwischen den Stepplinien Gummifaden einziehen (dazu innen kleinen Schlitz einschneiden). Gummifadenenden verknoten.

Schürze: An allen Passenkanten, außer an den schmalen rückw. Kanten, die Zugaben nach innen bügeln. Zugaben an den Ausschnittecken einschneiden. An den beiden Rüschen jeweils die Zugaben einer langen Kante umbügeln. Diese Bruchkante mit dichten Zickzackstichen absteppen. Danach die Zugabe bis an die Zickzackstiche abschneiden. Die anderen langen Rüschenkanten einreihen. Die kürzere Rüsche am Ausschnitt der Passe unterheften, die längere Rüsche an den anderen Passenkanten. Passe schmalkantig absteppen. Die Ärmelflügel an den Außenkanten mit Tresse einfassen, die Innenkanten einreihen. Ärmelflügel an den seitl. Passenkanten unterheften und entlang der schon gesteppten Linie feststeppen. An der Saumrüsche die untere Kante (lange Kante) mit dichten Zickzackstichen versäubern (wie Passenrüschen). Saumrüsche einreihen und an die untere (lange) Kante der Rockbahn steppen. Rockbahn einreihen und an den unteren Passenkanten unterheften, entlang der schon gesteppten Linie feststeppen. Die rückw. Schürzenkanten schmal eingeschlagen feststeppen. An den rückw. Passenkanten Druckknöpfe annähen.

Schuhe: Auf die Sohlen und die vord. und rückw. Schuhteile von links Einlage aufbügeln. An den rückw. Teilen wie eingez. Löcher ausschneiden und mit kleinen Stichen umschlingen. Plüschblenden links auf links falten und die Kanten aufeinanderheften, an die obere Kante der rückw. Schuhteile (gebogte Kante) steppen. Rückw. Schuhteile rechts auf rechts an die Sohlen stecken (Nahtzahl 5 an Nahtzahl 5) und steppen. An den vord. Schuhteilen die obere Kante eingeschlagen feststeppen. Vord. Schuhteile rechts auf rechts an die Sohlen steppen (Nahtzahl 6 an Nahtzahl 6), dabei liegen die vord. Teile seitlich über den rückw. Teilen. Schuhe wenden. Vorn die Falte x auf o legen und mit ein paar Stichen festnähen. Aus weißer Wolle zwei ca. 30 cm lange Kordeln drehen und damit die Schuhe zubinden.

Cape: Schlitze an den Vorderteilen arbeiten: Je zwei Paspelstreifen rechts auf rechts so auf die Vorderteile heften, daß die Paspelstreifen genau über der markierten Einschnittlinie aneinanderstoßen. An den markierten Einschnittenden die Paspelstreifen gleich lang überstehen lassen. Je ½ cm neben den Einschnittlinien die Paspelstreifen feststeppen. Zwischen den Stepplinien und jeweils schräg zu den Nahtenden einschneiden, dabei die Paspelstreifen nicht mitfassen. Nahtzugaben auseinanderbügeln. Streifen als gleichmäßig breite Paspel um die Schnittkanten legen und festheften. Paspel in der Ansatznaht mit kleinen Stichen festnähen. Die Dreiecke an den Einschnittenden nach innen legen und auf den Paspeln festnähen, dabei wird von Nahtende zu Nahtende quer über die Dreiecke und die darunterliegenden Paspeln gesteppt. Auf der Innenseite die Kanten der Paspelstreifen versäubern. – Die beiden Vorderteile rechts auf rechts auf das Rückenteil steppen. Genauso die beiden seitlichen Kapuzenteile an das mittlere Kapuzenteil steppen. Kapuze rechts auf rechts an den Halsausschnitt steppen. Plüschblenden längs falten (linke Stoffseite innen) und die Kanten aufeinanderheften. Saumblende an die untere Capekante steppen. Dann die vord. Blende an die vord. Cape- und Kapuzenkanten stecken, an der Saumkante die Zugaben der Blendenenden gegeneinander einschlagen. Vord. Blende ansteppen. In Höhe der Kapuzenansatznaht den Haken und die Öse so annähen, daß bei geschlossenem Cape die Plüschkanten aneinanderstoßen.

Muff: Die beiden kürzeren Kanten rechts auf rechts zusammensteppen. Es entsteht ein Schlauch. Beide Schlauchenden so weit umschlagen, bis sich die Stoffkanten in der Mitte treffen. Stoffkanten zusammennähen. Muff wenden, damit liegt die Naht innen. Aus weißer Wolle eine 70 cm lange Kordel drehen und als Henkel annähen.

Vor Beginn der Arbeit die ganze Anleitung durchlesen

5 + 6 Puppen in Kindergröße, 98 cm groß (Seite 10/11)

Material: Je Körper: Trikot Schlauchware 1,35 m, 78 cm breit, Nr. 1401, pique von G. A. Dietz. Dacron-Watte zum Füllen. Wolle für Haare. Stoffmalfarben für das Geischt.

Kleidung Mädchen: Gemusterter Stoff 1,25 m, 90 cm breit. Spitzenborte 0,40 m, 1,5 cm breit. Stoffreste für das Motiv. Vliesofix. 1 fertiges T-Shirt.

Die Schnittteile sind auf Bogen B (schwarz)

Zuschneiden:
Körper:
19 Körperteil 2mal
20 Vord. Kopfteil 1mal
21 Rückw. Kopfteil 1mal
22 Mittl. Kopfteil 1mal
23 Arm 4mal
24 Bein 4mal
Rock:
25 Taschenteil 2mal
Rock: 2 Rockbahnteile 74 cm weit, 39 cm lang, davon sind an der oberen Kante 5 cm angeschn. Besatz, 2 Schrägstreifen für Tasche 26 cm lang, 1,5 cm breit. Dreiecktuch an der geraden Kante 76,5 cm lang, an den beiden schrägen Kanten 54 cm lang, jeweils aus gemustertem Stoff.
Teile plus Naht- und Saumzugabe zuschneiden.

Schnittübersicht

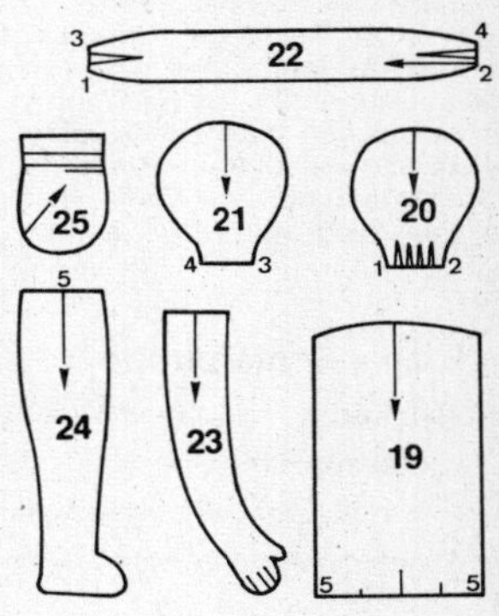

Rocklänge 29 cm

Gesicht aufmalen: Die Musterzeichnungen finden Sie im Halbton Schwarz auf Bogen B. – Entsprechendes Gesicht vom Bogen abpausen und mit Kopierpapier auf das zugeschnittene vord. Kopfteil übertragen (die Linien mit einem Messerrücken oder einer Stricknadel nachfahren). Gesicht lt. Abb. aufmalen (beachten Sie die Gebrauchsanweisung der Farben)

Ausführung Körper: Körperteile an den Außenkanten miteinander verstürzen, dabei an der oberen Kante in der Mitte einen ca. 5 cm langen Schlitz offen lassen. Je zwei Arm- und Beinteile an den Außenkanten verstürzen, gerade Schmalseiten jeweils offen lassen. Am vord. und mittl. Kopfteil die Abnäher steppen. Mittl. Kopfteil zwischen das vord. und rückw. Kopfteil steppen. Körper, Arme, Beine und Kopf mit Dacron-Watte fest ausstopfen. An der unteren Kopfteilkante die Zugabe nach innen wenden, Kopf an den Körper nähen. An den Armen die Zugaben an den offenen Schmalseiten eingeschlagen aufeinandernähen. Schmalseiten zur Spitze legen und festnähen. An den Beinen die offenen Schmalseiten eingeschlagen so aufeinandernähen, daß die vord. und rückw. Beinnaht aufeinanderliegt.
Arme und Beine an den Körper nähen. Wollfäden für Haare aufnähen, für Zöpfe die Fäden 1 m lang zuschneiden. Für die Kurzhaarfrisur die Wollfäden ca. 50 cm lang zuschneiden (evtl. Bouclèwolle verwenden) und nach dem Aufnähen zurechtstutzen.

Nähen: Rock: Seitennähte steppen. Für das Täschchen die Taschenteile an den Außenkanten verstürzen, Spitzenborte zwischenfassen. Obere Taschenkante entlang der Umbruchlinie nach innen wenden und wie eingez. für Gummidurchzug feststeppen. Gummiband auf ca. 10 cm Weite einziehen. Schrägstreifen jeweils zu ¾ cm breiten Röllchen verstürzen. Röllchenenden jeweils an den Nähten unter die obere Taschenkante nähen. Röllchen ca. 15 cm von einer Seitennaht entfernt nebeneinander an die obere Rockkante heften. An der oberen Rockkante den angeschn. Besatz nach innen wenden und 1,5 cm breit feststeppen. Für Gummidurchzug noch dreimal im Abstand von jeweils 1 cm steppen. Gummiband jeweils einziehen. Saumzugabe nach innen wenden und eingeschlagen feststeppen. – Am **Dreiecktuch** die Zugaben jeweils eingeschlagen feststeppen. – Die Musterzeichnung für das Apfelmotiv finden Sie im Halbton Schwarz auf Bogen B. – Motiv abpausen und aus den Stoffresten zuschneiden. Motivteile mit Vliesofix auf das Vorderteil des T-Shirts bügeln. Außenkanten und Linien mit dicht eingestelltem Zickzackstich nachsteppen. Der Bub ist mit abgelegter Kinderkleidung bekleidet.

7 Guten Morgen-Gute Nacht Puppe, 60 cm groß (Seite 12/13)

Material: Körper: Nesselrest 45 × 40 cm. Kopf und Arme rosé farbener Stoffrest 20 × 80 cm. Füße brauner Stoffrest 10 × 40 cm. Wolle für die Haare. Schleifenband 0,60 m, 1,5 cm breit. Stickgarnreste für das Gesicht. **Kleidung:** Hose: Stoffrest in Grün 30 × 50 cm. Pulli: Stretchfrottierrest 20 × 80 cm. Dacron-Watte zum Füllen. Gummiband, ½ cm breit. 2 Knöpfe.

Die Schnitteile sind auf Bogen A (schwarz)

Zuschneiden:
Körper:
27 Körperteil 2mal
28 Kopf 2mal
29 Arm 4mal
30 Fuß 2mal im Stoffbruch
Kleidung:
31 Hosenteil 4mal
32 Vorder- und Rückenteil 2mal
33 Ärmel 2mal
Schrägstreifen für Halsausschnitt (Pulli) 2mal 10 cm lang, 3 cm breit.
Teile plus Nahtzugabe zuschneiden.

Schnittübersicht

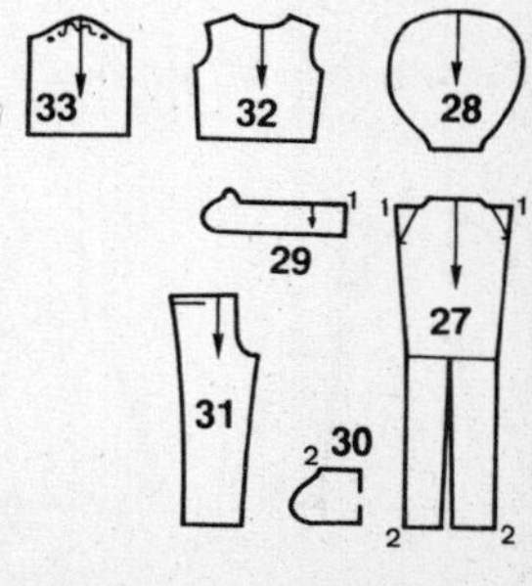

Ausführung: Körper: Die Musterzeichnungen für die Gesichter finden Sie im Halbton Schwarz auf Bogen A. – Gesicht jeweils vom Bogen abpausen, Schlaf-Gesicht auf die eine Kopfseite, Wach-Gesicht auf die andere Kopfseite übertragen und lt. Abb. nachsticken. Je ein Kopfteil an ein Körperteil steppen. An den Körperteilen die inneren Beinkanten rechts auf rechts aufeinandersteppen. Füße jeweils nahtzahlengemäß an die unteren Beinkanten steppen. Kopf- und Körperteile rechts auf rechts legen, an den Außenkanten verstürzen, dabei an den Armansatzlinien die Nähte offen lassen. Je zwei Armteile an den Außenkanten verstürzen. Körper, Kopf, Beine und Arme ausstopfen. Arme an den Körper nähen. Körper entlang den eingez. Stepplinien mit festen Vorstichen durchnähen, dient zur Beweglichkeit von Armen und Beinen. Wollfäden für Haare über die Kopfmitte legen, Pony nicht vergessen, entlang der Kopfmitte und vorne quer mit kleinen Vorstichen festnähen. Haare an beiden Seiten mit Schleifen zusammenbinden und unter den Schleifen nochmals mit einigen Stichen am Kopf befestigen. – **Kleidung: Hose:** Seiten- und innere Beinnähte steppen. Vord. und rückw. Mittelnaht steppen. Zugabe an der oberen Hosenkante nach innen wenden und wie eingez. für Gummidurchzug feststeppen. Gummiband einziehen. Hose säumen. – **Pulli:** Schulternähte von den Armausschnittkanten aus 1 cm lang zusteppen. Ärmel an die Armausschnittkanten steppen. Seiten- und Ärmelnähte in einem Arbeitsgang steppen. Pulli und Ärmel säumen. Ausschnittkanten mit den Schrägstreifen ¾ cm breit einfassen. Schulterkanten mit Knopf und Garnschlingen schließen.

8 Kleine Schlafpuppe, 24 cm groß (Seite 13)

Material: Körper: Nesselrest 30 × 40 cm. Dacron-Watte zum Füllen. Stickgarnreste.

Anzug: Frottierrest 20 × 25 cm.

Die Schnitteile sind auf Bogen A (schwarz)

Zuschneiden:
Körper:
34 Körperteil 2mal
Anzug:
35 Vorder- und Rückenteil 2mal
36 Kapuze 2mal
Teile plus Nahtzugabe zuschneiden:

Schnittübersicht

Nähen: Körper: Körperteile an den Außenkanten miteinander verstürzen. Körper ausstopfen. Gesicht und Haare aufsticken. – **Anzug:** Nähte steppen, an der oberen Kante zwischen den Querzeichen für Kapuzenansatz offen lassen. Kapuzenteile rechts auf rechts aufeinanderlegen. Rückw. Mittelnaht und obere Kapuzennaht steppen. Kapuze so legen, daß die obere Naht auf der rückw. Naht liegt, Kapuzenquernaht steppen. An der vord. Kapuzenkante die Zugabe eingeschlagen annähen. An der unteren Kapuzenkante die Fältchen x auf o treffend legen und heften. Kapuze ansteppen.

Vor Beginn der Arbeit die ganze Anleitung durchlesen

9 + 10 Schulkinder und Lehrer, 13 und 18 cm groß (Seite 14/15)

Material: Blumendraht je Püppchen ca. 45 cm (für Lehrer 70 cm). Strumpfgewebe-Rest. Stoffreste. Filzreste. Wollreste. Watte. Garn.
Werkzeug: Zange. Schere. Nadeln. Stecknadeln.

Die Schnitteile sind auf Bogen D (schwarz)

Zuschneiden:
Kleidung je Kind:
36 Vorder- und Rückenteil 2mal
37 Vord. und rückw. Hosenteil 2mal
38 Vorder- und Rückenteil für Zopfpuppe 2mal
Kleidung Lehrer:
39 Vorderteil 1mal
Blende 1mal
40 Rückenteil 1mal
41 Kragen 1mal
42 Vord. und rückw. Hosenteil 2mal
Kinder: Rock 18 cm weit, 5 cm lang. Für das Kopftuch ein Dreieck an der geraden Kante 13 cm lang, an den schrägen Kanten 8 cm lang. Schal 17 cm lang, 3,5 cm breit.

Schnittübersicht

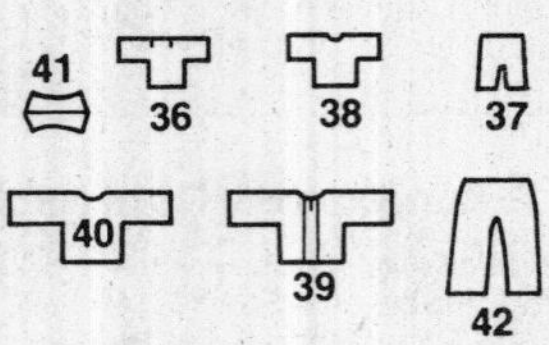

Ausführung: Körper: Als erstes brauchen wir das Skelett des Püppchens.

Kopf, Hals und Arme werden aus einem 20 cm (beim Lehrer 30 cm) langen Draht gebogen, siehe Abb. Aus dem restl. Draht die Beine biegen. Hierzu wird das Drahtstück in der Mitte einmal um die Schultern gewickelt.

Jetzt werden aus dem Strumpfgewebe für den Kopf ein Stück 4 × 4 cm groß, für die Hände und Füße vier Stücke 3 × 3 cm groß zugeschnitten. Um den Kopf, Hände und Füße Wattekugeln formen, Strumpfgewebe darüberziehen, mit Garn umwickeln und festbinden. Nun bekommt das Püppchen einen Körper. Dazu wird das Skelett mit einem 4 cm breiten und ca. 140 cm langen Stoffstreifen umwickelt.

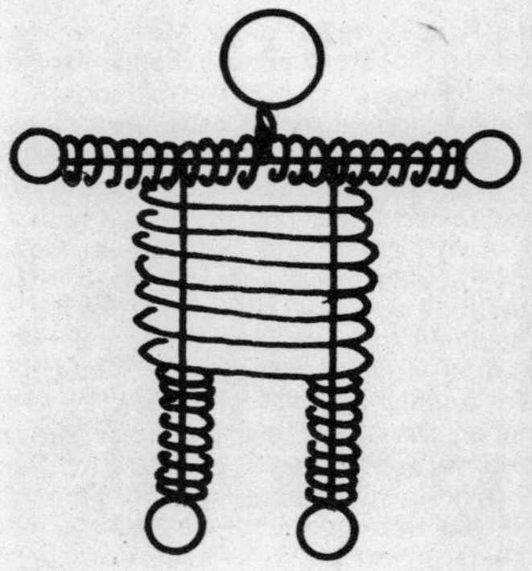

Nähen: Kleidung: Nach den Schnitteilen die entsprechenden Teile plus Zugabe zuschneiden. **Kinder:** Hemd: Teile aufeinanderlegen, Nähte nähen: Zugaben an den Kanten schmal eingeschlagen festnähen. Für die Zopfpuppe einen 6 cm langen 1,5 cm breiten Streifen längs falten und an den Halsausschnitt des Hemds (Schnitteil 38) nähen. – Hose: Teile aufeinanderlegen, Nähte nähen. Säumen. Obere Hosenkante mit einem Faden einreihen und verknoten. – Rock: Naht nähen. Obere Kante schmal eingeschlagen annähen, Gummifaden einziehen. Säumen. **Lehrer:** Hemd: An der Blende die Zugaben an den langen Kanten nach innen wenden und auf das Vorderteil steppen. Vorder- und Rückenteil rechts auf rechts legen, Nähte nähen. Hemd und Ärmel säumen. Kragen entlang der Umbruchlinie rechts auf rechts legen, vord. schmale Kragenkanten aufeinandernähen. Wenden. Kragen an den Halsausschnitt nähen. – Hose arbeiten wie bei den Kindern beschrieben.
Ein Gesicht bekommt das Püppchen nun auch. Die Nase wird mit kleinen Stichen in Kreisform herausgearbeitet. Als Augen werden kleine Kreuze gestickt, den Mund mit einem Querstrich und zwei kleinen Stichen sticken.
Jetzt fehlen nur noch die Haare aus Wolle. Hier verschiedene Möglichkeiten: Die Wollfäden werden auf den Kopf gelegt und mit kleinen Stichen befestigt.
Zum Schluß werden mit Farbe (z. B. Filzstift) Augen, Augenbrauen und Mund aufgemalt.

11 Charlie, 75 cm groß (Seite 16)

Material: Feiner, hautfarbener Jersey für den Körper 0,60 m, 140 cm breit. Weißer Jerseyrest für die Hände 15 × 40 cm. Weißer Stoffrest für das Hemd 35 × 50 cm. Streifenstoff für die Weste 0,30 m, 70 cm breit. Rest Pünktchenstoff für die Fliege. Schwarzer Stoff für den Anzug 0,65 m, 140 cm breit. Lederimitat für die Schuhe 0,15 m, 140 cm breit. Für die Haare dicke schwarze Bouclèwolle. Dacron-Watte zum Ausstopfen (Kiloware). Deka Permanent Stoffmalfarbe in Schwarz zum Aufmalen des Gesichts. 7 kleine weiße Knöpfe (Hemd), 4 mittelgroße schwarze Knöpfe (Weste), 1 großer schwarzer Knopf (Jacke). Rest Dacron-Wattevlies für Schulterpolster. Schwarzer Garnrest. 1 Hut (Wolber u. Pfaff KG)

Die Schnitteile sind auf Bogen C (rot)

Zuschneiden:
Körper:
52 Körperteil 2mal
53 Armteil 4mal
Hand 4mal aus weißem Stoff
54 Beinteil 4mal
55 Vord. Kopfteil 1mal
56 Seitl. Kopfteil 1mal
57 Rückw. Kopfteil 1mal
Hemd:
58 Vorder- und Rückenteil 2mal
59 Kragen 4mal
Hose:
60 Vord. Hosenteil 2mal
Taschenbeutel 2mal
61 Seitl. Hüftpasse 2mal
62 Rückw. Hosenteil 2mal
Weste:
63 Vorderteil 2mal
64 Rückenteil 1mal im Stoffbruch
Jacke:
65 Vorderteil 2mal
66 Rückenteil 1mal im Stoffbruch
67 Unterkragen 1mal im Stoffbruch
68 Oberkragen und Besatz 2mal
69 Oberärmel 2mal
70 Unterärmel 2mal
Schuhe:
71 Sohle 2mal
72 Vord. Schuhteil 2mal
73 Rückw. Schuhteil 2mal
Papierschnitteil 53 entlang der Nahtlinie auseinanderschneiden. Im Schnitteil 60 ist der Taschenbeutel eingezeichnet; er wird extra abgepaust und zugeschnitten.
Fliege: Schrägstreifen 12 cm lang, 4 cm breit, und 3 cm lang, 1,5 cm breit.
Alle Teile mit Naht- und Saumzugabe zuschneiden.

Gesicht aufmalen: Siehe Anleitung 4, Katrinchen.

Nähen:

Körper: Im wesentlichen zusammennähen wie bei Katrinchen (Anl. 4). Jedoch zuerst die Handteile an die Armteile steppen, dann erst die Teile aufeinanderlegen und die Kanten aufeinandersteppen. Die Hände nur flach ausstopfen und die Finger entlang der eingezeichneten Steppliniien absteppen. Zum Schluß nochmal über die Handansatznaht steppen. Die Beine werden oben nicht zugesteppt. Die ausgestopften Beine so zwischen die unteren Körperkanten schieben, daß die Füße nach außen stehen. Beine rundum von Hand annähen.

Frisur: Bouclèwolle in ca. 10 cm lange Fäden schneiden. Wollfäden doppelt legen und in ca. 5 waagrechten Reihen am Kopf aufnähen. Dabei wird unten am Hinterkopf die erste Reihe aufgenäht. Die weiteren Reihen so darüber aufnähen, daß der Haaransatz der jeweils unteren Reihen verdeckt ist. Die oberste Reihe wird dann kreisförmig aufgenäht.

Kleidung: Hemd: An den vord. Kanten die Besätze nach innen bügeln. Die linke vord. Kante Mitte auf Mitte auf die rechte vord. Kante stecken. Schmalkantig und entlang der eingez. Stepplinie aufsteppen. Je 2 Kragenteile rechts auf rechts aufeinanderlegen und die Außenkanten aufeinandersteppen. Kragenteile wenden. Innenkanten aufeinanderheften. Kragenteile an den Halsausschnitt steppen. Rückw. Kanten schmal eingeschlagen feststeppen. Seitl. und untere Kanten versäubern. An den rückw. Kanten Druckknöpfe annähen. Seitlich können Bändchen zum Zubinden angenäht werden. Knöpfe wie eingez. aufnähen.

Schnittübersicht

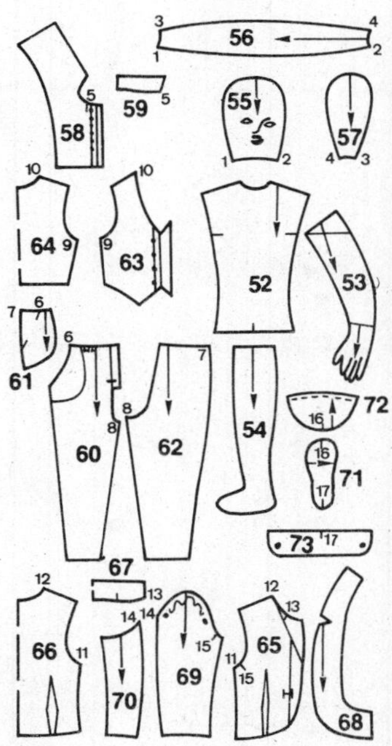

Fliege: Am großen Streifen die langen Kanten so weit umbügeln, daß der Streifen 2 cm breit wird. Die Streifenenden einschlagen und in der Mitte gegeneinandernähen. Fliege in der Mitte mit einem Faden zusammenziehen. Am kleinen Streifen die Kanten auf eine Breite von ½ cm umbügeln. Diesen Streifen um die Fliegenmitte legen und hinten festnähen. Fliege auf das Hemd nähen.

Hose: Die Taschenbeutel rechts auf rechts auf die vord. Hosenteile legen und am Tascheneingriff aufsteppen. Taschenbeutel nach innen wenden. Eingriffskanten schmal absteppen. Tascheneingriffe, die Anstoßlinien treffend, auf die seitl. Hüftpassen stecken. Taschenbeutel auf die Hüftpassen steppen. Teile an den oberen und seitl. Hosenkanten unterheften. Seitennähte und innere Beinnähte steppen. Hosenbeine rechts auf rechts ineinanderstecken und die Mittelnaht steppen, vorn den Schlitz offenlassen. Hosenbeine wieder auseinanderziehen, rechte Seite nach außen. Die rechte Schlitzkante an der Mittellinie nach innen umschlagen. ¾ cm neben der rechten Schlitzkante steppen, unten schräg zum Schlitzende. Obere Hosenkante schmal einschlagen und feststeppen. Am Schlitz Druckknöpfe annähen. Hose säumen.

Weste: Seiten- und Schulternähte steppen. Angeschn. Besätze nach innen legen. An allen anderen Kanten die Zugabe umheften und schmal feststeppen. Am linken Vorderteil die Knöpfe aufnähen. Darunter Druckknöpfe annähen.

Jacke: Abnäher, Seiten- und Schulternähte steppen. Unterkragen an den Halsausschnitt steppen. Nahtzugaben auseinanderbügeln. Am Oberkragen die rückw. Mittelnaht steppen. Oberkragen rechts auf rechts auf den Unterkragen, fortlaufend die Besätze auf die Vorderteile stecken. Kragen-, Revers- und vord. Kanten bis zur Seitennaht aufeinandersteppen. Teile wenden. Kanten heften und bügeln, am Rückenteil fortlaufend die Saumzugabe nach innen umheften. Oberkragen über der Ansatznaht annähen. Besätze und Saum annähen. Ärmelnähte steppen. Ärmel säumen. Ärmelkugeln einhalten. Ärmel rechts auf rechts in die Armausschnitte stecken und einsteppen. Aus Dacron-Wattevlies kleine Schulterpolster zuschneiden und unternähen. An der linken vord. Kante ein Knopfloch nähen.

Schuhe: Vord. Schuhteile mit einem doppelten Faden einreihen. Fadenenden fest verknoten. Die andere Kante der vord. Teile links auf links auf die Sohlen steppen. (Nahtzahl 16 auf Nahtzahl 16). Die überstehende Zugabe wird später abgeschnitten. An den rückw. Schuhteilen die Zugabe der oberen Kante (gebogte Kante) einschlagen und schmal feststeppen. Rückw. Schuhteile auch auf die Sohlen steppen (Nahtzahl 17 auf Nahtzahl 17), seitlich liegen dabei die rückw. Teile über den vord. Teilen. Überstehende Zugaben schmal neben den Stichen abschneiden. Löcher wie eingez. ausschneiden. Aus Garnrest zwei 25 cm lange Kordeln drehen und damit die Schuhe zubinden. Schuhe vorn mit etwas Watte ausstopfen.

12–14 Marionetten (Seite 16/17)

Größe ca. 35 cm

Muster- und Schemazeichnungen auf Bogen C in Schwarz

Material: 1 Holzstück 2,5–3,0 mm dick, ca. 15 × 15 cm groß für den Körper (kann auch aus zwei dünneren Brettchen zusammengeleimt werden); 1 Rundstab für Beine und Spielkreuz ca. 50 cm, Ø 13–15 mm; 1 Rundstab für Spielkreuz ca. 25 cm, Ø 10 mm; 15 × 20 cm Sperrholz 5 oder 6 mm dick für Kopf und Hände, 1 Packung Keramiplast (Franz Kolb), 1 Styroporkugel Ø 4–5 cm; 16 Ringschrauben, 4 Schrauben, Zwirn zum Aufhängen am Spielkreuz, evtl. ein Holzei 5 cm lang, Farben zum Bemalen (z. B. Wacofin), Klebstoff (Holzleim).

Werkzeuge: Säge, Laubsäge, Feile, Nagelbohrer.

Ausführung: Teile zusägen: Körper mit einer Schulterbreite von 8 cm, Taillenbreite 6 cm, 9 cm lang; 2 Oberschenkel je 7 cm lang, 2 Unterschenkel je 6,5 cm lang; 2 Oberarme je 4 cm lang, 2 Hände und Unterarme aus Sperrholz 6 × 1,5 cm, 2 Kopfteile (A + B) aus Sperrholz lt. Musterzeichnung (Originalmaße) aussägen. Holzei halbieren, für das Spielkreuz 22 cm Rundstab Ø 15 mm, 13 + 9,5 cm Rundstäbe Ø 10 mm zusägen. Styroporkugel vierteln (Laubsäge).
Körper und Beine lt. Schemazeichnung b (Seitenansicht) mit der Feile abschrägen. Die Oberschenkel lt. Schemazeichnung a (Vorderansicht) ca. 2–3 mm breit und 2 cm tief einsägen. An allen Teilen an entsprechenden Stellen die Ringschrauben einschrauben, s. Schemazeichnung (für die Schrauben vorher mit Nagelbohrer Löcher vorbohren!). Für die Gelenke an den Beinen werden Schrauben durch das Rundholz und die Ringschrauben gedreht (s. Schemazeichnung a). Kopfteile „A" und B ineinanderstecken, so ergibt sich ein Kreuz mit der Nase von Teil A und den Ohren von Teil „B". In die Zwischenräume die Styroporviertel „C" kleben (s. Schemazeichnung). Um diese Kugel wird dann mit der Modelliermasse der Kopf modelliert (s. Modellbild i. Heft). Hierbei die Ringschrauben aussparen. Nach dem Trocknen Kopf mit Körper mittels Ringschrauben verbinden. Die Füße können ebenfalls aus Modelliermasse geformt werden. Hierzu die Füße um den Rundstab modellieren, trocknen lassen und dann festkleben. Bei der Verwendung von Holzfüßen in die Eihälften ein entsprechendes Loch (Ø ca. 15 mm) bohren und an den Beinen festkleben (s. Schemazeichnung b).
Um die Sperrholz-Hände ebenfalls mit Modelliermasse Hände und Unterarme modellieren, nach dem Trocknen evtl. festkleben.
Kopf lt. Modellbild oder nach eigenen Vorstellungen bemalen.
Für die Befestigung der Fäden am Spielkreuz je in die Enden der beiden Querhölzer sowie in die Mitte des Längsholzes ein kleines Loch bohren. Die Querhölzer mit zwei Nägeln ans Längsholz befestigen (s. Schemazeichnung).
Nach dem Ankleiden die Puppe mit Fäden gewünschter Länge (ca. 80 cm) am Spielkreuz befestigen. Die Zahlen I–IV auf der Schemazeichnung geben die jeweils zugehörigen Verbindungen an.

12–14 Kleidung für die Marionetten, ca. 35 cm groß

Material: Reste aus Stoff, Filz, Leder, Einlage, Spitze, Kordel, Wolle, Gummiband, Draht. 2 Nieten. 1 Glöckchen.

Die Schnitteile sind auf Bogen C (schwarz)

Zuschneiden:

Hans:
Hemd:
1 Vorder- und Rückenteil 2mal
Hose:
2 Vord. und rückw. Hosenteil 2mal
Jacke:
3 Vorderteil 2mal
4 Rückenteil 1mal
5 Ärmel 2mal
Mütze:
6 Zipfelmütze 1mal

Kasper:
Hemd:
7 Vorder- und Rückenteil 2mal
Hose:
8 Vord. und rückw. Hosenteil 2mal
Jacke:
9 Vorderteil 2mal
10 Rückenteil 1mal
Mütze:
11 Zipfelmütze 1mal

Schnittübersicht

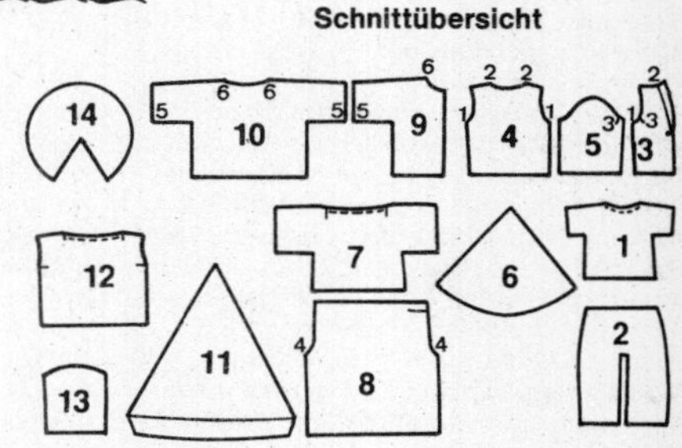

Chinese:
Hemd:
12 Vorder- und Rückenteil 2mal
13 Ärmel 2mal
Hut:
14 Hutteil 1mal
Hose:
2 Vord. und rückw. Hosenteil 2mal (wie beim Hans)
Alle Teile plus Nahtzugabe zuschneiden.

Nähen:

12 Hans

Am Hemd die Seiten- und Schulternähte nähen . Die Zugabe an der Halsausschnittkante nach innen wenden, Kante einreihen. Aus dem Hemdstoff ein Halstuch 10 × 10 cm zuschneiden, an den Enden ausfransen. – An den Hosenteilen die Seitennähte und die inneren Beinnähte nähen. Die Zugabe an der oberen Hosenkante nach innen wenden und annähen. Hose säumen. Aus Leder einen schmalen Gürtel schneiden. Aus Draht eine kleine Schließe formen. Schließe an einem Gürtelende befestigen. Am anderen Gürtelende Löcher einstanzen. Aus Wolle Riegel für den Gürtel an die obere Hosenkante arbeiten. – An der Jacke die Schulternähte nähen. Ärmel an die Armausschnitte nähen. Seitennähte und fortlaufend die Ärmelnähte nähen. An den vord. Kanten entlang der Umbruchlinie den „Kragen“ umbügeln. Nieten anbringen. – Die Zipfelmütze an den geraden Kanten zusammensteppen. An der Spitze ein Glöckchen annähen. An der unteren Kante einen schmalen Stoffstreifen aufnähen.

13 Kasper

Am Hemd die Seiten- und Schulternähte nähen. Die Zugabe an der Halsausschnittkante nach innen wenden, Kante einreihen. Hemd säumen. Aus Wolle eine Schleife binden, vorn am Halsrand annähen. – Hosenteile aufeinanderlegen, an der vord. und rückw. Mitte aufeinandernähen. Danach die Teile (rechts auf rechts) so aufeinanderlegen, daß die Nähte aufeinanderliegen. Innere Beinnähte nähen. Die Zugabe an der oberen Hosenkante nach innen wenden und für Gummizug festnähen. Gummiband einziehen. Hose säumen. – An den Jackenteilen die Seitennähte und fortlaufend die unteren Ärmelnähte nähen. Schulter- und fortlaufend die oberen Ärmelnähte nähen. Die Zugabe an allen Kanten nach innen wenden und festnähen. Spitzenborte in Falten gelegt an den Ausschnitt und unter die Ärmelkanten nähen. – Die Zipfelmütze an den geraden Kanten zusammennähen. Die Zugabe an der unteren Kante eingeschlagen annähen. Untere Kante entlang der Umbruchlinie nach außen aufschlagen. Für die Spitze aus Wolle einen Pompon arbeiten. – Mit weißem Stoff (evtl. Trikot) die Beinchen so umbinden, daß ein Strumpfeffekt entsteht. – Das Leder für die Schuhe in Wasser einweichen. Leder um die Füßchen spannen und in Form ziehen. Schuhe festkleben, überstehendes Leder abschneiden. Sohle aufkleben. Am Sohlenrand ringsum einen schmalen Lederstreifen aufkleben. Streifen als Schlaufe hinten ankleben. Wollfäden wie Schnürsenkel einziehen.

14 Chinese

Am Hemd die Schulternähte nähen. Ärmel an die Armausschnitte nähen. Seiten- und fortlaufend die Ärmelnähte nähen. Die Zugabe an allen Kanten nach innen wenden und annähen. Halsausschnittkante einreihen. – An den Hosenteilen die Seitennähte und die inneren Beinnähte nähen. Die Zugabe an der oberen Hosenkante nach innen wenden und für den Gummizug festnähen. Hose säumen. – Einlage unter das Hutteil bügeln. Hutteil an den geraden Kanten zusammennähen. Hut an der Außenkante versäubern. Kordel zum Binden an den Hut nähen. Für das Halstuch ein Dreieck, an der geraden Kante 28 cm lang, an den beiden schrägen Kanten 18 cm lang zuschneiden. Tuchkanten versäubern. Die Schuhe wie beim Kasper arbeiten, die Schnürsenkel sind aus Leder.

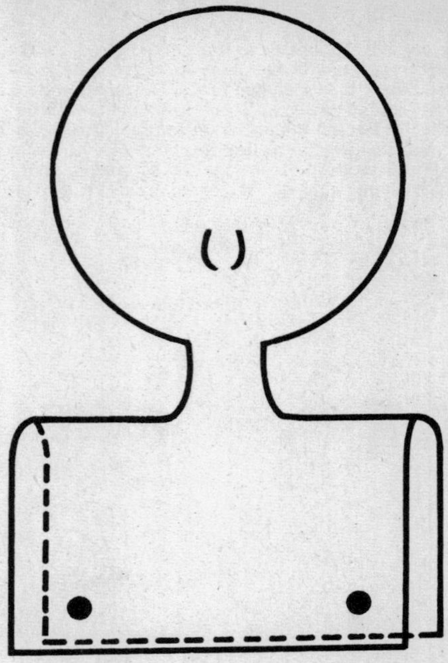

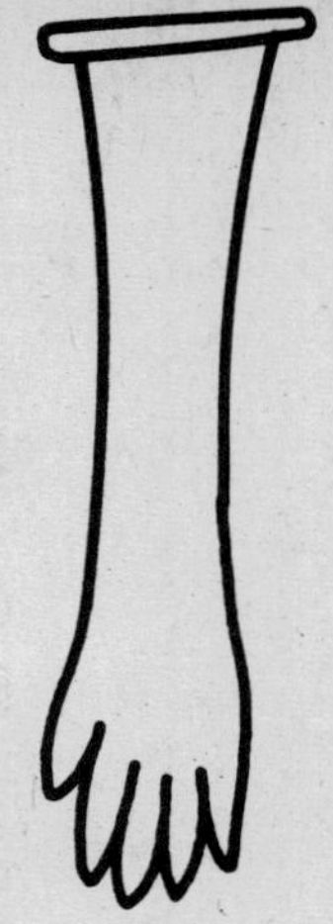

15 Nostalgie-Puppen, 36 cm groß (Seite 18/19)

Musterzeichnung auf Bogen D

Material für eine Puppe: 2 kleine Blöcke Fimo (Faber) in der neuen Hautfarbe; 1 Wattekugel, 3,5 cm ∅ (Knorr); Emaillack-Zierfarbe von Deka in Blau 13, Schwarz 20, Rot 8 und Weiß 1; Reinigungsbenzin; 1 Perückenteil von Falag Art. 940281 oder ein Rest Kunstpelz für Herrenfrisur. Für den Puppenkörper Nesselrest und Dacron-Watte (Polyester) zum Ausstopfen; Uhu. **Handwerkszeug:** Spitzes Messer; Stopfnadel; Wellholz; Resopalbrettchen; Pinsel Nr. 1 und 2; Modellierstäbchen.

Das Schnitteil für den Körper ist auf Bogen D (schwarz)

Zuschneiden:
1 Körperteil 2mal
2 Arme 10 × 6 cm, 2 Beine 11 × 7 cm.
Alle Teile mit 1 cm Nahtzugabe zuschneiden.

Ausführung: Fimo ist eine Modelliermasse und wird durch kräftiges Kneten formbar. Wir empfehlen Ihnen, jeweils nur kleine Portionen weich zu kneten. – Für den Kopf die Wattekugel ca. 5 mm dick mit Fimo verkleiden. Anschließend mit dicker Stopfnadel einige Löcher in den Hinterkopf stechen, damit beim Härten die Luft aus der Wattekugel entweichen kann. Nase mit spitzem Messer lt. Musterzeichnung modellieren oder später aufmalen. Für das Schulterteil eine Platte ca. 5,5 × 8 cm groß und 15 mm dick auswellen. Als Verbindungsstück einen Hals in Zylinderform 1 cm hoch und 1,8 cm ∅ modellieren und zwischen Schulterteil und Kopf setzen. Mit dem Modellierstäbchen die Ansätze glätten. Mit der Stopfnadel in alle vier Ecken des Schulterteils ein Loch bohren. Nun lt. Musterzeichnung das Schulterteil in Form biegen. Für jeden Unterarm einen 6 cm langen Wulst formen, der unten 8 mm und oben 1,5 mm dick sein sollte. Mit dem Messer Hände und Finger lt. Musterzeichnung modellieren. Am Armende einen kleinen Wulst anbringen, der zum Anbringen des Stoffarms dient. Die Unterschenkel mit Schuhen oder Stiefelchen ebenso lt. Musterzeichnung arbeiten. Die fertig geformten Teile auf einen hitzebeständigen Teller legen und im Backofen bei 140° C ca. 20 Min. härten.

Schnittübersicht

Nähen des Körpers: Seitennähte steppen. Arm- und Beinteile längs falten und jeweils zum Schlauch steppen. Unterarme und Beine aus Fimo werden nun mit den Wülsten in die Stoffarme bzw. Stoffbeine gesteckt. Mit doppeltem Faden den Stoffrand einkräuseln, fest anziehen und die Fadenenden jeweils miteinander verknoten. Alle vier Teile wenden und fest mit Dacron-Watte ausstopfen. Arme und Beine an den Körper nähen. Körper durch die Schulteröffnung ausstopfen. Schulternaht mit Handstichen zunähen. Schulterteil auf den Körper schieben. Mit Handstichen Körper- und Schulterteil an den Bohrungen verbinden. Perückenteil oder Fellrest auf den Kopf kleben, lt. Abb. zur Frisur legen oder zurechtstutzen. Gesicht lt. Musterzeichnung vorzeichnen und mit Emaillack-Zierfarbe ausmalen. Bei jedem Farbwechsel den Pinsel mit Reinigungsbenzin säubern. Unterschenkel und Schuhe (oder Stiefelchen) ebenfalls anmalen. Nun nach einem der nachfolgenden Schnitte die Puppenkleidung herstellen.

Die Schnitteile A bis X sind auf Bogen D im Halbton schwarz

Grünes Kleid
Material: Stoffrest in Grün 25 × 80 cm. Stoffreste in verschiedenen Farben. Unterrock: Stoffrest in Weiß 20 × 40 cm. Spitzenborte 0,85 m, 3,5 cm breit. Druckknöpfe. Schmales Gummiband.

Schnittübersicht

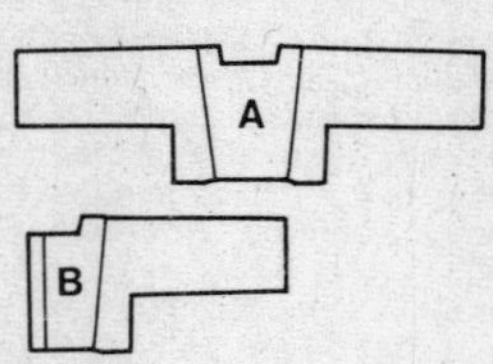

Zuschneiden:
A Vorderteil 1mal
B Rückenteil 2mal

Für die Rockbahn 25 verschiedenfarbige Streifen je 20 cm lang, 2 cm breit, Saumblende 50 cm lang, 3 cm breit (fertige Breite 1,5 cm). Unterrock 38 cm weit, 19 cm lang.
Teile plus 1 cm Nahtzugabe zuschneiden.

Verarbeitung: Kleid: Schulter und obere Ärmelnähte steppen. Entlang den eingez. Linien Faltenbrüche einbügeln, Bruchkanten ½ cm breit absteppen. Seiten- und untere Ärmelnähte steppen. Von der Spitzenborte 15 cm abschneiden und auf 2 cm Breite zurückschneiden. Diese Borte an die unteren Ärmelkanten nähen, übrige schmale Borte an die Ausschnittkante nähen. Rückw. Kanten entlang der eingez. Linie nach innen wenden und annähen. Streifen für Rockbahn aneinandersteppen, an einer Naht oben einen 6 cm langen Schlitz offen lassen. Obere Rockkante einreihen und an das Oberteil steppen. Schlitzkanten mit Druckknöpfen schließen. Saumblende an die untere Rockkante steppen, zur Hälfte nach innen legen und eingeschlagen annähen.

Unterrock: Naht steppen. Obere Kante 2 cm breit nach innen wenden und für Gummizug feststeppen. Gummiband einziehen. Restl. Spitzenborte an die Saumkante steppen.

Rosafarbenes Kleid
Material: Stoffrest in Rosa 30 × 90 cm. Garniturstoffrest für Ärmel und Kragen 20 × 35 cm. Spitzenborte 0,80 m, 1 cm breit. Druckknöpfe. Gummifaden.

Schnittübersicht

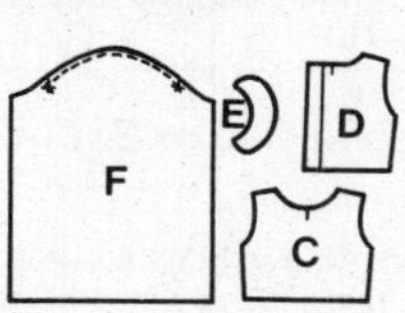

Zuschneiden:
C Vorderteil 1mal
D Rückenteil 2mal
E Kragen 4mal
F Ärmel 2mal

Rockbahn 20 cm lang, 76 cm weit.
Teile plus 1 cm Nahtzugabe zuschneiden.

Verarbeitung: Seiten- und Schulternähte steppen. Rückw. Kanten entlang der eingez. Linie nach innen wenden und annähen. Je zwei Kragenteile an den Außenkanten verstürzen. Kragen an den Halsausschnitt heften. Halsausschnittkante mit einem schmalen Schrägstreifen verstürzen. An der Rockbahn die Naht steppen, oben einen 5 cm langen Schlitz offen lassen. Obere Rockkante einreihen und an das Oberteil steppen. An der unteren Rockkante die Zugabe nach innen wenden und annähen. Spitzenborte im Abstand von 2 cm aufsteppen. Untere Ärmelkanten mit dichtem Zickzackstich versäubern. Untere Ärmelkanten im Abstand von 1 cm absteppen, Gummifaden als Unterfaden verwenden. Gummifaden anziehen und festnähen. Ärmelnähte steppen. Ärmel eingereiht einsetzen.

Lilafarbenes Kleid mit Hut
Material: Uni Stoffrest 35 × 70 cm. Gestreifter Stoffrest 20 × 50 cm. Einlagerest. Druckknöpfe.

Schnittübersicht

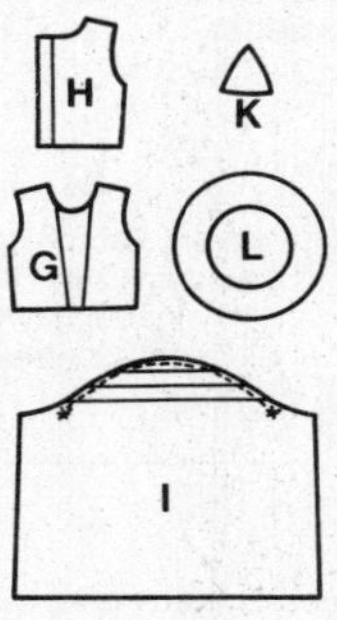

Zuschneiden:
Kleid:
G Vorderteil 1mal
Blende 1mal
H Rückenteil 2mal
I Ärmel 2mal

Hut:
K Kopfteil 5mal
L Hutrand 2mal

Rockbahn 21 cm lang, 68 cm weit, 2 Ärmelbündchen 5 cm lang, 4 cm breit (fertige Breite 2 cm).
Teile plus 1 cm Nahtzugabe zuschneiden.
Verarbeitung: Kleid: Blende eingeschlagen auf das Vorderteil steppen. Seiten- und Schulternähte steppen. Rückw. Kanten entlang der eingez. Linie nach innen wenden und annähen. An der Rockbahn die Naht steppen, oben einen 5 cm langen Schlitz offen lassen. Obere Rockkante einreihen. Rock an das Oberteil steppen. Saumzugabe eingeschlagen feststeppen. Ausschnitt ½ cm breit mit einem Schrägstreifen einfassen. Rückw. Kanten mit Druckknöpfen schließen. Am Ärmel entlang den eingez. Linien steppen, Fäden auf ca. 9 cm anziehen und verknoten. Untere Ärmelkanten einreihen. Manschetten längs falten und an die unteren Ärmelkanten steppen. Ärmelnähte steppen. Ärmel eingereiht einsetzen. **Hut:** Einlage auf die Hutteile bügeln. Kopfteile aneinandersteppen. Hutrand an der Außenkante verstürzen. Innenkante an die untere Kopfteilkante steppen.

Anzug und Hemd
Material: Hemd: Stoffrest 25 × 50 cm. 2 Knöpfe. 6 kleine Druckknöpfe. Samtbandrest und 1 kleine Perle. Anzug: Stoffrest 40 × 70 cm. 3 Knöpfe. Druckknopf.

Schnittübersicht

Hemd:

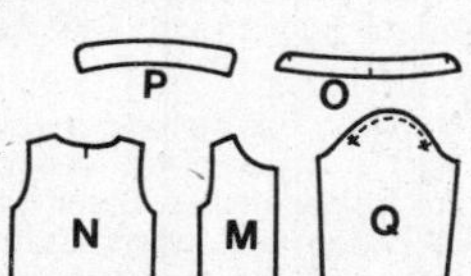

Hose:

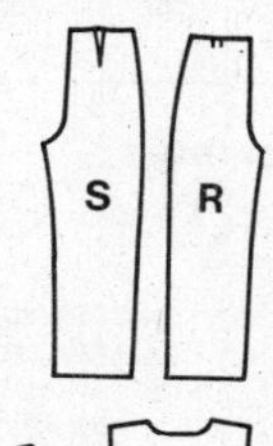

Jacke:

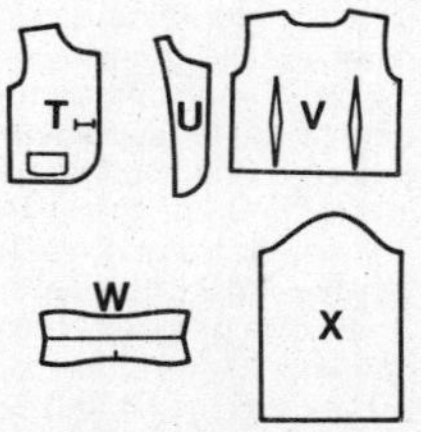

Zuschneiden:
Hemd:
M Vorderteil 2mal
N Rückenteil 1mal
O Kragensteg 2mal
P Kragen 2mal
Q Ärmel 2mal
Hose:
R Vord. Hosenteil 2mal
S Rückw. Hosenteil 2mal

Jacke:
T Vorderteil 2mal
Klappe 4mal
U Besatz 2mal
V Rückenteil 1mal
W Kragen 1mal
X Ärmel 2mal

2 Manschetten 6,5 cm lang, 4 cm breit (fertige Breite 2 cm), 2 Blenden für vord. Hemdkante 9 cm lang, 1,5 cm breit. Hosenbund 35 cm lang, davon ist 1 cm Übertritt, 2 cm breit (fertige Breite 1 cm). Teile plus 1 cm Nahtzugabe zuschneiden.
Verarbeitung: Hemd: Seiten- und Schulternähte steppen. An den vord. Kanten die Zugabe nach außen wenden, Blenden eingeschlagen aufsteppen. Ärmelnähte steppen. Untere Ärmelkanten einreihen. Manschetten an den Schmalseiten verstürzen und an die unteren Ärmelkanten steppen. Ärmel eingereiht einsetzen. Kragenteile an den Außenkanten verstürzen und absteppen. Kragensteg an den Außenkanten verstürzen, Kragen zwischenfassen. Kragensteg an den Halsausschnitt steppen. Untere Hemdkante eingeschlagen feststeppen. Hemd mit Druckknöpfen schließen. Knöpfe zur Zierde aufnähen. **Hose:** Abnäher und Nähte steppen, links den Schlitz offen lassen. An den vord. Hosenteilen die Falten x auf o legen und heften. Bund an die obere Hosenkante steppen, zur Hälfte legen und eingeschlagen annähen. Hose säumen. Bund mit Druckknopf schließen.

Jacke: Klappen an den Außenkanten verstürzen und auf die Vorderteile steppen. Abnäher und Nähte steppen. Reverskante jeweils ab dem Querstrich und vord. Kanten mit den Besätzen verstürzen, Jacke säumen. Kragen verstürzen und an den Halsausschnitt steppen. Ärmel säumen und einsetzen. Knopfloch einarbeiten. – Samtband als Krawatte umbinden, Perle aufnähen.

20 Puppenhaus (Seite 26/27)

Musterzeichnung auf Bogen E im Voll- und Halbton Rot.
Höhe ohne Rollen 1,18 m, Höhe mit Rollen 1,22 m.

Material: 2 kiefernfurnierte Sperrholzplatten je 2,44 m × 1,22 m × 8 mm; 4 einfache Sperrholzplatten je 49,8 × 29 cm × 4 mm für die Schubladenböden; 2 Kiefernbretter für die Dachblenden je 60 × 10 cm × 20 mm; 2 m Kiefernleisten 20 × 3 mm für Dachkanten (Ortgang); ca. 15 m Kiefernleisten 8 × 2 mm für alle Sperrholzkanten und zur Gliederung der Fassade; ca. 9 lfd. Meter Winkelleisten für Fenster- und Türrahmen und 9 lfd. Meter Kiefernleisten 15 × 2 mm (alles im Holz- und Plattenhandel erhältlich); 2 m Rundstäbe (Buchenrundstäbe) 4 mm Ø als Gardinenstangen; 18 Holzperlen mit je einem Loch von 4 mm Ø (in Bastelläden erhältlich); 18 Schraubösen 16 × 6 mm zum Befestigen der Gardinenstangen; ca. 60 Gramm Nägel 25 mm; 1 Dose oder Tube weißen Holzleim; 8 Scharniere 20 × 8 mm für Dach und Tür; 4 kleine Möbelrollen und dazu passende Schrauben; 1 Dose farblose Holzlasur (offenporig); 1 Glas Plaka-Farbe in Rot.

Werkzeug: Eine Stichsäge (möglichst elektrisch) oder Bandsäge, Astlochbohrer oder einfachen Holzbohrer, Hammer, Schraubenzieher, Feile, Kneifzange, 220er Schmirgelpapier, Schraubzwingen, Wäscheklammern, einen breiten Pinsel, Bleistift, Lineal und Winkel.

Schemazeichnungen

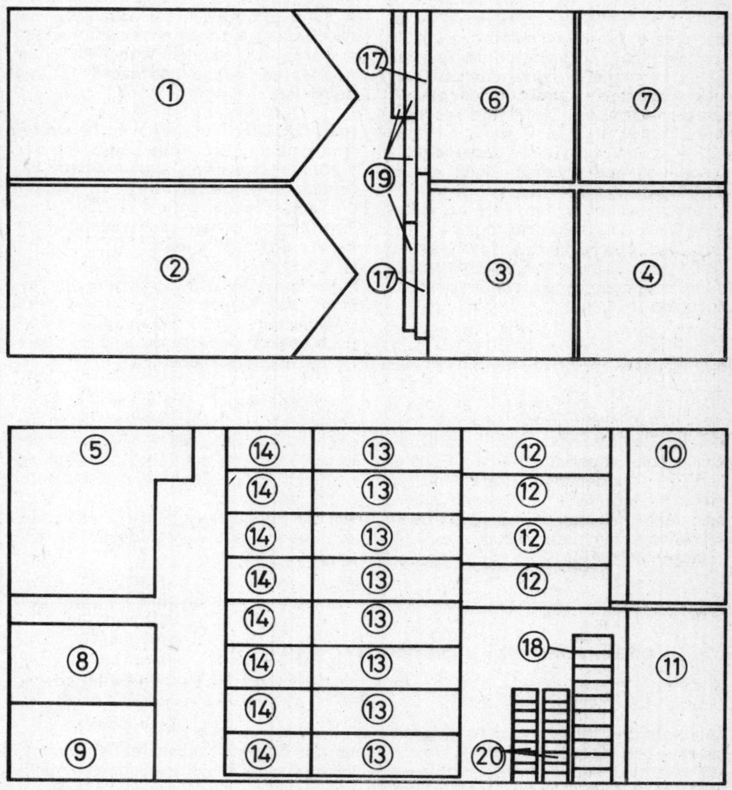

Puppenhausteile:
1 Giebelwand mit Tür
2 Giebelwand ohne Tür
3 + 4 Böden ohne Treppenöffnung
5 Boden mit Podest für die Haustür
6 1. Etage Boden
7 2. Etage Boden (Dachgeschoß)
8 Zwischenwand 1. Etage
9 Zwischenwand 2. Etage
10 + 11 Dachflächen
12 Blende für die Schubladen – 4mal 498 × 156 × 8 mm
13 Vorder- und Rückwand der Schubladen – 8mal 482 × 145 × 8 mm
14 Seitenwand der Schubladen – 8mal 290 × 145 × 8 mm
15 Böden der Schubladen – 4mal aus einfachem Sperrholz 498 × 290 × 4 mm
16 Dachblende – 2mal aus dem Kiefernbrett
17 Wange für die Außentreppe – 2mal
18 Stufen für die Außentreppe – 10mal
19 Wange für die Innentreppen – 4mal
20 Stufen für die Innentreppen – 18mal

Ausführung: Teile 1, 2, 3, 4, 6, 7, 17 und 19 auf eine kiefernfurnierte Sperrholzplatte, Teile 5, 8, 9, 10, 11, 12, 13, 14, 18 und 20 auf die andere Platte lt. Schemazeichnung aufzeichnen; Maße entnehmen Sie den Musterzeichnungen auf dem Bogen E und beachten Sie bitte den Verschnitt, ca. 1–1,5 mm, der durch das Aussägen entsteht. Teile mit der Stich- oder Bandsäge aussägen. Aus Teil 1 Fenster und Haustür, aus Teil 2 nur die Fenster heraussägen; dazu die Fenster- bzw. Türecken erst vorbohren, dann sägen. Achten Sie darauf, daß das Sägeblatt in Ordnung ist, sonst reißt das Sperrholz ein. Bei Teil 5 wird das angeschnittene Podest bis zur Haustüröffnung 8 mm breit und 80 mm tief eingesägt. Aus den Teilen 6 und 7 Treppenöffnungen (wie beim Fenster) heraussägen. Aus den Teilen 8 und 9 Türen heraussägen. Von den Teilen 10 und 11 (Dachflächen) wird jeweils an einer Längskante ein 55 mm breites Stück abgesägt. Die abgesägten Stücke bilden später den Dachfirst. Alle Einzelteile mit Feile und Schmirgelpapier nachbearbeiten, die Kanten mit 220er Schmirgelpapier ganz leicht brechen.

Zusammenbau: Zwischen die Teile 1 und 2 werden zuerst die Teile 3, 4 und 5 gebaut. Bei Teil 5 das Podest so durch die Haustüröffnung schieben, daß die entsprechende Seite der Giebelwand genau in den eingesägten Schlitz paßt. Teil 4 wird so angebracht, daß es in der Mitte zwischen Teil 3 und 5 liegt. Die Teile mit weißem Holzleim zusammenleimen und von außen mit Nägeln arretieren. Die Nägelköpfe leicht versenken oder vorher die Köpfe abkneifen. Zusätzlich die Teile mit Schraubzwingen zusammenpressen. Überschüssigen Leim mit einem nassen Lappen entfernen. Die erste Zwischenwand (Teil 8) einbauen. Dann den Boden für die erste Etage (Teil 6), dabei liegt die Treppenöffnung oberhalb, direkt neben der Türöffnung die Zwischenwand zwischen die Giebelwände leimen und nageln. Die 2. Zwischenwand darauf montieren. Den Boden für das Dachgeschoß (Teil 7) so einbauen, daß die Treppenöffnung entgegengesetzt der Treppenöffnung von Teil 6 liegt.

Zur Verschönerung Kiefernleisten (8 × 2 mm) auf alle sichtbaren Sperrholzkanten leimen. Zur Gliederung der Fassade Leisten auf die Giebelwände leimen. Fenster und Türen mit den Winkelleisten und den Kiefernleisten (15 × 2 mm) verkleiden; beim Anleimen der Winkelleisten diese mit Wäscheklammern festhalten, bis der Leim getrocknet ist.

Dach: Die abgesägten schmalen Teile (von Teil 10 + 11) laut Musterzeichnung auf dem Bogen zu einem Dachfirst zusammenleimen und -nageln. Zum Auf- und Zuklappen die Dachflächen mit Scharnieren am Dachfirst befestigen. Den Dachfirst auf die Giebelwände leimen und nageln. 2 Dachblenden (Teil 16) lt. Musterzeichnung aus einem 20 mm starken Kiefernbrett aussägen und an die unteren Dachkanten leimen und nageln. Wenn Sie es sich zutrauen, können Sie die Dachblenden mit einer Kreissäge nuten (siehe Musterzeichnung), so hat das Ganze mehr Halt. An die seitl. Dachkanten (Ortgang) Kiefernleisten (20 × 3 mm) leimen.

Schubladen: Je eine Vorder- und Rückwand und 2 Seitenwände zu einem Rahmen zusammenleimen und -nageln; Teile 13 und 14 insgesamt zu 4 Rahmen verarbeiten. Auf je eine Vorderwand eine Schubladenblende leimen. Je einen Boden unter die Rahmen leimen. Zum Herausziehen der Schubladen können Sie Holzknöpfe anbringen oder Löcher von 20 mm Ø (siehe Modellbild im Heft) mit einem Astlochbohrer vorn in die Schubladen bohren.

Treppen: Die Wangen der Innen- und Außentreppe sowie die Stufen sind auf dem Musterbogen in Originalgröße angegeben. Kopieren Sie die Teile auf ein Stück Papier, schneiden diese aus und übertragen die Umrisse auf das Holz; aussägen. Bei den Innentreppen die Stufen so auf die Wangen leimen, daß sie zu beiden Seiten gleichmäßig breit überstehen. Für die Außentreppe zunächst eine Wange an die Giebelwand und unter das Podest leimen, evtl. nageln. Die andere Wange nur unter das Podest leimen und nageln. Stufen aufleimen.

Haustür: Wenn Sie Lust haben, bauen Sie eine Haustür nach Höhe und Breite der Türöffnung aus 8 mm starkem Sperrholz. Unsere Tür wurde noch mit einem Fenster und einem Holzknopf als Türgriff versehen. Mit zwei Scharnieren befestigen Sie die Tür am Holzrahmen.

Streichen: Vor dem Streichen alle Flächen und Kanten sauber schmirgeln. Dachflächen und Tür mit roter Plaka-Farbe bemalen. Alle Flächen mit farbloser Holzlasur überstreichen.

Gardinenstangen: Die 9 Gardinenstangen sind aus den Buchenrundstäben gesägt, je 21 cm lang. Mit den Schraubösen werden sie seitl. der Fensterverkleidung befestigt. Auf die Enden wird je eine Holzperle geschoben.
Um das Puppenhaus fahrbar zu machen, schrauben Sie 4 kleine Möbelrollen darunter.

21 Wanduhr für das Puppenhaus

Material: Eine ausgediente Armbanduhr; Fimo in Schwarz und Blau; Indianerperlen in Orange; 1 Stückchen Kette.

Ausführung: Die Armbanduhr ringsum bis zum Zifferblatt in die Knetmasse einhüllen und auf eine dünn ausgearbeitete Platte in der gewünschten Größe aufdrücken. Ringsum einen Rand legen, Kettenglieder und Röllchen für die Gewichte auflegen und andrücken. Rings um das Zifferblatt Indianerperlen eindrücken und mit einem Kugelschreiber kleine Muster in den Rand prägen. Auf der Rückseite ein Loch in der oberen Uhrenmitte zur Aufhängung einstechen. Im Backofen härten.

22 Blumentöpfe und Blattpflanzen

Material: Tonrestchen; Fimo; Ruskuszweige; Stoffblüten.

Ausführung: Aus Ton kleine Kugeln formen und eine Mulde eindrücken, trocknen lassen (wenn ein Brennofen vorhanden ist, brennen). Die Blumentöpfe in verschiedenen Größen aus hellem Fimo formen und mit dunkler Knetmasse als „Erde" füllen. Mit einer Nadel (vor dem Härten im Backofen) Löcher einstechen, in die dann später die Ruskuszweige gesteckt werden. Von den einzelnen Blättern des Ruskus werden die Spitzen abgeschnitten, weil sie stechen, kleine Stoffblumen werden an die Ästchen geklebt.

23 Kleines Segelschiff

Material: 1 halbe Walnußschale; 4 Streichhölzchen; UHU; Papier und rote Farbe.

Ausführung: Die giftigen Schwefelköpfe der Zündhölzer abschneiden. 2 Hölzer quer über die Nußschale kleben. Dazwischen, in der Mitte, ein Zündholz senkrecht als Mast befestigen. Ein weiteres Hölzchen so in der Schale ankleben, daß es vorne über den „Bug" hinausragt. 1 kleines (2 × 1 cm) und ein großes (3 × 2 cm) Segel aus Papier ausschneiden, mit roten Streifen bemalen und ankleben.

23 Teppich, gehäkelt mit Fransen, Größe 16,5 × 24 cm

Material: Wollreste; Stoff; Häkelnadel.

Ausführung: 27 Luftmaschen anschlagen (je nach Wollstärke variieren) und halbe Stäbchen häkeln. Am Ende jeder Reihe eine Luftmasche zum Wenden häkeln. 24 Reihen ergeben eine Länge von 19 cm. Die Längsseiten mit festen Maschen umhäkeln. An den Schmalseiten in jede Masche eine Franse einschlingen. Ein entsprechend großes Stück Stoff evtl. auf der Rückseite gegennähen. Dann entfällt das saubere Vernähen der Anfangs- und Endfäden.

23 Perlenvorhang für die Tür

4 Schnüre mit weißen und 3 Schnüre mit roten Holzperlen auffädeln, bis sie die Länge der Türhöhe haben. Über ein Holzstäbchen knoten und an der Türfüllung befestigen.

24 Resteteppich für das Puppenhaus

Größe: 12 × 16 cm ohne Fransen.
Material: Straminrest 14 × 18 cm (z. B. „Penelope-Canevas" von Zweigart Art. 1231/39, 60 cm breit); Wollreste in verschiedenen Farben (s. Modellbild); für die Fransen 8 cm lange Wollfäden in 3 verschiedenen Farben.

Ausführung: Obere und untere schmale Kante 1 cm breit zur linken Seite umheften. Die verschiedenfarbigen Reihen, je 1 cm breit von den seitlichen Kanten entfernt, im Spannstich, der über 3 Gewebekaros greift, sticken. Nach dem Sticken die Nahtzugaben der seitlichen Kanten zur linken Seite umnähen.

Fransen: Je drei verschiedenfarbige Wollfäden zusammen zur Hälfte legen und mit einer Häkelnadel, jeweils im Abstand von 1 cm, an den Schmalseiten einziehen und verknoten.

25 Blumenampel Makramee

Material: Ca. 1 m von 3 mm starkem Makrameegarn aus Synthetik (das Garn auseinanderdrehen, es ergibt etwa 4 feine Fäden, die für diese kleine Ampel ausreichen).

Ausführung: Spannen Sie einen ca. 10 cm langen Querfaden auf ein Brett, mit 2 Nägeln befestigt. Nun hängen Sie 6 Fäden mit einer Länge von 50 cm so ein, daß Sie 12 Arbeitsfäden haben. 3mal mit je 4 Fäden 6 Wellenknoten knüpfen. Nach 1 cm Abstand werden je 2 Fäden eines Stranges mit den beiden nächsten 2 Fäden zu einem Wellenknoten geknüpft. Nach 2 cm binden Sie alle Fäden zusammen und schneiden den Rest auf die gewünschte Länge ab. Den Aufhängefaden (Querfaden) nehmen Sie ab, ziehen die Schlaufen der Arbeitsfäden zusammen und verknoten ihn. Ein aus Fimo oder Ton gefertigter Blumentopf mit 2 cm Ø paßt gut hinein.

26 Wandbehang mit Vogelpärchen

Musterzeichnung auf Bogen E in Rot.
Größe: 12 × 7,5 cm
Material: Gminder Cotton Gelb, ca. 12 × 15 cm; Sticktwistreste in den Farben: Blau Weiß, Rot und Grün; burda-Kopierpapier; 1 Holzspieß 14 cm lang; 2 kleine Holzperlen.

Ausführung: Den Stoffzuschnitt an der Mittellinie markieren, daß beide Hälften das Maß von 12 × 7,5 cm haben. Auf eine der beiden Hälften mit Hilfe von burda-Kopierpapier die Musterzeichnung von Bogen E übertragen. Lt. Modellbild im Heft farbig mit Plattstich und Stielstichen aussticken. Die beiden Stoffhälften entlang der Mittellinie aufeinanderbügeln und die Ränder ringsum mit Twist überwendlich zusammensticken. Damit ist die Rückseite schön versäubert. Zum Schluß den Holzspieß mit lockeren überwendlicher Stichen annähen und an die Enden des Hölzchens jeweils eine Perle aufkleben.

27 Kleiner Wandbehang in Makramee

Material: Zahnstocher oder Schaschlikspieß, 6,5 cm lang; 2 Holzperlen in Rot ca. 0,5 cm Ø; feines Makramee-Garn in Rohweiß.

Ausführung: Hängen Sie auf das Holzstäbchen 14 Fäden, je 70 cm lang, doppelt ein, so daß Ihnen 28 Arbeitsfäden zur Verfügung stehen. Auf die Enden des Holzstäbchens je eine Holzperle kleben. 2 Reihen Doppelknoten knüpfen. Von links nach rechts eine waagerechte Reihe Rippenknoten arbeiten, dazu legen Sie die beiden ersten Fäden von links quer über die anderen Fäden und knoten diese darüber. Für die Raute die Fäden zur Hälfte teilen (je 14), die beiden äußeren Fäden von links schräg nach unten über die linke Fadenhälfte legen, Rippenknoten arbeiten. Genauso von rechts schräg nach unten Rippenknoten arbeiten, so daß beide Reihen in der Mitte zusammentreffen Nun von der Mitte aus die Rippenknoten jeweils schräg nach links und rechts arbeiten. Von rechts nach links eine waagerechte Reihe Rippenknoten knüpfen. Als Abschluß eine Spitze aus versetzten Doppelknoten arbeiten: 1 Reihe Doppelknoten, in jeder folgenden Reihe jeweils 2 Anfangs- und 2 Endfäden hängenlassen, so daß sich ein Dreieck ergibt. Die Fäden auf ca. 5 cm Länge abschneiden und in jedes Fadenende einen Knoten schlagen.

28 Gebackenes

Material: Fimo in verschiedenen Farben und Fimo-Lack.

Ausführung: Schnecken, Zopfbrot, Weiß-
brotstange, Brötchen und Brezeln formen. Die Torte aus mehreren sehr dünnen runden Lagen aufeinanderbauen und phantasievoll verzieren. Das Spiegelei hat außer dem gelben Dotter auch einen ganz feinen braunen Rand. Alle Teile im Backofen härten und nach dem Erkalten lackieren.

29 Teppich rund, 12 cm Ø

Material: Wollreste in verschiedenen Farben, Rot, Gelb, Blau; Strickliesel oder Strickmühle.

Ausführung: Fertigen Sie eine Leine mit der Strickliesel, schön bunt und lang (mit der Strickmühle geht's wesentlich schneller). Je länger die Leine ist, desto größer wird der Teppich. Legen Sie die Leine spiralförmig zusammen und nähen sie unsichtbar auf der Rückseite zum Teppich zusammen.

Zu den Seiten 28 und 29 – Einrichtung für das Puppenhaus

Alle Möbel unseres Puppenhauses sind Kaufteile und über den Fachhandel (Spielzeugläden) erhältlich. Die Programme der einzelnen Firmen sind sehr reichhaltig. So bleibt Ihnen die Wahl, fertige oder abgepackte Teile zum Zusammenkleben zu kaufen.

Bauernstube: Truhe, Bank, Tisch, Stühle, Eckschrank, Standuhr, Ofen, Firma Hobby-Werkhaus.
Wohnzimmer: Polstergruppe mit Kissen, Firma Henning; großes Regal und Tisch, Firma Sigikid; Tellerbord und Schaukelstuhl, Firma Hobby-Werkhaus.
Küche: Alle Möbel Spielform, Sievers
Kinderzimmer: Wickelkommode, 2 Betten und Wandregal, Firma Hobby-Knorr; die Möbel sind nach Anleitung selbst zusammenzukleben und zu bemalen.
Schlafzimmer: Alle Möbel, Firma Sigikid, sind fertig zu kaufen. Die Wiege ist von Firma Hobby-Werkhaus.

30 Allerlei aus Knetmasse

Material: Fimo in vielen Farben.

Ausführung:
Schale mit Obst: Schale formen. Für die Äpfel rote und gelbe Knetmasse zusammenkneten. Grünes, kleines Blatt formen und andrücken. Bananen aus gelber Knetmasse formen. Früchte in die Schale drücken und im Backofen härten.
Henkelkorb: Die Knetmasse zu langen, dünnen Würsten rollen. Jeweils 2 wie eine Kordel umeinanderrollen und zu einem Körbchen formen. Henkel andrücken und im Backofen härten.
Schwarze Katze: Den Körper ca. 2 cm dick und 4 cm lang formen und leicht halbrund zusammenbiegen. Eine Kugel 1,5 cm Ø als Kopf andrücken; Ohren, 2 grüne Pünktchen als Augen und ein rosa Pünktchen als Nase aufbringen. Die Barthaare sind Borsten aus einer Bürste. 2 Röllchen ca. 2 cm lang als Vorderbeine einrollen und Schwanz andrücken. Im Backofen härten.
Glocke: Aus weißer Knetmasse Glocke formen. In den oberen Teil ein kleines Loch stechen. Kleine Kugel (für den Klöppel) formen und ebenfalls durchstechen. Aus einem dünnen Röllchen Aufhängung an die Glocke arbeiten. Nach dem Härten im Backofen Faden durch die Kugel ziehen und verknoten. Fadenende durch das Loch in Glocke fädeln und verknoten.
Flaschen: Sie werden um eine dicke Stricknadel modelliert. So haben sie eine tiefe Öffnung, in die z. B. Blumen gesteckt werden können.

Saum mit Hohlnaht

Die Gewebefäden sind bis an die Ecken auszuziehen, die angekreuzten Fäden (Abb. a) lt. Abb. b auf die rechte Seite führen, lt. c mit einigen Stichen zunächst von links, dann von rechts lt. d befestigen.

31 Decke und Kissen

Material: Rest Gminder Cotton in Maigrün; Nähgarn in der gleichen Farbe; Dacron-Watte; Stoffmalfarbe von Deka in Rot und Dunkelgrün.

Ausführung: Den Stoff zur Decke mit einem Unterteller bedecken und die äußere Form aufmalen (der Ø unserer Decke ist 14 cm). Ausschneiden. Malen Sie kleine Tulpen auf. Nach dem Trocknen der Farbe bügeln. Die Farben sind dann waschecht. Die Decke mit Knopflochstich versäubern. Die Kissen bestehen aus 8 × 5 cm großen Stoffstücken, die nach dem Bemalen doppelt gelegt, mit Dacronwatte gefüllt und wie die Decke umnäht werden.

32 Hexenhaus, Backofen und Stall (Seite 32/33)

Musterzeichnungen auf Bogen G im Halbton Schwarz

Größe: Hexenhaus ca. 19 × 25 × 14 cm
Backofen ca. 10 × 11,5 cm
Stall ca. 8,5 × 7 × 10 cm

Material: Ca. 60 × 100 cm Preßspanplatte 2,5 mm dick, ca. 80 cm Vierkantleisten 4 × 4 mm dick, 10 Eisstäbchen, Rundstäbchen 2 mm Ø, z. B. Schaschlikstäbchen, Holzleim (z. B. Ponal), ca. 4 Klavierbandstückchen und Nägelchen für Scharniere, etwas starke Folie, etwas Pappe oder Furnierholz, Farben nach eigener Zusammenstellung, z. B. deka-color Emaillack-Zierfarbe, Pinsel, Laubsäge, 1 Ringschraube, Hänsel, Gretel, Hexe und Kater von Firma O. + M. Hausser.

Ausführung: Erklärung zur Musterzeichnung A–L (Zahlen entsprechen Millimeterangaben):
A = Vorder- bzw. Rückseite Haus
B = Seitenwand Haus
C = Dach Haus
D 1–4 = Schornstein
E = Rückseite Backofen
F = Vorderseite Backofen
G = Boden Ofen
H = Dach Ofen
I = Boden Stall
J = Dach Stall
K = Skizze seitl. Stallgitter
L = Skizze Stalltür
Folgende Teile auf Preßspanplatte übertragen und aussägen:
A = 2mal (1 × mit Fenster + Tür als Vorderfront), B = 2mal, C = 2mal, D 1–4, E, F, G, I und J je 1mal.

Haus: Wände und Dach des Hauses zusammenleimen, zur Verstärkung können in die Ecken kleine Vierkantstücke eingeklebt werden, die die einzelnen Flächen stabilisieren. Die Fensterläden lt. Musterzeichnung B aussägen und rot-weiß bemalen. Den Schornstein, d. h. Teile D 1–4, zusammenleimen und auf das Dach leimen. Die ausgesägte Tür mit kleinen Scharnieren (Klavierband) an der Vorderseite anbringen, eine Ringschraube als Türgriff eindrehen. Nun das Häuschen (mit Braun) bemalen. Das Häuschen kann nun mit kleinen ausgesägten und hübsch bemalten „Süßigkeiten" lt. Modellbild verziert werden. Das Häuschen kann aber auch ganz aus Lebkuchenteig gebacken und mit richtigen Süßigkeiten verziert werden.

Ofen: Aus der Vorderseite das Ofentor lt. Musterzeichnung F aussägen und die Türen mit Scharnieren, die aus Folie selbst angefertigt werden können, an der Vorderseite befestigen. Nun Vorder- und Rückseite auf dem Boden G festleimen. Jeweils der Rundung entlang werden 10 × 10 mm große Vierkanthölzchen auf die jeweilige Innenseite geleimt (s. Teil E). Nun kann Dach H, das aus Pappe oder Furnierholz zugeschnitten wird, über die Holzstäbchen gelegt und festgeleimt werden. Nun Ofen lt. Modellbild bemalen. Steine und Mauerwerk können ebenfalls aufgemalt werden oder aus Pappe ausgeschnitten, bemalt und aufgeklebt werden.
Stall: Entlang der gestrichelten Linien werden auf den Boden I und das Dach J jeweils auf die Innenseite kleine Vierkanthölzchen (4 × 4 mm) geleimt. Für das Tor werden in Boden und Dach an gekennzeichneter Stelle Löcher mit 2 mm Ø gebohrt (nicht durchbohren!). Das Tor wird aus 2 Vierkanthölzchen mit den entsprechenden Bohrungen, 6 gleichlangen Rundhölzchen (z. B. Schaschlikstäbe) und einem etwas längeren Rundhölzchen zusammengesetzt (s. Musterzeichnung L). Das längere Hölzchen wird ins Dach und in den Boden in die jeweilige Bohrung gesteckt. Das seitl. und rückw. Gitter kann aus Eisstäbchen (oder ähnl. Material) an die jeweiligen Hölzchen geleimt werden (s. Musterzeichnung K). Das Dach des Stalls kann noch mit Folie beklebt werden.

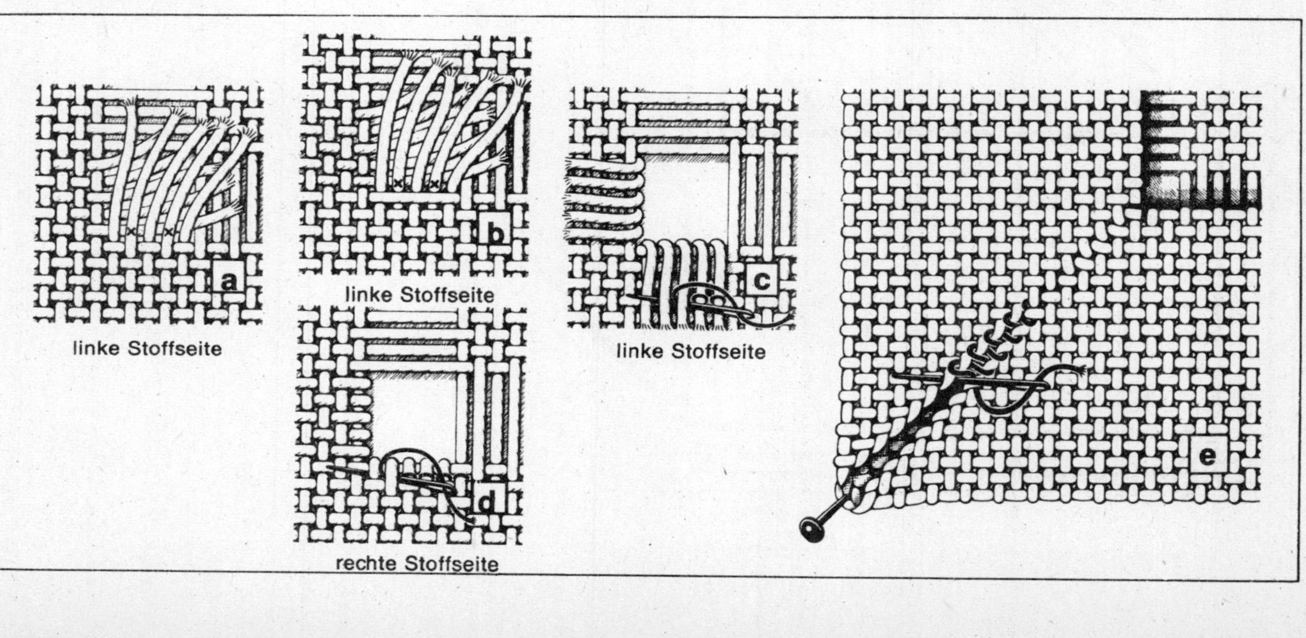

33 Kasperletheater (Seite 34/35)

Musterzeichnung auf Bogen F im Halbton Schwarz

Größe ca. 70 × 125 cm

Material: Spanplatte ca. 125 × 150 cm, 12 mm dick, Klavierband 2,30 m; 8 Kreuzschlitzschrauben 20 mm sowie 32 Kreuzschlitzschrauben 7 mm Länge; 1 Rundstab 12 mm Ø; Länge 100 cm, für Kulissenaufhängung. Farben je eine Dose Plakafarben (Pelikan) in Weiß Nr. 1, Mittelgrün 43 und Rotbraun Nr. 52; je 1 Glas in Maisgelb 13, Zinnoberrot 24, Ziegelrot 25, Blau 30, Rotviolett 32, Dunkelgrün 44, Braun 55, Schwarz 70, Fleischfarben 20a; 1 Sprühdose Klarlack von Marabu; 2 Bogen Blumenranken (z. B. bsb-Decor 76004 Mignon).

Werkzeug: Bandsäge, Stichsäge, Holzbohrer, Hammer, großes Lineal, Kreuzschlitzschraubenzieher, Pinsel in verschiedenen Stärken.

Ausführung: Teile auf die Spannplatte lt. Schemazeichnung in der Beilage aufzeichnen, Maße der Musterzeichnung von Bogen entnehmen. Teile aussägen. Fenster (schraffierte Fläche) aus der Vorderwand aussägen. Ausgesägtes Teil halbieren. Teile bilden die Fensterläden. Für die Lagerung des Rundstabs an angezeichneter Stelle eine Vertiefung, ca. 1,5 cm tief, einsägen. Fensterläden mit Klavierband an der Vorderwand festschrauben (dazu an den entsprechenden Stellen mit dem Handbohrer Löcher vorbohren). Seitenteile mit Klavierband (je 80 cm) an der Vorderfront anschrauben. Das Dach im Abstand von ca. 16 cm mit den großen Kreuzschlitzschrauben so befestigen, daß das längere Dachteil oben 1 cm über dem Giebel steht und so mit dem kürzeren Dachteil einen rechten Winkel bildet. Alle Teile außen und Fensterläden innen mit Plakafarbe weiß streichen (Dach ausgenommen). Anschließend das Fachwerk lt. Modellbild vorzeichnen und mit rotbraun ausmalen, Rundstab ebenfalls rotbraun, Dach rot, Vorder- und Seitenteile innen mittelgrün streichen. Alle Flächen mit Klarlack besprühen. Blumenranken lt. Modellbild aufkleben. Fenster lt. Modellbild und Musterzeichnung mit angegebenen Farben bemalen. Hierfür die Musterzeichnung auf Papier übertragen und mit burda-Kopierpapier auf die Fläche kopieren. Nach dem Trocknen mit Klarlack besprühen, damit die farbigen Flächen geschützt sind.

34 Kulisse Kasperletheater

Musterzeichnung auf Bogen H im Halbton Rot

Größe 49 × 69 cm

Material: 41,5 × 72 cm blauer Stoff (Leinen, Baumwolle); 15,5 × 72 cm grüner Stoff (Leinen, Baumwolle); Bastelvlies in vielen Farben; Klebstoff (Uhu); blaues und grünes Nähgarn.

Ausführung: Den blauen und grünen Stoff an den Längskanten zusammensteppen, Naht ausbügeln und füßchenbreit steppen. Seitliche Kanten und untere Kante mit 1 cm Umschlag und 0,5 cm Einschlag säumen. Obere Kante 3,5 cm umschlagen und 0,5 cm einschlagen und feststeppen. Blumen, Bäume, Wolken lt. Musterzeichnung und Modellbild aus Bastelvlies ausschneiden und aufkleben. Durch den oberen Umschlag den Kulissenstab führen und in die Seitenteile einhängen.

35–42 Kasperlefiguren-Köpfe

Material: Eierkartons (Eiersteigen), für 4 Köpfe werden ca. 5 Steigen benötigt; Tapetenkleister für ca. 1,5 l Wasser; leere Flaschen; Plastikeimer zum Anrühren der Masse; Woll- und Fellreste für Haare usw.; Klebstoff (Uhu). Lukas Acryl-Paint-Farben in Weiß 4501, Fleischfarben 4520, Rot 4504, Dunkelblau 4509, Schwarz 4512, Hellbraun 4506, Lichter Ocker 4519 und Dunkelbraun 4507.

Ausführung: Kleister nach Vorschrift ansetzen. Eiersteigen in kleine Stücke (Daumennagelgröße) reißen und in warmem Wasser aufweichen lassen. Anschließend Wasser gut herausdrücken und Papiermasse mit Kleister so gut verrühren bzw. verkneten, daß eine modellierfähige Masse entsteht. Für einen Kopf zunächst eine Kugel formen und mit dem Formen des Halses beginnen. Dafür ein Fingerloch und einen Wulstring am unteren Halsende formen. Nun den Kopf auf eine als Stativ dienende Flasche stecken. Um das Abnehmen des fertigen Kopfes zu erleichtern, empfiehlt es sich, ein Stück Papier (z. B. von der Küchenrolle) vorher um den Flaschenhals zu wickeln. Gesicht lt. Modellbild modellieren, z. B.: für die Augen Vertiefungen eindrücken. Zur Unterstützung für abstehende Teile (wie Nase) empfiehlt es sich, ein Streichhölzchen miteinzufügen. Kopf nach dem Antrocknen – etwa nach einem Tag, von der Flasche nehmen und noch einige Tage trocknen lassen. Den trockenen Kopf lt. Modellbild bemalen, Haare aus Woll- oder Fellresten aufkleben. Für Großmutter: Aus Blumendraht eine Brille formen. Kronen für König und Prinzessin: Von einem ca. 2,5 cm breiten Streifen aus Goldfolie regelmäßige Zacken schneiden.

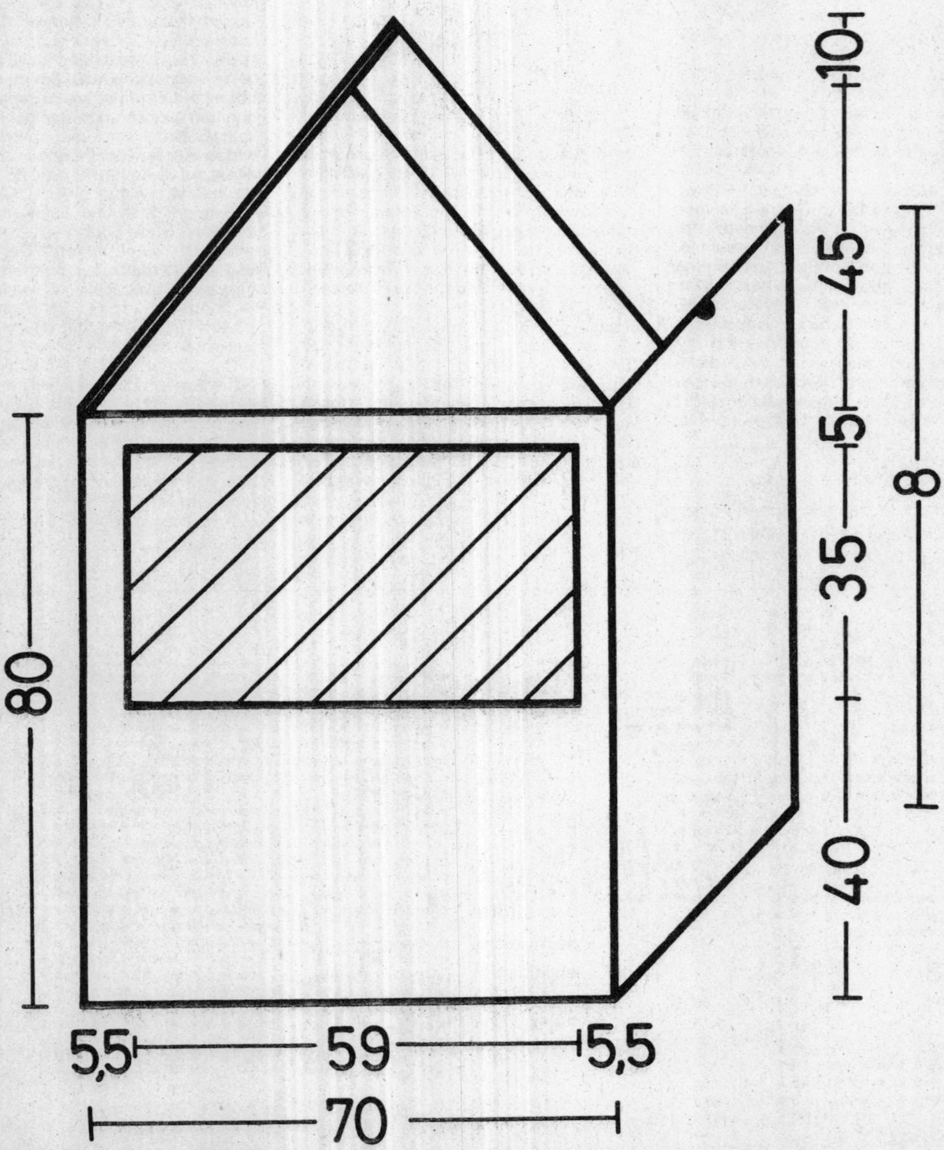

35–42 Kleidung für Kasperlepuppen

Material: Für die Frisuren Webpelz- und Wollreste. Für die Kleidung verschiedenartige Stoffreste, Filzreste. Goldfolie für die Kronen. Draht für eine Brille, Dünne Pappe. Gummifaden.

Die Schnitteile sind auf Bogen D (schwarz) ....

Schnitteile

21 Vorder- und Rückenteil
22 Vord. und rückw. Hosenteil
23 Oberes Schuhteil
24 Seitl. Schuhteil
25 Schuhsohle
26 Hand
27 Vorder- und Rückenteil
28 Vorder- und Rückenteil
29 Seitl. Schuhteil
30 Halsrüsche
31 Ärmelrüsche
32 Fußrüsche
33 Zipfelmütze
34 Umhang
35 Vord. und rückw. Hosenteil

Schnitteile vom Bogen abpausen und ausschneiden. Schnitteilnummern auf die entsprechenden Teile schreiben. Beim Zuschneiden jeweils Nahtzugabe anschneiden.

Schnittübersicht

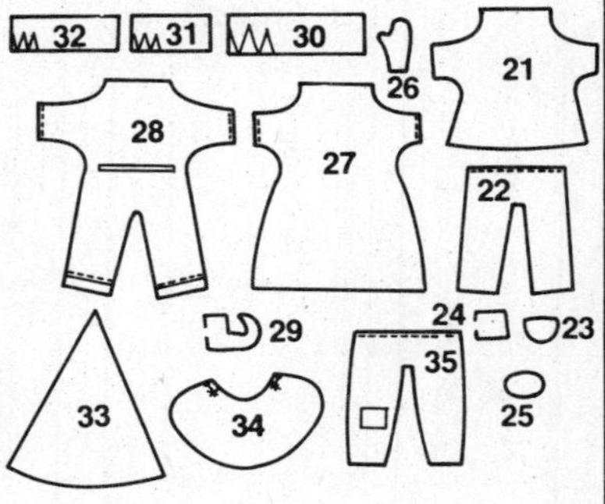

35 Räuber

Zuschneiden nach folgenden Schnitteilen: 21 Vorder- und Rückenteil 2mal aus kariertem Stoff; 22 Vord. und rückw. Hosenteil 2mal aus uni Stoff; die Schuhteile 23, 24 und 25 jeweils 2mal aus Filz und Pappe; 26 Hand 4mal aus Filz. An den Schuhteilen keine Nahtzugabe anschneiden, Teile aus Pappe etwas kleiner zuschneiden.

Nähen: Am Oberteil die Seitennähte und fortlaufend die unteren Ärmelnähte nähen. Schulter- und fortlaufend die oberen Ärmelnähte nähen. Die Zugabe an den Saum- und Ärmelsaumkanten nach innen wenden und annähen. Die Zugabe am Halsausschnitt nach innen wenden und für den Gummizug festnähen. Gummifaden einziehen. An den Hosenteilen die Seitennähte und innere Beinnähte nähen. Obere Hosenkante ein wenig einreihen. Die Zugabe an den Saumkanten nach innen wenden und annähen. Hose nur am Vorderteil befestigen, damit man die Hand zum Spielen in das Oberteil schieben kann. – Schuhteile aus Filz auf die Teile aus Pappe kleben. Ränder überstehen lassen. Obere Schuhteile an die Schuhsohlen nähen, seitl. Schuhteile an die Sohlen nähen. Schuhe an die Saumkanten der Hose nähen. Hände verstürzen, an der Ärmelsaumkante unternähen.

36 Gretel

Zuschneiden nach folgenden Schnitteilen: 27 Vorder- und Rückenteil 2mal aus Blümchenstoff; 26 Hand 4mal aus Filz.

Nähen: Seitennähte und fortlaufend die unteren Ärmelnähte nähen. Schulter- und fortlaufend die oberen Ärmelnähte nähen. Die Zugabe an den Saum- und Ärmelsaumkanten nach innen wenden und annähen. Die Zugabe an der Halsausschnittkante nach innen wenden und für den Gummizug festnähen. Gummifaden einziehen. Hände verstürzen. Die Ärmelsaumkanten ein wenig einreihen, Hände zwischennähen.

37 Großmutter

Die einzelnen Teile zuschneiden und nähen wie bei der Gretel. – Aus Strickstoffrest einen Schal ca. 35 cm lang, 8 cm breit zuschneiden. An den Enden jeweils Fransen anknüpfen. Schal am Kleid mit ein paar Stichen befestigen. Aus Draht eine Brille formen. Die Frisur aus Wollrest zu einem Knoten formen, mit Stecknadeln festhalten.

38 Kasper

Zuschneiden nach folgenden Schnitteilen: 28 Vorder- und Rückenteil 2mal aus Samt; das Rüschenteil 30 1mal, Teil 31 und 32 je 2mal aus Filz; die Schuhteile 25 und 29 je 2mal aus Filz und Pappe; 33 Zipfelmütze 1mal aus Samt; 26 Hand 4mal aus Filz. An den Schuhteilen keine Nahtzugabe anschneiden, Teile aus Pappe etwas kleiner zuschneiden.

Nähen: Am Rückenteil wie eingez. (für die Hand zum Spielen) den Schlitz einschneiden, die Schlitzkanten versäubern. Am Vorder- und Rückenteil die Seitennähte und fortlaufend die unteren Ärmelnähte nähen. Schulter- und fortlaufend die oberen Ärmelnähte nähen. Innere Beinnähte nähen. Die Zugabe an den Ärmelsaumkanten nach innen wenden und annähen. Die Zugabe an den unteren Hosenbeinkanten nach innen wenden, Kanten wie eingez. einreihen. Am Halsausschnitt wie bei den zuvor beschriebenen Puppenkleidern einen Gummizug arbeiten. Die einzelnen Rüschenteile in Zacken schneiden. Hände verstürzen und zwischen die Ärmelsaumkanten nähen, Ärmelrüschen mitfassen. Halsrüsche um den Ausschnitt legen und hinten zusammennähen. Schuhteile aus Filz auf die Teile aus Pappe kleben, Ränder überstehen lassen. Seitl. Schuhteile jeweils an die Sohlen nähen, an der Spitze und an den oberen Kanten zusammennähen. Schuhe und Fußrüschen an die unteren Hosenbeinkanten nähen. Zipfelmütze an den geraden Kanten zusammennähen. Die Zugabe an der unteren Kante nach innen wenden und annähen. Zipfelmütze auf der Frisur festkleben. Am Mützenzipfel eine Quaste aus Wollrest anbringen.

39 Teufel

Zuschneiden nach folgenden Schnitteilen: 27 Vorder- und Rückenteil 2mal aus Lackstoff; 34 Umhang 1mal aus Lackstoff; 26 Hand 4mal aus Filz.
Kleid und Hände arbeiten wie bei der Gretel. – Am Umhang die Fältchen x auf o legen. Umhang am Kleid mit ein paar Stichen befestigen.

40 König

Kleid (aus Samt) und Hände wie bei der Gretel zuschneiden und nähen. – Aus Plüsch einen Umhang, 18 cm lang, 6 cm breit, zuschneiden. Den Umhang am Halsausschnitt mit ein paar Stichen befestigen. Aus Goldfolie eine Krone mit Zakken zuschneiden. Die Krone am Kopf feststecken.

41 Prinzessin

Kleid (aus Spitzenstoff) und Hände wie bei der Gretel zuschneiden und nähen. – Aus uni Stoff einen Umhang, 28 cm lang, 30 cm breit, zuschneiden. Die Kanten am Umhang versäubern. Den Umhang an einer 30 cm breiten Seite einreihen und am Halsausschnitt befestigen. Die Krone etwas schmaler arbeiten als beim König.

42 Clown

Zuschneiden nach folgenden Schnitteilen: 21 Vorder- und Rückenteil 2mal aus buntbedrucktem Stoff; 35 Vord. und rückw. Hosenteil 2mal aus uni Stoff; die Schuhteile 23, 24 und 25 jeweils 2mal aus Filz und Pappe; 26 Hand 4mal aus Filz. Für den Hut einen Streifen 13,5 cm lang, 2,5 cm breit und einen Kreis mit 4 cm Durchmesser aus Filz und Pappe zuschneiden. – Hut- und Schuhteile ohne Nahtzugaben zuschneiden. Oberteil, Hose, Hände und Schuhe wie beim Räuber arbeiten. – Hut arbeiten: Den Streifen aus Pappe an den schmalen Kanten zusammenkleben. Den Kreis aus Filz an der oberen Kante aufkleben, den Kreis aus Pappe an der unteren Kante festkleben. Streifen aus Filz über den Streifen aus Pappe kleben. Hut auf den Kopf kleben.

43–45 Puzzles (Seite 36)

Musterzeichnungen auf Bogen H in Schwarz

Material: Für jedes Puzzle zwei gleichgroße massive Kiefernholzbrettchen, 8 mm dick, beim Schreiner zuschneiden lassen (die Maße sind: Auto 29,5 × 19,8 cm, Obst 20 × 13 cm, Fische 20 × 19 cm); Laubsäge und Sägeblätter Stärke 6 oder 7; Drillbohrer 2 mm; Schmirgelpapier in 100 und 120; Plakafarben in verschiedenen Tönen; technicoll Holzleim; Pelikan-Klarlack; Pinsel; Wattestäbchen.

Ausführung: Das Motiv auf eines der Brettchen übertragen. Der Rand um das Motiv soll ganz erhalten bleiben, d. h., daß man nicht von außen in das Holz sägt. Zuerst wird an einer Stelle der Linie ein Loch gebohrt. Das Sägeblatt im Griffstück befestigt, mit den Zähnen nach unten zeigend. Dann wird es durch das gebohrte Loch geführt und oben eingespannt. Das Sägetischchen erleichtert die Arbeit und vermeidet Schnitte in der Tischkante. Die Säge hält man rechtwinklig zur Oberfläche des Holzes und führt sie ohne Druck auf und ab. Bei Rundungen nicht die Säge, sondern das Werkstück allmählich drehen. – Ist das gesamte Motiv nun herausgesägt, alle neu entstandenen Kanten zuerst mit gröberem, dann mit feinerem Schmirgelpapier glattschleifen. Je nachdem, wie senkrecht wirklich gesägt wurde, ist das eine kleine oder größere Arbeit. Ungeübte Laubsäger tun sich leichter, wenn sie mit dünnerem Holz (kiefernfurniertes Sperrholz oder Gabunsperrholz) arbeiten. Der entstandene Rahmen wird nun auf das zweite Brett geklebt. Dazu die Rahmenfläche, die innen liegen soll, gleichmäßig mit Leim einstreichen. Dann den Rahmen auf das Holzbrett drücken. Wenn an den Rändern Leimlücken zu sehen sind, bzw. der Leim herausquillt, kann man das mit Wattestäbchen ausgleichen. Noch einmal kontrollieren, ob die Bretter richtig aufeinanderliegen, danach schwere Bücher zum Pressen darauf schichten. – Inzwischen die Vorderseiten und Kanten der Kleinteile anmalen, s. Foto. Bei den Fischen zuerst die Grundfarbe, nach dem Trocknen die Verzierung. Danach auch den Puzzlerahmen und die Innenflächen bemalen. Zum Schluß wird alles mit Klarlack überzogen.

47 Badelaken mit appliziertem Glückshaus (Seite 38)

Die Musterzeichnungen Spielfeld, Dach, Baumgruppe mit Auto, Krone, Kleeblatt, Schwein, großer Baum und die Zahlen finden Sie auf Bogen G im Halbton Rot.

Material: Fertiges Badelaken 80 × 150 cm groß, Baumwoll-Stoffreste in Rot, Pink, Türkis, Hellblau, Mittelblau, Hellgrün, Mittelgrün, Gelb, Orange, Braun und Rosa. Deka-Permanent-Deckfarbe in Schwarz; Vliesofix.

Ausführung: Nach der Schemazeichnung und den einzelnen Motiven vom Bogen das naturgroße Spielfeld zeichnen. Die einzelnen Felder und Details spiegelverkehrt auf Vliesofix zeichnen und auf die linke Seite der verschiedenen Stoffreste bügeln. Trägerpapier abziehen und lt. Abbildung das Glückshaus auf die Mitte des Badelakens bügeln. Die einzelnen Felder und das Dach mit dichtgestelltem 4 mm breitem Zickzackstich aufsteppen. Die übrigen Details mit schmalem Zickzackstich umranden. Zahlen lt. Schemazeichnung übertragen und aufmalen.

Das Glückshaus

Das „Glückshaus“ (für beliebig viele Spieler) ist ein echtes Glücksspiel und ist bereits seit dem Mittelalter bekannt. Womit Sie spielen, ob mit Münzen, Hosenknöpfen, Steinen oder Bonbons, bleibt Ihnen überlassen. *2 Würfel allerdings sind unbedingt nötig!*

Die 11 Spielfelder sind von 2–12 numeriert, also mit allen Zahlen, die mit zwei Würfeln erreicht werden können.
Jeder Spieler würfelt reihum 1mal. Die erreichte Augenzahl bestimmt das Feld, auf das gesetzt wird. Liegt in diesem Feld bereits ein Einsatz, muß nicht gezahlt werden, man darf den Inhalt entnehmen.
Ausnahmen: Feld 7, das „Hochzeitsfeld“. Hier darf nur eingezahlt werden. *Feld 2,* hier hat man „Schwein“ und darf, statt zu zahlen, alle Felder mit Ausnahme des „Hochzeitsfeldes“ räubern. *Feld 12* zu erreichen, heißt „König“ zu werden. Ihm gehört der Einsatz aller Felder, einschließlich des „Hochzeitsfeldes“.
Wer nicht mehr einsetzen kann, also „bankrott“ ist, scheidet aus. Und noch etwas: Je mehr Spieler teilnehmen, desto interessanter wird es natürlich. Viel Glück!

48 Badelaken mit appliziertem Mühlespiel (Seite 39)

Die Schemazeichnung finden Sie auf Bogen G in Schwarz

Material: Fertiges Badelaken 80 × 150 cm groß, Baumwollstoff in Beige, Stück 59 × 59 cm; Vliesofix.

Ausführung: Zunächst einen naturgroßen Schnitt für das Spielfeld anfertigen und die Linien, den in der Schemazeichnung angegebenen Maßen entsprechend, einzeichnen. Lt. Foto jeweils in die Ecken und auf die Mitte jeder Außenkante die Ranke übertragen. Nun mit Schneider-Kopierpapier das Spielfeld auf den beigen Stoff kopieren. Mit Hilfe von Vliesofix das Feld auf die Mitte des Badelakens bügeln. Die Außenkanten mit sehr dichtgestelltem 4 mm breitem Zickzackstich aufsteppen. Die einzelnen Linien und Ranken mit Zickzackstich markieren.

Mühle

Mühle wird von zwei Spielern gespielt, die jeweils neun Steine besitzen. Die Steine werden – Weiß beginnt – abwechselnd auf das Feld gesetzt. Dabei trachtet man danach, möglichst rasch eine „Mühle" zu erreichen, d. h. eine Reihe von drei eigenen Steinen. Wer eine Mühle geschlossen hat, darf dem Gegner einen Stein wegnehmen.
Dabei darf aber aus einer geschlossenen Mühle des Gegners kein Stein weggenommen werden.
Nachdem alle Steine gesetzt sind, wird gezogen: man öffnet eine Mühle (um sie nachher wieder zu schließen und dadurch dem Gegner wieder einen Stein abnehmen zu können), man versucht, eine neue Mühle zu bilden – oder man versucht, dem Gegner die Bildung einer Mühle zu verwehren.
Sobald einer der beiden Spieler nur noch drei Steine hat, darf er springen: er ist in seiner Bewegungsfreiheit überhaupt nicht mehr eingeschränkt, sondern darf jedes beliebige Feld besetzen. Verliert dieser Spieler aber noch einen Stein – hat er also nur noch 2 Steine –, dann ist das Spiel beendet.
Dieses verhältnismäßig einfache Spielprinzip kann natürlich durch mancherlei Taktiken „gewürzt" werden.
Hier z. B. ein Trick: die gegnerischen Steine einschließen, das heißt, den Gegner daran hindern, daß er eine Mühle, die er gesetzt hat, nachher öffnen kann. Bei „Bewegungsunfähigkeit" eines Spielers ist für ihn das Spiel beendet. Man sollte schon beim Setzen der Steine darauf achten, möglichst solche Punkte zu besetzen, von denen aus zwei oder drei Mühlen entwickelt werden können.

Mädchengesicht

Jungengesicht

Vor Beginn der Arbeit die ganze Anleitung durchlesen

49 Kegelspiel (Seite 40/41)

Höhe eines Kegels ca. 35 cm

Material: 1,75 m Nessel, 159 cm breit; 1 Päckchen Fantex (in Bastelläden und Kurzwarenabteilungen der Kaufhäuser erhältlich); Garnreste in verschiedenen Farben und Wirkflor (Falag Art. 94024) für die Haare; 1 Glöckchen, 28 mm Ø (Falag Art. 95608) und 10 Glöckchen, 11 mm Ø (Falag Art. 95600); dicke Vlieseline 31 × 5 cm für die Krone und je Kegel 3 Kreise mit 10,5 cm Ø für die Standfläche; Polyester-Dacron-Watte; Sägemehl; Gütermann HT 2 Textilkleber, Deka-Permanent-Stoffmalfarben in verschiedenen Tönen und Deckfarbe in Weiß 469 für Detailbemalung auf dunklem Grund.

Die Schnitteile sind auf Bogen A (schwarz)

Schnittübersicht

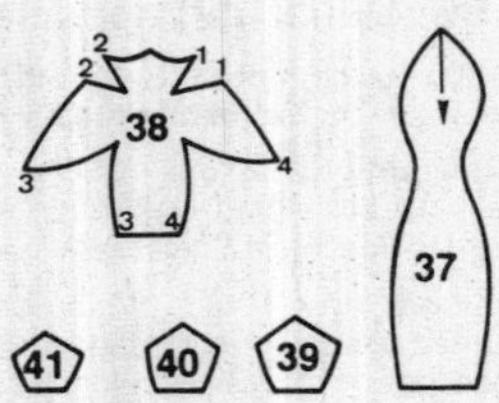

Zuschneiden: Vor dem Zuschneiden den Nessel waschen und bügeln.
37 Kegelteil – pro Kegel 4mal
38 Pelzhaare 5mal
39 Teil für großen Ball 12mal
40 Teil für mittleren Ball 12mal
41 Teil für kleinen Ball 12mal

Kegelteile und Ballteile mit ½–¾ cm breiter Nahtzugabe zuschneiden. Pelzhaare mit spitzer Schere genau entlang der Schnitteilkante so zuschneiden, daß der Flor nicht beschädigt wird. Für die Hütchen Kreise mit 13 cm Ø aus Fantex. Diese Kreise jeweils bis zur Mitte einschneiden. Für die Verkleidung der Standflächen Kreise ebenfalls aus Fantex mit 10,5 cm Ø. Für die Krone einen Vlieselinestreifen 31 cm lang, 5 cm breit. Diesen Streifen an einer Seite 2 cm tief auszacken. Die Spitzen liegen jeweils 2 cm auseinander.

Ausführung: Für jeden Kegel 4 Teile an den Längskanten zum „Körper" zusammennähen, Nahtzugaben an den Rundungen bis kurz vor die Nahtlinie einschneiden. Nahtzugaben auseinanderbügeln. Kegel auf die rechte Seite wenden und sehr fest mit Dacron-Watte ausstopfen. Als Standfläche je 3 Vlieselinekreise aufeinanderkleben und durch mehrmaliges Durchsteppen „versteifen". In die untere Öffnung schieben. Die Nahtzugaben in kleinen Abständen einschneiden und auf den Vlieselinekreis kleben. Zur Versäuberung der Standflächen Kreise aus Fantex aufkleben.
Kegel lt. Abb. bemalen, dabei ist zu beachten, daß die Mitte eines Schnitteils die vordere Mitte jeder Figur ist. Die wichtigsten Konturen vorher mit Bleistift markieren. Bei den „Kegelbrüdern" sitzt der Hosenbund 14 cm von der unteren Kante entfernt. Die „Kegelschwestern" haben das Band ihrer 12 cm langen Schürzchen in 15 cm Höhe aufgemalt und in rückwärtiger Mitte zur zünftigen Schleife „gebunden". Durch einen unbemalten spitzwinkligen Keil in vorderer Mitte wirken die Hosen fast echt. Beim König wird das Gewand wie ein Cape gemalt und mit Gold verziert. Das große Glöckchen auf die vordere Kragenmitte nähen, die kleinen auf den Kragenrand. Die Farben gut trocknen lassen und unter einem Tuch alle Stellen ca. 1–2 Minuten bügeln. Nun erst die Frisuren machen. Für die Jungshaare die Kanten des zugeschnittenen Wirkflors nahtzahlengemäß offenkantig aneinandernähen. Das entstandene Käppchen auf den Kopf nähen. Die Schnittkanten des Hütchens 4 cm übereinanderkleben und mit ein paar Stichen auf das Haar nähen. Königskrone vergolden. In rückwärtiger Mitte 1 cm übereinanderkleben und mit Handstichen aufnähen. Für die Mädchenhaare je nach Frisur 20, 30 oder 40 cm lange Wollfäden in der Mitte auf ein Nahtbändchen steppen. Die Stepplinie ist der Scheitel. Für den Pony kurze Fransenhaare auf ein Bändchen steppen. Frisuren lt. Abb. aufnähen, evtl. seitlich zu Zöpfen flechten. Schleifen einbinden oder Perlen in die Wollhaare knüpfen. Für die drei verschieden großen Bälle je 12 gleiche Teile aneinandernähen, so daß jeweils eine Kugel entsteht. Die letzte Naht offenlassen. Alle Nahtzugaben auseinanderbügeln. Die Teile wenden, mit Sägemehl sehr fest ausstopfen und die offengelassene Naht mit Handstichen schließen. Bälle bunt bemalen.

50–54 Spieltiere mit Lederapplikationen (Seite 41)

Material: Naturfarbener Stoff, 140 cm breit, z. B. Gminder Cotton von Esbi, oder entsprechend große Reste (man kann auch einen alten Popelinmantel verwenden); viele bunte Rauhlederreste (Landes, Isny), Nähgarn, Spezialklebstoff für Leder, zum Ausstopfen Dacron-Watte oder Schaumstoffflocken.

Die Schnitteile sind auf Bogen A (schwarz)

Die Schnitteile 43, 44 und 45 sind nur zur Hälfte auf Bogen A zu finden. Man sollte die Papierschnitte auf volle Größe ergänzen!

Schnittübersicht

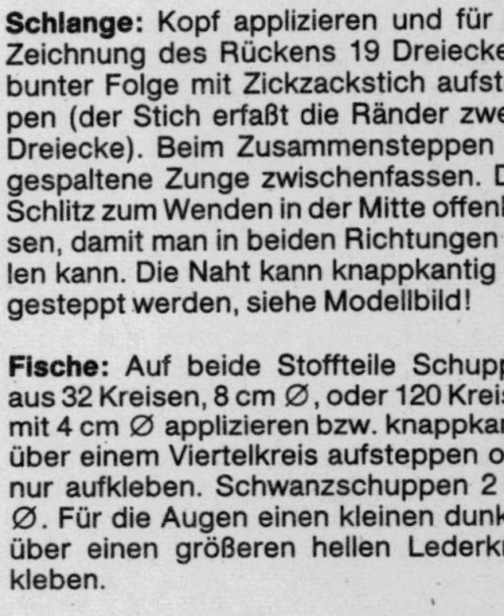

Neben der Teilzahl sind Größe und Stoffverbrauch aufgeführt!
42 + 42a Schlange, 2 Teile lt. A/B zus.-setzen, 130 cm lang, 40 cm
43 Frosch, 47 × 40 cm, 45 cm
44 Krokodil, 76 × 45 cm, 65 cm
45 Salamander, 56 × 26,5 cm, 30 cm
46 Fische je 50 × 29 cm, je 35 cm

Allgemeines: Schnitteile vom Bogen auf Seidenpapier übertragen – auch die Einzeichnung für die Applikation. Alle Teile 2mal mit Nahtrand zuschneiden! Die Einzeichnung für die Applikation mittels Kopierpapier jeweils auf die Oberseite eines Stoffteiles übertragen. Leder für die Applikation ohne Zugabe ausschneiden! Nachdem die Oberseite appliziert ist, die beiden Stoffteile – rechts auf rechts liegend – zus.-steppen, zum Wenden muß ein entsprechend großer Schlitz offenbleiben. Nahtrand in Rundungen kurz, in Ecken bis dicht an die Naht einschneiden – an außenliegenden Ecken abschrägen. Nach dem Wenden die Nähte ausstreifen. Sorgfältig ausstopfen, evtl. einen Quirlstiel zu Hilfe nehmen – vor allem beim Füllen der Beine und Flossen! Schlitz zuletzt mit Handstichen schließen.

Schlange: Kopf applizieren und für die Zeichnung des Rückens 19 Dreiecke in bunter Folge mit Zickzackstich aufsteppen (der Stich erfaßt die Ränder zweier Dreiecke). Beim Zusammensteppen die gespaltene Zunge zwischenfassen. Den Schlitz zum Wenden in der Mitte offenlassen, damit man in beiden Richtungen füllen kann. Die Naht kann knappkantig abgesteppt werden, siehe Modellbild!

Fische: Auf beide Stoffteile Schuppen aus 32 Kreisen, 8 cm Ø, oder 120 Kreisen mit 4 cm Ø applizieren bzw. knappkantig über einem Viertelkreis aufsteppen oder nur aufkleben. Schwanzschuppen 2 cm Ø. Für die Augen einen kleinen dunklen über einen größeren hellen Lederkreis kleben.

Krokodil: Augen aus je 2 Dreiecken aufsetzen, Schuppenpanzer aus 9 Recht- und 20 Dreiecken mosaikartig zusammensetzen und mit Zickzackstich aufsteppen, siehe Modellbild!
Salamander: Augen aus je 2 Rechtecken aufsetzen (innerhalb des kleinen Teiles steppen). Für die Applikation 32 Streifen exakt ausschneiden und mit Zickzackstich lt. Modellbild aufsteppen.

Frosch: Die Sechsecke am besten nach einer exakt ausgeschnittenen Kartonschablone vorzeichnen. Nur wenn die Seitenlänge millimetergenau an allen Teilen übereinstimmt, kann das „Patchwork" lt. Modellbild aufgesteppt werden! Für die Augen je 3 Sechsecke übereinandersetzen!

55 + 56 Großer und kleiner Löwe, 48 und 27 cm hoch (Seite 41)

Material: Kleiner Löwe: Kurzhaarplüsch 20 × 140 cm, Langhaarplüsch 20 × 40 cm. Großer Löwe: Kurzhaarplüsch 65 × 140 cm, Langhaarplüsch 10 × 140 cm. Eine Faschingsperücke für die Mähne. Für beide Tiere: Je 1 Paar Tieraugen. Perlonfaden (Schnurrhaare), Wollrest (Nase). Dacron-Watte

Die Schnitteile sind auf Bogen D (schwarz)

Zuschneiden:
Kleiner Löwe:
6 Seitliches Körperteil 2mal
7 Seitliches Kopfteil 2mal *
8 Schnauzenteil 2mal
9 Inneres Körperteil 2mal
10 Vorderes inneres Körperteil 2mal *
11 Vord. mittleres Kopfteil 1mal
12 Rückw. mittl. Kopfteil 1mal *
13 Ohr 4mal
Schwanz 12 cm lang, 2 cm breit

Großer Löwe:
14 Seitenteil 2mal
15 Innenteil 2mal
16 Mittelteil 1mal
17 Schwanz 1mal
18 Vorderes Stirnteil 1mal *
19 Seitliches Stirnteil 2mal *
20 Ohr 4mal *
Alle Teile plus Nahtzugabe zuschneiden.
* = Teile aus Langhaarplüsch zuschneiden.

Schnittübersicht – Kleiner Löwe

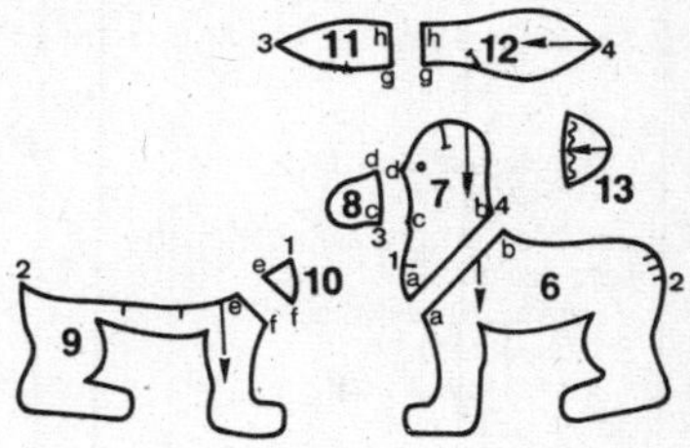

Schnittübersicht – Großer Löwe

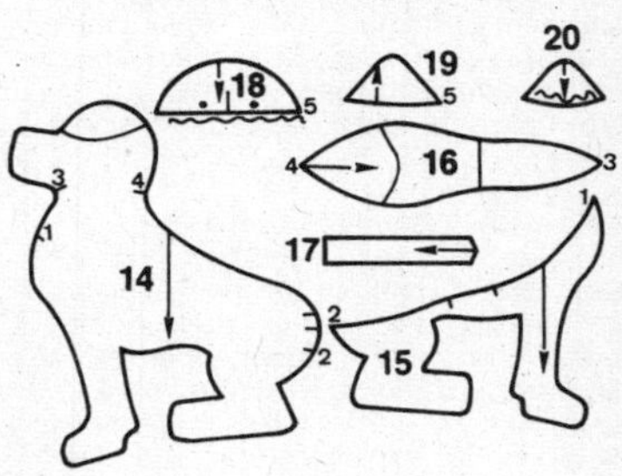

Verarbeitung: Kleiner Löwe: Die Langhaarteile buchstabengemäß an die Kurzhaarteile steppen (a bis h). Die zusammengesteppten Teile 6, 7 und 8 werden im weiteren Text als Seitenteile bezeichnet, die Teile 9 und 10 als Innenteile, die Teile 11 und 12 als Mittelteil. Schwanz längs falten, linke Stoffseiten zusammenkleben. ● Mittelnaht an den Innenteilen steppen, Schlitz zwischen den Querstrichen offenlassen. Zuerst nur eine Körperhälfte zusammensteppen, und zwar so: Innenteil von Nahtzahl 1 bis Nahtzahl 2, Mittelteil von Nahtzahl 3 bis Nahtzahl 4, jeweils an das Seitenteil. Jetzt die Nähte an der zweiten Körperhälfte steppen, gleichzeitig mit den dazwischenliegenden Mittelnähten: ab Nahtzahl 1 bis Nahtzahl 3 die beiden Seitenteile aufeinandersteppen, fortlaufend Mittelteil an Seitenteil, zwischen Nahtzahl 4 und Nahtzahl 2 wieder die beiden Seitenteile aufeinandersteppen, hinten zwischen den Querstrichen den Schwanz zwischenfassen, fortlaufend Innenteil an Seitenteil. Körper wenden und ausstopfen. Eventuell zum Verstärken der Beine Drahtschlingen einziehen. Schlitz zunähen. ● Ohren verstürzen und annähen. Tieraugen befestigen. Nase und Maul laut Modellbild aufsticken. Die Schnurrhaare einziehen. Schwanzquaste aus Langhaarplüsch annähen.

Großer Löwe: Schwanz verstürzen, dabei am Ende Perückenhaare als Quaste zwischenfassen. Weitere Verarbeitung siehe kleiner Löwe von ● bis ●. Die seitl. Stirnteile mit der geraden Kante an die gebogte Kante des vord. Stirnteils steppen (Nahtzahlen 5). Ohren verstürzen. Perükke als Mähne aufstecken, evtl. etwas zurechtschneiden. Mähne annähen. Stirnteil, an die Anstoßlinien treffend, am Kopf aufnähen. Ohren aufnähen. Augen befestigen. Nase und Maul aufsticken. Schnurrhaare einziehen.

57 Struppi, 25 cm hoch (Seite 5)

Material: Langhaarplüsch 50 × 65 cm. Dacron-Watte. 1 Paar Tieraugen. 1 Schnauze. Filzrest fürs Halsband 26 cm lang, 2 cm breit.

Die Schnitteile sind auf Bogen A (schwarz)

Zuschneiden:
47 Seitliches Körperteil 2mal
48 Unteres Körperteil 1mal
49 Ohr 4mal
Alle Teile plus Nahtzugabe zuschneiden.

Schnittübersicht

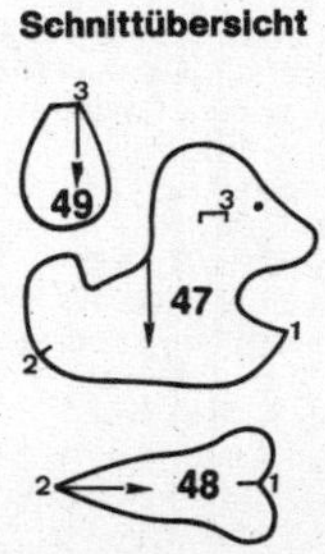

Verarbeitung: Die seitlichen Körperteile rechts auf rechts aufeinanderlegen und obenherum die Mittelnaht von Nahtzahl 1 bis Nahtzahl 2 steppen. Das untere Körperteil an die seitlichen Teile steppen, dabei an einer Seite ca. 10 cm Naht zum Wenden und Ausstopfen offenlassen. An allen Nähten die Nahtzugabe mehrmals an den Rundungen sowie an den Ecken einschneiden. Das fertig zusammengesteppte Teil wenden und ausstopfen. Die noch offene Nahtstelle von Hand zunähen. Für die Ohren je zwei Teile rechts auf rechts aufeinanderlegen und an den Außenkanten aufeinandersteppen. Ohren wenden, die schmalen Ansatzkanten einschlagen und von Hand zunähen. Ohren annähen. Augen und Schnauze aufnähen. Halsband: Den Filzstreifen um den Hals herumlegen und die Enden aufeinanderkleben.

58 Foxi, 42 cm lang (Seite 5)

Material: Langhaarfellimitat 0,55 m, 140 cm breit. Dacron-Watte. Für Augen und Nase 3 Kugelknöpfe (Halbkugeln). Roter Filzrest für die Zunge. Für das Halsband 1,35 m Lederimitatband, 2 cm breit. 1 Schließe (2 cm) mit Dorn. 1 Halbring. 1 Karabinerhaken

Die Schnitteile sind auf Bogen A (rot)

Zuschneiden:
50 Linkes Körperteil 1mal
51 Rechtes Körperteil 1mal
52 Bauchteil 1mal
53 Vorderes Zwischenteil 1mal
54 Rückw. Beininnenseite 1mal
55 Ohr 4mal
56 Schwanz 2mal
57 Zunge 1mal aus Filz
Die asymmetrischen Papierschnitteile mit der beschrifteten Seite nach oben auf die rechte Stoffseite legen. Alle Teile plus Nahtzugabe zuschneiden. Strichrichtung beachten.

Schnittübersicht

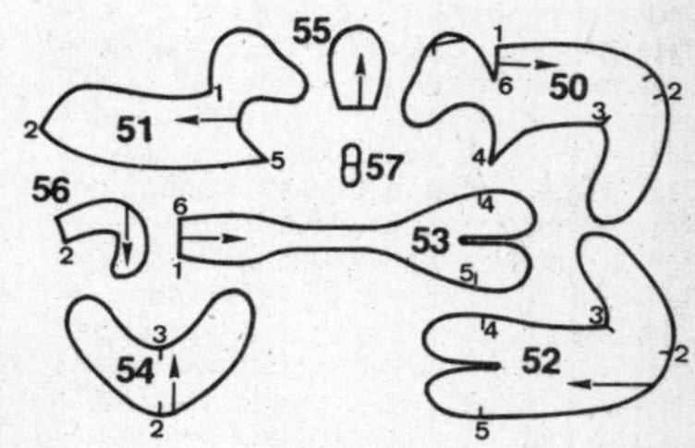

Verarbeitung: Rechtes Körperteil von Nahtzahl 1 bis Nahtzahl 2 an das linke Körperteil steppen. Zugaben mehrmals an den Rundungen sowie in die Ecke einschneiden (auch bei den folgenden Nähten). Rückwärtige Beininnenseite von Nahtzahl 2 bis Nahtzahl 3 an das linke Körperteil steppen. Die andere Hälfte der Beininnenseite an das Bauchteil steppen (Nahtzahl 2 bis Nahtzahl 3).
Bauchteil von Nahtzahl 2 bis Nahtzahl 5 an das rechte Körperteil, von Nahtzahl 3 bis Nahtzahl 4 an das linke Körperteil steppen, in der Mitte der letzteren Naht einen ca. 10 cm langen Schlitz zum Wenden und Ausstopfen offenlassen.
Vorderes Zwischenteil von Nahtzahl 4 bis Nahtzahl 5 an das Bauchteil steppen, dann von Nahtzahl 5 bis Nahtzahl 1 an das rechte Körperteil und von Nahtzahl 4 über Nahtzahl 6 bis Nahtzahl 1 an das linke Körperteil. Den Körper wenden und fest ausstopfen, die Hinterpfoten nur locker ausstopfen. Schlitz zunähen. Den Schwanz verstürzen, fest ausstopfen und annähen. Ohren verstürzen und annähen. Knöpfe als Augen und Nase aufnähen. Zunge an der Umbruchlinie falten und annähen.
Halsband: Vom Lederimitatband 35 cm für das Halsband abschneiden, längs falten und die Kanten aufeinandersteppen. Ein Ende um den Schließensteg legen – Loch für den Dorn einstanzen – und quer feststeppen. Am anderen Gürtelende im Abstand von 4 cm ebenfalls ein Loch einstanzen. Für die Leine das restliche Band falten und aufeinandersteppen. Ein Ende um die Öse des Karabinerhakens legen und feststeppen, das andere Ende zur Schlaufe legen und feststeppen. Halbring am Halsband einziehen und den Karabinerhaken daran einhaken.

59 Brummerle, 22 cm hoch (Seite 5)

Material: Fellimitat 45 × 60 cm. 1 Paar Tieraugen. Lederrest für die Nase. Filzrest für die Zunge. Dacron-Watte.

Die Schnitteile sind auf Bogen A (rot)

Zuschneiden:
58 Unteres Schnauzenteil 1mal
59 Oberes Schnauzenteil 1mal (Mitte Stoffbruch)
60 Kopfteil 2mal
61 Ohr 4mal
62 Rückw. Körperteil 2mal
63 Rückw. Körperteil-Innenseite 2mal
64 Vorderes Körperteil 2mal
65 Vord. Körperteil-Innenseite 2mal
66 Schwanz 2mal
Alle Teile plus Nahtzugabe zuschneiden. Strichrichtung beachten sowie darauf achten, daß alle zweimal zugeschnittenen Teile gegengleich zugeschnitten werden.

Schnittübersicht

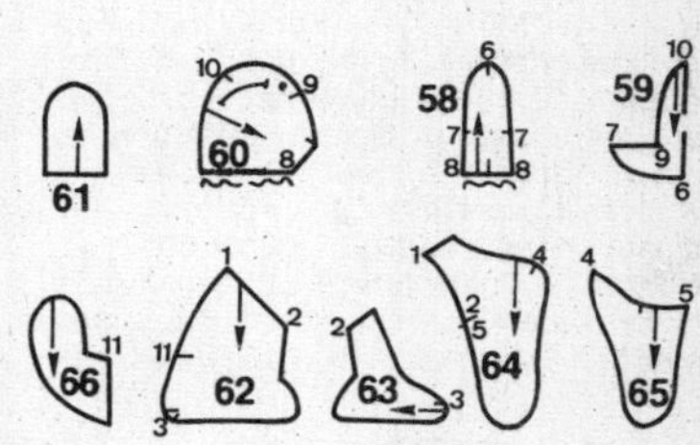

Verarbeitung: Körper, Kopf, Ohren und Schwanz werden für sich gearbeitet und zum Schluß mit festem Garn (Knopflochgarn) von Hand aneinandergenäht. Die kurzen Nähte am Kopf können Sie der Einfachheit halber auch von Hand nähen. Nahtzugabe an Ecken und Rundungen einschneiden. Im folgenden werden die Nähte immer für eine Körperseite beschrieben. Die andere Körperseite genauso arbeiten. – **Körper:** Rückw. Körperteil von Nahtzahl 1 bis Nahtzahl 2 an das vord. Körperteil steppen. Die Teile für die Innenseite rechts auf rechts auf die Körperteile legen, rückw. Teil von Nahtzahl 2 bis Nahtzahl 3, vord. Teil von Nahtzahl 4 bis Nahtzahl 5 ansteppen. Die Innenseite der beiden Körperhälften oben (Naht) zusammensteppen. Zum Schluß die rückw. Mittelnaht steppen, unten bis Nahtzahl 3. Körper wenden und fest ausstopfen. – **Kopf:** Unteres Schnauzenteil von Nahtzahl 7 über Nahtzahl 6 bis Nahtzahl 7 an das obere Schnauzenteil steppen. Schnauze von Nahtzahl 8 über 9 bis Nahtzahl 10 an das Kopfteil steppen. Zum Schluß die rückw. Mittelnaht steppen. Kopf fest ausstopfen. – Ohren und Schwanz verstürzen. Schwanz ausstopfen und annähen (Nahtzahl 11). Ohren an der Ansatzlinie aufnähen. Unten die Ohren mit einem losen Stich annähen. Augen befestigen. Für die Nase einen kleinen Kreis (ca. 2,5 cm Ø aus Leder zuschneiden, ringsum mit einem Faden etwas zusammenziehen und aufnähen. Filzzunge annähen.

60 Löwe Leo, 70 cm lang (Seite 42/43)

Stoffverbrauch: Heller Teddystoff 0,80 m, 140 cm breit, Schaumstoffflocken für die Füllung. Ca. 250 g Wolle in 2 verschiedenen Brauntönen. 2 Glasaugen, Bastrest. Filzrest. Brauner Teddystoffrest.

Die Schnitteile sind auf Bogen A (rot)

Zuschneiden.
67 Oberes Kopfteil 1mal
68 Mittl. Kopfteil 2mal
69 Unteres Kopfteil 1mal
70 Oberes Nackenteil 1mal
71 Seitl. Nackenteil 2mal
72 Ohr 2mal hell, 2mal dunkel
73 Körperteil 2mal
74 Bauchteil 2mal
75 Schwanz 1mal
Alle Teile plus Nahtzugabe zuschneiden.

Schnittübersicht

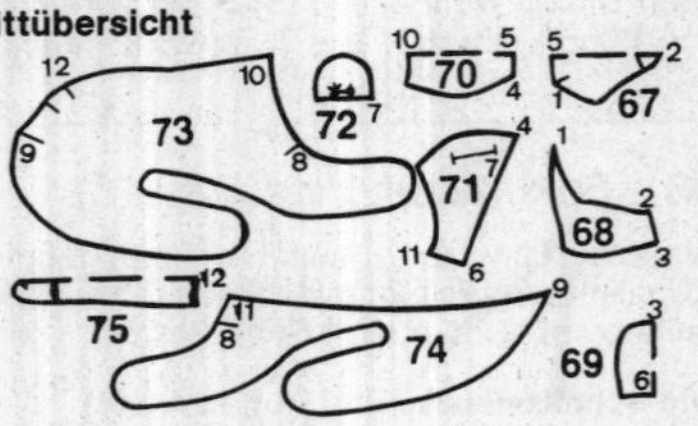

Verarbeitung: Mittl. Kopfteile durch Mittelnaht verbinden. Mittl. Kopfteil dem oberen Kopfteil nahtzahlengemäß ansetzen. Unteres Kopfteil dem mittl. Kopfteil ansetzen. Seitl. Nackenteile dem oberen Nackenteil nahtzahlengemäß ansetzen. Nackenteil dem Kopfteil ansetzen. Je ein helles und dunkles Ohr an den Außenkanten verstürzen. Ohren x auf o in Falten legen und den seitl. Nackenteilen liniengemäß von Hand aufnähen. Schwanz verstürzen und füllen. Bauchteile durch Mittelnaht verbinden, dabei Naht zum Wenden offen lassen. Körperteile von Nahtzahl 9 über Nahtzahl 12 bis Nahtzahl 10 rechts auf rechts liegend aufeinandersteppen, dabei nahtzahlengemäß Schwanz zwischenfassen. Bauchteil dem Körperteil von Nahtzahl 9 bis Nahtzahl 8 ansetzen. Kopf dem Körper ansetzen. Löwe füllen. Offen gelassene Nahtstelle von Hand zunähen. Aus schwarzem Filzrest Schnauze lt. Abb. aufnähen. Bastrest als Barthaare annähen. Aus Filzrest 2 Kreise mit 4 cm Durchmesser zuschneiden und dem oberen Kopfteil lt. Abb. aufnähen. Den Filzkreisen die Glasaugen aufnähen. Dem Nackenteil eine 18 cm lange Mähne aus Wolle lt. Abb. aufknüpfen. Dem Schwanz Fransen aus Wolle anknüpfen.

61 Wildkätzchen, 45 cm lang (Seite 42)

Stoffverbrauch: Fellimitat 0,50 m, 140 cm breit. Weißer Plüschrest. Füllwatte. 1 Paar Tieraugen. Feste Nylonfäden für die Barthaare.

Die Schnitteile sind auf Bogen A (rot)

Zuschneiden:
76 Mittl. Kopfteil 1mal
77 Seitl. Kopfteil 2mal
78 Unteres Kopfteil 1mal weiß
79 Oberes Körperteil 1mal
80 Unteres Körperteil 2mal
81 Ohr – Außenseite 2mal
Ohr – Innenseite 2mal weiß
82 Schwanz 1mal
Alle Teile plus Nahtzugabe zuschneiden.
Strichrichtung beachten.

Schnittübersicht

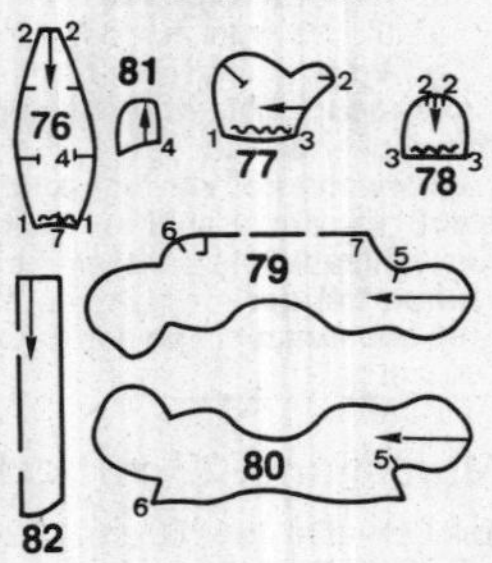

Verarbeitung: Seitl. Kopfteile von Nahtzahl 1 bis Nahtzahl 2 an das mittl. Kopfteil steppen (am seitl. Kopfteil die Zugabe an den Ecken einschneiden). Unteres Kopfteil von Nahtzahl 3 über Nahtzahlen 2 bis Nahtzahl 3 ansteppen. An den unteren Körperteilen die Mittelnaht steppen, dabei in der Mitte einen Schlitz zum Ausstopfen offen lassen (ca. 15 cm lang). Am oberen Körperteil das kurze Stück zwischen Nahtzahl 6 bis zum Stoffbruch wie einen Abnäher zusteppen. Oberes und unteres Körperteil rechts auf rechs aufeinanderlegen und die Vorderpfoten ab Nahtzahl 5, fortlaufend die Seiten und die Hinterpfoten bis Nahtzahl 6 aufeinandersteppen. Nahtzugaben an den Ecken einschneiden. Am Kopf den Halsrand einhalten. Kopf rechts auf rechts in den Körper schieben und nahtzahlengemäß ansteppen. Teil wenden. Kopf und Körper ausstopfen. Bauchnaht von Hand zunähen. Ohren und Schwanz verstürzen und aufnähen. Für die Schnauze aus dem weißen Plüsch ein kleines Dreieck ausschneiden (mit ca. 3 cm Seitenlänge, ohne Zugabe gerechnet). Schnauze mit Dacron-Watte unterlegen und eingeschlagen aufnähen, dabei die Barthaare zwischenfassen. Augen aufnähen.

62 Schäferhund Hasso, Sitzhöhe ca. 50 cm (Seite 42)

Material: Fellimitat 0,55 m, 140 cm breit. Hautfarbener Trikot- oder Fensterlederrest 6 × 18 cm. Schwarzes Leder oder Lederimitat 6 × 8 cm. 1 fertiges Halsband. 2 Augen. Weiße und rote Garnreste. Sisal-Figurendraht. 1 INOX-Wollhäkelnadel Nr. 2½ oder 3. Dacron-Watte zum Ausstopfen.

Die Schnitteile sind auf Bogen A (rot)

Zuschneiden:
83 Körperteil 2mal
84 Bauchteil 2mal
85 Kopf-Mittelteil 1mal
86 Ohr 4mal
87 Schwanz 1mal
88 Schnauze-Einsatz 1mal
89 Nase 1mal aus Lederimitat
90 Augenbraue 2mal
91 Grundform für Häkelzunge
Alle Teile plus Nahtzugabe zuschneiden.
Strichrichtung beachten.

Schnittübersicht

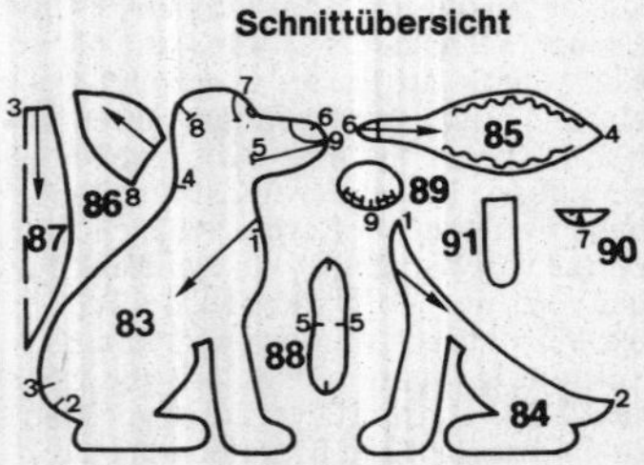

Nähen: An den Bauchteilen die Mittelnaht steppen, dabei einen Schlitz zum Ausstopfen offen lassen. Körperteile von Nahtzahl 4 bis 2 und von Nahtzahl 1 bis 6 aufeinandersteppen. Kopf-Mittelteil von Nahtzahl 4 bis 6 an das Körperteil steppen. Bauchteil von Nahtzahl 1 bis 2 an die Körperteile steppen. Einschnitt für die Schnauze ausführen. Schnauze an den Ober- und Unterkiefer steppen. Hund wenden und sehr sorgfältig ausstopfen. Für Füße, Beine und Schnauze einen Kochlöffel zur Hilfe nehmen. Um den Vorderbeinen mehr „Standfestigkeit" zu geben, sollte man vorher Sisal-Figurendraht zur Schlinge biegen und einlegen (für beide Beine aus einem Stück zurechtbiegen, in vordere Mitte bei Nahtzahl 1 mit einigen Stichen festhalten). Offen gelassene Bauchnaht von Hand zunähen. Ohren und Schwanz verstürzen und nahtzahlengemäß annähen. Augenbrauen aufnähen. An der Nase die Falten x auf o treffend legen. Nase von Hand aufnähen. Für die Zunge eine ca. 9 cm lange Lm.-Kette mit f. M. zu beiden Seiten überhäkeln, für die Rundung gleichmäßig zunehmen, am geraden Rand wenden (die 1. f. M. durch 2 Lm. ersetzen). Fürs Gebiß ca. 16 cm „Mäusezähnchen" häkeln: ✱ 4 Lm., in die 3. Lm. ab Nadel 1 f. M., in die folg. Lm. 1 h. Stb., ab ✱ fortl. wdh. Zähne über dem Unterkiefer aufnähen, siehe Modellbild! Zunge festnähen. Halsband umbinden.

63 Nilpferd, ca. 84 cm lang (Seite 43)

Material: Brauner Cordsamt 110 × 140 cm. Roter Filz 40 × 45 cm. Kleine Filzreste in Schwarz und Weiß für die Augen. Dacron-Watte und Holzwolle zum Ausstopfen.

Die Schnitteile sind auf Bogen B (schwarz)

Zuschneiden:
26 Ohr 2mal aus Cordsamt
Ohr 2mal aus Filz
27 und 27a Körperteil (Zusammensetzlinie) 2mal
28 Inneres Beinteil 4mal
29 Schwanz 1mal
30 Kopf-Mittelteil 1mal
31 Schnauze 1mal
32 und 32a Bauchteil (Zusammensetzlinie) 1mal
33 Fußsohle 4mal
Vor dem Zuschneiden die Papierschnittteile 27 und 27a sowie 32 und 32a liniengemäß zusammenkleben.
Alle Teile plus Nahtzugabe zuschneiden.

Schnittübersicht

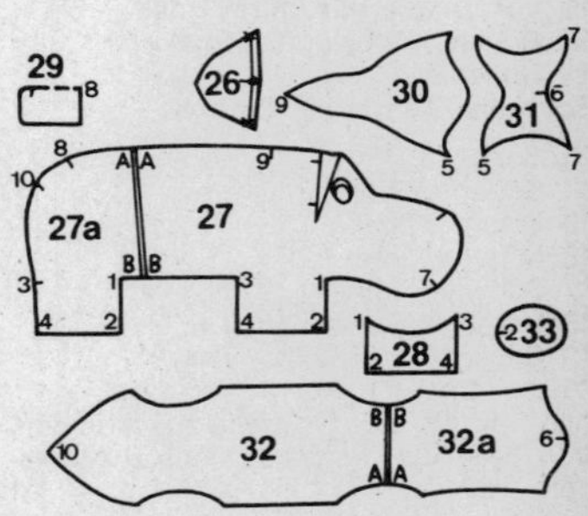

Nähen: Je 2 Ohren an den Außenkanten verstürzen. Ohren x auf o treffend in Falten legen und heften. Ohren wie eingez. auf die Körperteile heften. Abnäher steppen, Ohren dabei mit feststeppen. Innere Beinteile jeweils von Nahtzahl 1 bis 2 und von Nahtzahl 3 bis 4 an die Körperteile steppen. Schwanz verstürzen und nahtzahlengemäß auf ein Körperteil heften. Körperteile von Nahtzahl 9 bis 10 aufeinandersteppen, Schwanz dabei mit feststeppen. Kopf-Mittelteil an das Schnauzenteil steppen und entlang der Ansatznaht schmalkantig absteppen. Dieses Teil dann an das Körperteil steppen. Bauchteil an das Körperteil und an die oberen Kanten der inneren Beinteile steppen, dabei an einer Bauchseite – zwischen den Beinen – Naht zum Ausstopfen offen lassen. An den unteren Beinkanten mit Vorstichen einen doppelten Zwirnfaden einziehen. Die Zwirnfäden so weit zusammenziehen, daß sich die Öffnung schließt. Nilpferd wenden und ausstopfen. Offene Naht von Hand zunähen. An den Fußsohlen die Zugabe ringsum nach innen wenden. Sohlen von Hand aufnähen. Die Augen aus den Filzresten zuschneiden und aufnähen. Für die Nüstern zwei 20 cm lange und 1 cm breite Streifen aus dem roten Filz zuschneiden. Streifen aufrollen, festnähen und der Schnauze von Hand aufnähen.

64 Teddybär, ca. 65 cm groß (Seite 43)

Material: Braunes Fellimitat 0,55 m, 140 cm breit. Rest von hellbraunem Filz 25 cm × 20 cm. Rest von weißem Teddyplüsch 25 cm × 30 cm. Dacron-Watte zum Ausstopfen. Ein brauner Filzrest. Schwarzer Wollrest. 1 Paar Tieraugen. Polsternadel. 5 große Knöpfe.

Die Schnitteile sind auf Bogen B (rot)

Zuschneiden:
73 Bauch 2mal aus Fell
74 Rücken 2mal aus Fell
75 Rumpfplatte 1mal aus Fell
76 Kopf-Mittelteil 1mal aus Fell
77 Kopf-Seitenteil vorn 2mal aus Fell
78 Kopf-Seitenteil hinten 2mal aus Fell
79 Kopfplatte 1mal aus Fell
80 Ohr-Außenseite 2mal aus Fell
Ohr-Innenseite 2mal aus Teddy
81 Schnauzenteil 3mal aus Teddy
82 Arm-Außenseite 2mal aus Fell
83 Arm-Innenseite ✱
84 Armplatte 2mal aus Fell
85 Bein 2mal aus Fell
86 Fußsohle 2mal aus Filz
✱ Das Papierschnitteil 83 an der eingezeichneten Nahtlinie auseinanderschneiden. Den Arm 2mal aus Fell, die Pfote 2mal aus Filz zuschneiden.
2 Kreise zum Unterlegen der Augen mit Hilfe eines Fünfmarkstücks aus braunem Filzrest zuschneiden.

Schnittübersicht

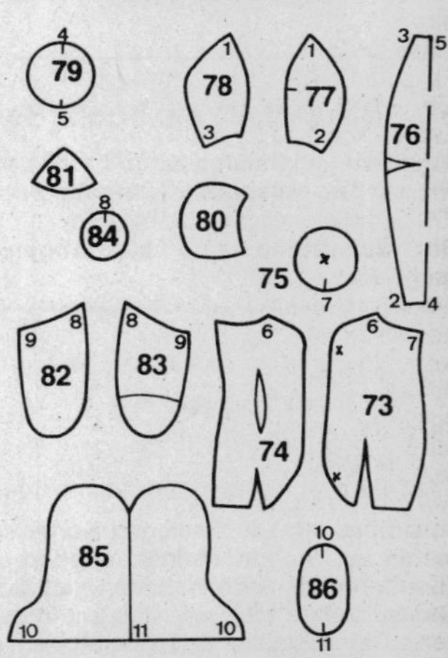

Nähen: Kopf: Je ein vorderes und hinteres Seitenteil durch seitliche Nähte aneinandersteppen. Am Mittelteil die Abnäher steppen. Seitenteile dem Mittelteil ansteppen. Kopf ausstopfen. Kopfplatte von Hand aufnähen. Ohren verstürzen und von Hand aufnähen. Schnauzenteile aneinandersteppen. Schnauze ausstopfen und dem Kopf von Hand aufnähen. Augen mit den Filzkreisen unterlegen und aufnähen. Schnauze mit schwarzer Wolle aufsticken.
Rumpf: Am Bauch und am Rücken die Mittelnaht, die Abnäher und die Abnähernähte steppen. Bauch und Rücken an den Außenkanten von Nahtzahl 6 bis Nahtzahl 6 aufeinandersteppen. Rumpf ausstopfen. Rumpfplatte von Hand aufnähen.
Arme: Pfoten an die Arminnenseiten steppen. Arme an den Außenkanten von Nahtzahl 8 bis Nahtzahl 9 verstürzen. Arme ausstopfen. Armplatten aufnähen.
Beine: Beine an der Bruchlinie falten und an der Längskante bis Nahtzahl 10 verstürzen, an der abgerundeten Kante die Naht zum Ausstopfen offen lassen. Fußsohlen einsetzen. Beine ausstopfen. Offene Naht von Hand zunähen.
Fertigstellen: Damit Kopf, Arme und Beine nach dem Ansetzen ihre Beweglichkeit behalten, werden „Gelenke" eingesetzt. Am Rumpf an den Ansatzpunkten (Kreuze) die Knöpfe annähen. Dann Arme, Beine und Kopf mit Hilfe einer Polsternadel an die Knöpfe nähen, dabei durch Arme und Beine durchstechen.

65 Esel, 85 cm hoch (Seite 44)
Holzgestell

Material: Ca. 50 × 56 cm Holz, 2 cm dick. 2,30 m Vierkantholz (4 cm²) für Beine. Nägel. 8 Holzschrauben. 4 stabile Möbelrollen, die mit einer Bohrung zu befestigen sind. Holzleim. Schmirgelpapier. UHU-Alleskleber. Dacron-Watte zum Polstern und Dacron-Wattevlies zum Umwickeln der Beine. Zum Umwickeln des Unterbaues alte Strumpfhosen.

Die Schnitteile sind auf Bogen B (rot)

Aussägen:
Holzgestell:
56 Seitenteil 2mal
57 Vord. Einsatz 1mal
58 Rückw. Einsatz 1mal
59 Rückenteil 1mal
60 Kopfteil 1mal
61 Beinteil 4mal

Schnittübersicht

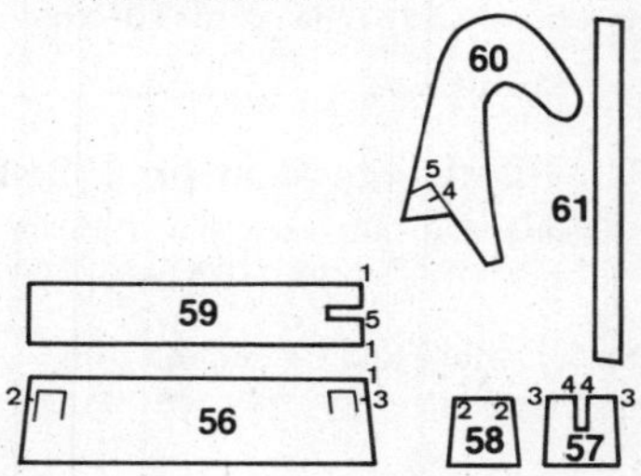

Ausführung: Holzgestell: Holzteile nach Schnitt aussägen, Ecken und Kanten rundschmirgeln bzw. glätten. Vord. und rückw. Einsatz zwischen die Seitenteile leimen, dann nageln. Rückenteil einsetzten bzw. in gleichmäßigen Abständen festnageln. Die Vierkanthölzer (Beine) in der Mitte der abgeschrägten „Sohlen" für die Rollen vorbohren. Beine von außen an den Kasten leimen und von außen nach innen mit je zwei Holzschrauben befestigen. Kopfteil einsetzten (die „Auflage" ist eingezeichnet), von der Unterseite aus festnageln. – Das Gestell polstern, Dacron-Watte und Dacron-Wattevlies mit Klebeband befestigen (für den Kopf zuvor in Form schneiden). Beine mit Vlies umwickeln. Der Bezug läßt sich später müheloser überstülpen, wenn alles mit in breiten Streifen geschnittenen Strumpfhosen umwickelt wird.

Bezug

Material: Fellimitat für den Bezug 1,30 m, 140 cm breit. Lederimitatrest für die Ohren 25 × 30 cm. Lederimitatrest für Sattel und Zaumzeug 60 × 70 cm. 100 g dicke Wolle für den Schweif. Filzrest in Weiß für die Augen, 1 Paar Tieraugen.

Zuschneiden:
Bezug:
62 Körperteil 2mal
63 Kopfteil 2mal
64 Ohrteil 4mal
Sattel:
65 Sattel 2mal
Bezug: Zwischenteil 176 cm lang, 8 cm breit, 4 Bezüge für die Beine 45 cm lang, 25 cm breit. Sattel: Riemchen 2mal 45 cm lang, 2 cm breit. Zaumzeug: Langes Riemchen 2mal 116 cm lang, kurzes Riemchen 2mal 60 cm lang, jeweils 2 cm breit.
Teile mit Nahtzugabe zuschneiden. Bei Fellimitat die Strichrichtung beachten. Ohrteile 2mal aus Fellimitat und 2mal aus Lederimitat zuschneiden.

Schnittübersicht

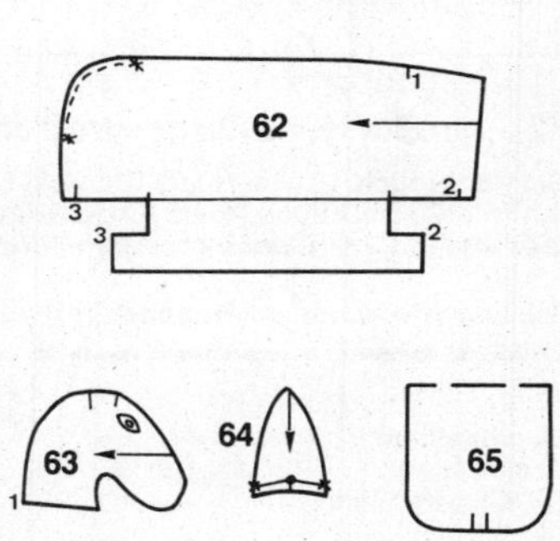

Ausführung: Bezug: Körperteile hinten wie eingez. einreihen. Kopfteile an die Körperteile steppen. Je ein Ohrteil aus Fellimitat und Lederimitat aufeinanderlegen, die rechte Stoffseite liegt dabei innen. Ohrteile an den Außenkanten aufeinandersteppen und wenden. Ohren jeweils an den Ansatzkanten aufeinanderheften. Falte x auf o legen und heften. Zwischenteil an die Körper- und Kopfteile steppen, vorn beginnen, am Kopf die Ohren zwischenfassen und hinten enden. Augen wie eingez. aus weißem Filz ausschneiden und mit schwarzem Filzstift umranden. Augen an den Kopf nähen, Tieraugen fest aufnähen. Bezug über das Gestell ziehen, evtl. Änderungen abstekken, oder durch zusätzliche Polsterung ausgleichen. Die Nähte an der Unterseite (Bauch) von Hand nähen, dabei auf Nahtzahlen achten. Bezüge für die Beine jeweils längs falten und zu einem Schlauch steppen. Teile wenden und über die Beine ziehen, am Körper festnähen. Für den Schweif die Wolle in 90 cm lange Teile (doppelte Schweiflänge) schneiden. Das Wollbündel in der Mitte fassen und am Hinterteil fest annähen. Dann einen Zopf flechten. Zuletzt die Rollen einschrauben.
Zaumzeug und Sattel: Die Teile sind alle 2mal zugeschnitten. Davon jeweils an einem Teil die Nahtzugabe abschneiden. Diese Teile mit Zickzackstichen auf die zweiten Teile steppen. Danach die überstehende Zugabe abschneiden. Diese Art von Verarbeitung ist einfacher, als wenn Sie die Teile ohne Zugaben aufeinandersteppen. Sattel und Zaumzeug anprobieren, lt. Modellbild die einzelnen Stücke von Hand zusammennähen.

66 Drache, 70 cm lang (Seite 45)

Stoffverbrauch: Stoffreste: für den Körper (gemustert) 40 × 60 cm. Für den Kamm und die Füße 40 × 80 cm. Für den Kopf 20 × 40 cm. Für Ohren und Flügel 35 × 40 cm. Spitzenborte als Halsband 0,70 m, 2 cm breit. Wollfäden für die Haare. Stoffrest für den Mund. Dacron-Watte zum Füllen. Einlagerest. Stoffmalfarben in Schwarz.

Die Schnitteile sind auf Bogen B (schwarz)

Zuschneiden:
45 Oberes Körperteil 2mal
46 Unteres Körperteil 1mal
47 Kopfteil 2mal
48 Rückenkamm 2mal
49 Flügel 4mal
50 Fußteil 8mal
51 Ohrenteil 4mal
Alle Teile plus Nahtzugabe zuschneiden.

Schnittübersicht

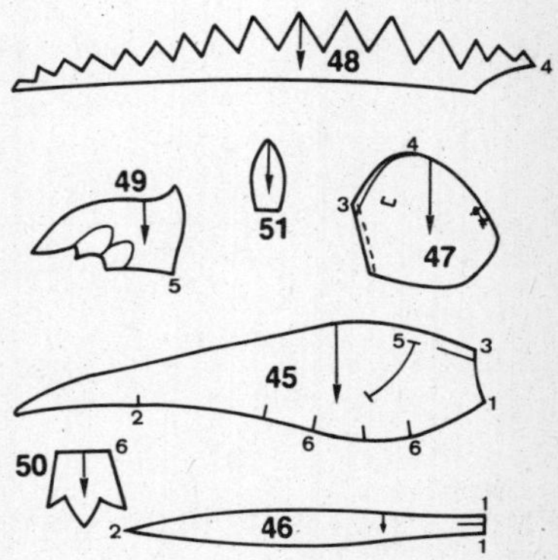

Verarbeitung: Jeweils zwei Fußteile an den Außenkanten aufeinandersteppen, die rechte Stoffseite liegt dabei innen. Teile wenden und mit Dacron-Watte ausstopfen, an den Ansatzkanten jeweils zuheften. Obere Körperteile zwischen den Nahtzahlen 2 und 3 zusammensteppen. Unteres Körperteil einsetzen, die Füße wie eingez. zwischenfassen. Kopfteile an der runden Kante aufeinandersteppen und wenden. Am Kopf die Falte x auf o legen und nähen. Körper und Kopf mit Dacron-Watte füllen. Kopf an den Körper nähen, die Nahtzugabe dabei nach innen wenden. Die Teile für den Rückenkamm an den zackigen Kanten aufeinandersteppen und wenden. Nahtzugabe an den noch offenen Kanten nach innen heften. Rückenkamm mit Dacron-Watte füllen und (an die Ansatzlinie treffend) auf den Kopf und Körper nähen. Jeweils zwei Flügelteile an den Außenkanten aufeinandersteppen und wenden. Dacron-Watte einschieben. Flügel wie eingez. mit dicht eingestelltem Zickzackstich absteppen. Flügel wie eingez. an den Körper nähen. Jeweils zwei Ohrteile an den Außenkanten aufeinandersteppen und wenden. Ein wenig Dacron-Watte einschieben. Ohren doppelt falten und wie eingez. an den Kopf nähen. Für die „Frisur" 30 cm lange Wollfäden aneinanderlegen und in der Mitte durchsteppen. Die Haare aufnähen, zurechtstutzen. Nach der Musterzeichnung aus Stoffresten Augen, Nüstern und Mund ausschneiden. Konturen und Außenkanten mit dicht eingestelltem Zickzackstich absteppen. Pupillen und Nasenlöcher aufmalen. Augen, Nüstern und Mund am Kopf aufstecken und festnähen.

67 + 68 Nilpferdmutter, 54 cm lang und Kind, 20 cm lang (Seite 45)

Stoffverbrauch: Nilpferdmutter: Velours: 0,60 m, 140 cm breit. Roter Garniturstoff 20 × 20 cm. Nilpferdkind: Velours 0,15 m, 140 cm breit. Roter Garniturstoff 10 × 10 cm. Mutter und Kind: Weißer Filzrest. Je 2 Kugelknöpfe für die Pupillen. Schwarzer Wollrest. Dacron-Watte zum Ausstopfen.

Die Schnitteile sind auf Bogen A (rot)

Schnittübersicht

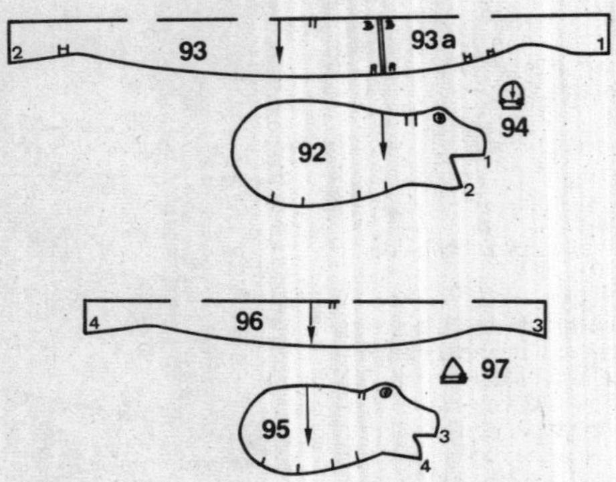

Zuschneiden:
Mutter:
92 Körperteil 2mal
93 und 93a Zwischenteil (Zusammensetzlinie) 1mal
94 Ohr 4mal
Kind:
95 Körperteil 2mal
96 Zwischenteil 1mal
97 Ohr 4mal
Mutter: Unterkiefer 7,5 cm lang, Oberkiefer 6 cm lang, jeweils 17 cm breit, 4 Beine 7 cm lang, 19 cm breit, für die Fußsohlen 4 Kreise mit 6 cm Durchmesser.
Kind: Unterkiefer 2,5 cm lang, Oberkiefer 2 cm lang, jeweils 6,5 cm breit, 4 Beine 3,5 cm lang, 7 cm breit, für die Fußsohlen 4 Kreise mit 2 cm Durchmesser.
Vor dem Zuschneiden die Papierschnittteile 93 und 93a liniengemäß aneinanderkleben.
Teile plus Nahtzugabe zuschneiden.

Verarbeitung: Mutter: Am Zwischenteil die Falten x auf o legen und heften. Abnäher steppen. Körperteile jeweils rechts auf rechts an das Zwischenteil steppen. Nilpferd durch die Maulöffnung wenden und fest mit Dacron-Watte ausstopfen. Unter- und Oberkiefer aneinandersteppen und eingeschlagen an die Maulöffnung nähen. Beine jeweils zusammensteppen. Sohlen an den unteren Kanten einsetzen. Beine mit Dacron-Watte ausstopfen und wie eingez. am Körper annähen. Je 2 Ohren an den Außenkanten verstürzen. An den Ansatzkanten die Zugaben einschlagen, Kanten gegeneinandernähen. Ohren x auf o in Falten legen und wie eingez. annähen. Das im Körperteil eingez. Auge 2mal aus Filz zuschneiden. Knöpfe als Pupillen aufnähen, Filzaugen unterlegen. Für den Schwanz an der markierten Stelle ca. 25 cm lange Wollfäden einziehen und beidseitig gleich lang überstehen lassen. Fäden zu einem Zopf flechten. – **Kind** wie die Mutter arbeiten, für den Schwanz ca. 12 cm lange Wollfäden einziehen.

69 Hund, 38 cm lang (Seite 22)

Stoffverbrauch: Fellimitat 0,45 m, 140 cm breit. Dacron-Watte zum Ausstopfen. Roter Filzrest für die Zunge. 2 Tieraugen. 1 fertige Nase.

Die Schnitteile sind auf Bogen B (schwarz)

Schnittübersicht

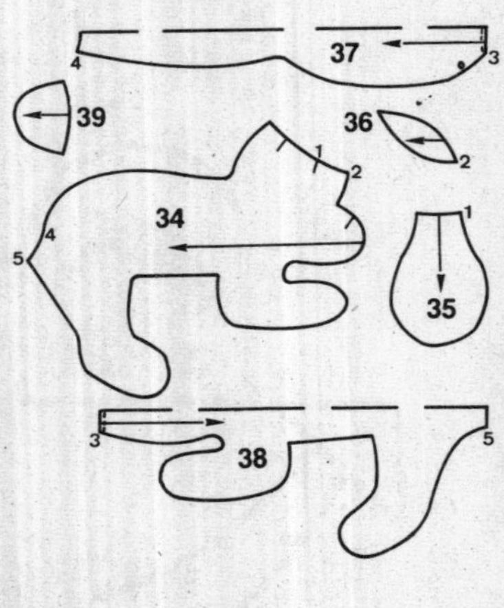

Zuschneiden:
34 Körperteil 2mal
35 Ohr 4mal
36 Kopfteil 2mal
37 Körper-Zwischenteil 1mal
38 Bauchteil 1mal
39 Schwanz 2mal
Zunge 2,5 cm lang, 1,5 cm breit aus Filz.

Teile plus Nahtzugabe zuschneiden. Strichrichtung beachten.

Verarbeitung: Je 2 Ohren entlang den runden Kanten verstürzen. Ohren wie eingez. auf die rechte Seite der Körperteile heften, Zugaben liegen aufeinander. Kopfteil jeweils an das Körperteil steppen, Ohren werden dabei mit festgesteppt. Bauch- und Zwischenteil jeweils wie eingez. einreihen und aneinandersteppen. Bauch- und Zwischenteil von Nahtzahl 4 bis 5 an die Körperteile steppen, dabei am Bauchteil Naht zum Wenden offen lassen. Am Schwanz die runden Kanten rechts auf rechts aufeinandersteppen. Schwanz wenden und ansteppen. Hund wenden und mit Dacron-Watte ausstopfen. Offene Nahtstelle von Hand zunähen. Zunge, Augen und Nase annähen.

70 Hund, ca. 50 cm hoch (Seite 46)

Stoffverbrauch: Bunter Frottier 1,10 m, 80 cm breit. Roter Frottier 0, 55 m, 80 cm breit. Weißer Frottierrest 35 × 25 cm. 2 mit Lederimitat überzogene Knöpfe für die Augen. Dacron-Watte zum Ausstopfen.

Die Schnitteile sind auf Bogen B (schwarz)

Schnittübersicht

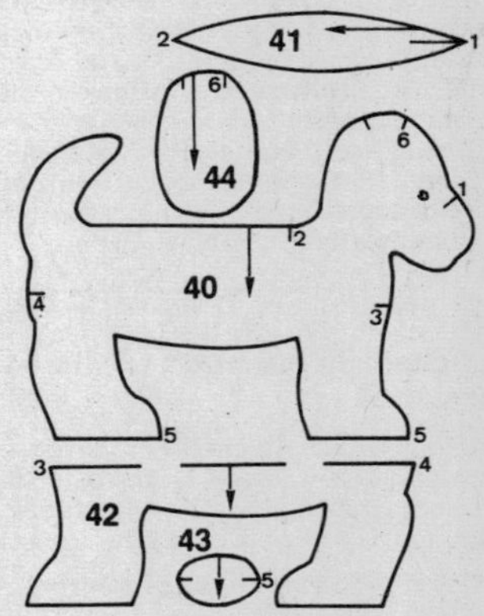

Zuschneiden:
40 Körper 2mal
41 Kopf-Zwischenteil 1mal
42 Bauch 1mal
43 Sohle 4mal
44 Ohr 4mal *
Alle Teile plus Nahtzugabe zuschneiden.
* = Teil 2mal aus weißem und 2mal aus rotem Frottier zuschneiden.

Verarbeitung: Je ein rotes und weißes Ohr an den Außenkanten verstürzen. Ohren wie eingez. so auf die Körperteile heften, daß die Zugaben aufeinanderliegen. Kopf-Zwischenteil entlang einer langen Kante von Nahtzahl 1 bis 2 an ein Körperteil steppen. Körperteile rechts auf rechts aufeinanderlegen. Teile von Nahtzahl 3 über Nahtzahl 1 und 2 bis Nahtzahl 4 aufeinandersteppen. Bauchteil nahtzahlengemäß ansteppen, Schlitz zum Wenden und Füllen offen lassen. Sohlen jeweils einsetzen. Hund wenden und mit Dacron-Watte füllen. Schlitz von Hand zunähen. Augen wie eingez. aufnähen.

71 Hündchen, 30 cm groß (Seite 22)

Stoffverbrauch: Für einen Hund Fellimitatrest 40 × 70 cm. 1 Paar Tieraugen. 1 fertige Schnauze oder Stickgarn zum Aufsticken. Dacron-Watte zum Füllen.

Die Schnitteile sind auf Bogen A (rot)

Schnittübersicht

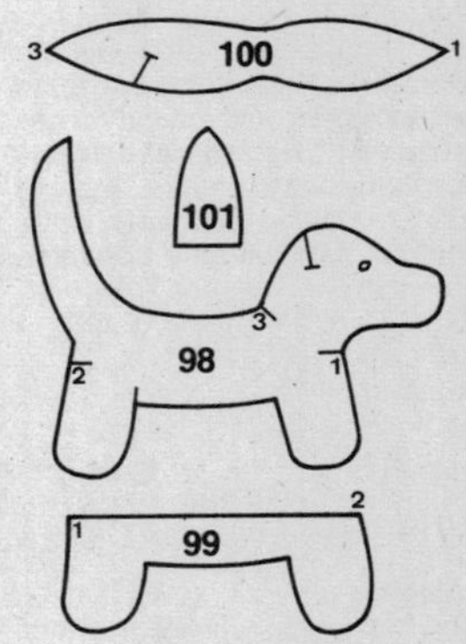

Zuschneiden:
98 Oberes Körperteil 2mal
99 Unteres Körperteil 2mal
100 Kopf-Zwischenteil 1mal
101 Ohrteil 4mal
Alle Teile plus Nahtzugabe zuschneiden.

Verarbeitung: Untere Körperteile (zwischen den Nahtzahlen 1 und 2) zusammensteppen, in der Mitte ein Stück Naht zum Füllen offenlassen. Unteres Körperteil an die oberen Körperteile steppen, dabei auf Nahtzahlen achten. Obere Körperteile zwischen den Nahtzahlen 2 und 3 zusammensteppen. Kopf-Zwischenteil einsetzen. Hund mit Dacron-Watte füllen. Offene Nahtstelle zunähen. Ohren jeweils an den runden Kanten verstürzen. Ohren wie eingez. festnähen. Augen aufnähen. Schnauze aufnähen oder sticken.

72 Großer Hund, 25 cm groß und Hündchen, 20 cm groß (Seite 46)

Stoffverbrauch: Großer Hund: Stoffrest für den Körper 30 × 50 cm, Filzrest für die Ohren 15 × 20 cm. Kleiner Hund: für den Körper 25 × 40 cm, für die Ohren 15 × 20 cm. Für jeden Hund 1 Paar Tieraugen. Dacron-Watte zum Füllen.

Die Schnitteile sind auf Bogen B (rot)

Schnittübersicht

Zuschneiden:
Großer Hund:
52 Körperteil 2mal
53 Ohrteil 4mal
Kleiner Hund:
54 Körperteil 2mal
55 Ohrteil 4mal
Filzstreifen als Halsband mit Leine 60 cm lang, 1,5 cm breit.

Teile plus Nahtzugabe zuschneiden. Die Ohren jeweils 2mal aus Stoff und 2mal aus Filz zuschneiden.

Verarbeitung: Körperteile an den Außenkanten aufeinandersteppen, die rechte Stoffseite liegt dabei innen, ein Stück Naht zum Füllen offenlassen. Körper mit Dacron-Watte füllen, offene Nahtstelle zunähen. Die Ohrteile jeweils aus Stoff und Filz an den runden Kanten aufeinandersteppen und wenden. Ohren wie eingez. an den Körper nähen. Augen sehr fest aufnähen. Hinweis: Tiere können nicht stehen, auf unserem Foto wurden sie gestützt.

73 Zwei Hunde, 70 cm groß (Seite 22/23)

Stoffverbrauch: Für einen Hund: Fellimitat 0,60 m, 140 cm breit. Bunter Strickstoffrest für die Ohren 25 × 30 cm. Samtrest für die Zunge 10 × 20 cm. Lederrest für die Schnauze. 1 Paar Tieraugen. Dacron-Watte.

Die Schnitteile sind auf Bogen B (rot)

Schnittübersicht

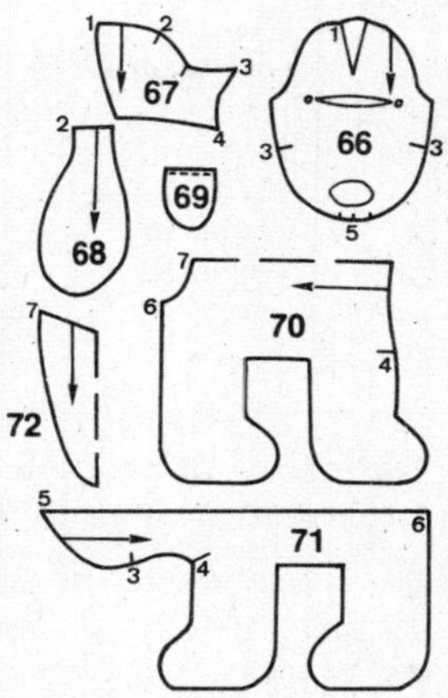

Zuschneiden:
66 Vord. Kopfteil 1mal
67 Rückw. Kopfteil 2mal
68 Ohren 4mal
69 Zunge 2mal
70 Oberes Körperteil 1mal
71 Unteres Körperteil 2mal
72 Schwanz 1mal
Alle Teile plus Nahtzugabe zuschneiden. Die Ohren 2mal aus Fellimitat und 2mal aus Strickstoff zuschneiden. Bei Fellimitat die Strichrichtung beachten.

Verarbeitung: Am vord. Kopfteil die Abnäher steppen. Schnauze aufnähen, zuvor die Nahtzugabe wegschneiden. Augen wie eingez. aufnähen. An den rückw. Kopfteilen die Mittelnaht steppen. Ohren jeweils aus Fellimitat und Strickstoff aufeinanderlegen und an den runden Kanten aufeinandersteppen, die rechte Stoffseite liegt dabei innen. Teile wenden, an den offenen Kanten jeweils aufeinanderheften. Rückw. Kopfteil (zwischen den Nahtzahlen 3) an das vord. Kopfteil steppen, die Ohren zwischenfassen. Zunge an den runden Kanten aufeinandersteppen und wenden, an den geraden Kanten aufeinanderheften und einreihen. Zunge auf das vord. Kopfteil heften. Oberes Körperteil (zwischen den Nahtzahlen 4) an das rückw. Kopfteil steppen. Untere Körperteile (zwischen den Nahtzahlen 5 und 6) zusammensteppen, ein Stück Naht zum Füllen offenlassen. Unteres Körperteil an das obere Körperteil und fortlaufend an die Kopfteile steppen, dabei auf Nahtzahlen achten. Schwanz im Stoffbruch falten, an den abgerundeten Kanten aufeinandersteppen und wenden. Schwanz einsetzen. Hund mit Dacron-Watte füllen. Offene Nahtstelle zunähen.

74 Hundebaby, ca. 40 cm lang (Seite 47)

Material: Ca. 400 g starkes Austermann Garn „Chenille Fantasie" in Beige und ca. 50 g stärkeres Austermann Garn Chenille Classic" in Beige; Perl-INOX-Spielstricknadeln Nr. 4; eine Perl-INOX-Häkelnadel Nr. 3 ½; ein Rest dunkelbraune Stickwolle; ein Paar Tieraugen; Dacron-Watte zum Füllen; ein Halsband.

Ausführung: In Kopfmitte beginnen. Mit dem dickeren Chenillegarn 6 M. anschlagen, die M. auf 3 Nadeln verteilt zur Rd. schließen und in Rd. rechte M. str. Für die Kopfform am Anfang jeder Nadel 7mal 1 M. zunehmen = 9 M. pro Nadel bzw. 27 M. in der Rd. Hier eine Markierung anbringen und gerade weiterstr. Nach 4 cm ab Markierung für den Hals am Anfang jeder Nadel 4mal 1 M. abnehmen = 5 M. pro Nadel bzw. 15 M. in der Rd. Anschließend für die Brust wie folgt str.: ✱ Am Ende der 1. Nadel und am Anfang der 2. Nadel je 1 M. zunehmen, die 3. Nadel str. ohne zunehmen; ab ✱ 5mal wdh. Auf der 1. und 2. Nadel sind nun je 11 M., auf der 3. Nadel 5 M. vorhanden. Von der 1. und 2. Nadel je 2 M. auf die 3. Nadel legen = 9 M. pro Nadel. Hier eine Markierung anbringen und gerade weiterstr. Nach 5 cm ab Markierung für den Bauch Keile str. wie folgt: ✱ Die M. der 1. und 2. Nadel str., wenden, die beiden Nadeln links zurückstr., wenden, 1 Rd. über alle Nadeln str.; ab ✱ 2mal wdh. Danach gerade weiterstr. Nach 5 cm ab dem letzten Keil für das Rückenteil wie folgt arbeiten: ✱ Am Anfang der 1. Nadel, am Ende der 2. Nadel und in der Mitte der 3. Nadel je 1 M. abnehmen; ab ✱ 2mal wdh. = 6 M. pro Nadel bzw. 18 M. in der Rd. In der folgenden Rd. am Ende der 1. Nadel und am Anfang der 2. Nadel je 1 M. abnehmen = 16 M. ● Am Ende der 1. Nadel, am Anfang der 2. Nadel, am Anfang und Ende der 3. Nadel je 1 M. abnehmen; ab ● 1mal wdh. = 8 M. Kopf und Körper ausstopfen. Über die restlichen 8 M. für den Schwanz noch 6 cm gerade weiterstr., dann die M. mit dem Arbeitsfaden zusammenziehen und vernähen.
Vorderbein (2mal str.): Mit dem dickeren Chenillegarn 6 M. anschlagen. Die M. auf 3 Nadeln verteilt zur Rd. schließen und in Rd. rechte M. str. – Für die Fußform am Anfang jeder Nadel 2mal 1 M. zunehmen = 4 M. pro Nadel bzw. 12 M. in der Rd. Hier eine Markierung anbringen und gerade weiterstr. Nach 5 cm ab Markierung für das Knie einen Keil str. wie folgt: Die 1. und 2. Nadel abstr. mit 1 U. wenden, die beiden Nadeln links zurückstr., mit einem U. wenden, 1 Rd. über alle M. str., dabei aus den beiden Umschlägen je eine M. herausstr. = 14 M. Die 1. und 2. Nadel str., wenden, die beiden Nadeln zurückstr., wenden, dann in Rd. weiterarbeiten. Nach 3 cm ab Kniekeil über die 3. Nadel der Rd. hin- und zurückstr. Danach noch 1 Rd. über alle M. str., dann die M. abk. Beine locker ausstopfen und annähen. **Hinterbein** (2mal str.): Wie Vorderbein beginnen. Den Kniekeil nach 8 cm ab Markierung wie am Vorderbein ausführen = 14 M. in der Rd. Nach Beenden des Keils 1 Rd. darüberstr., dann für den Oberschenkel zunehmen wie folgt: **1. Rd.**: Am Ende der 1. Nadel und am Anfang der 2. Nadel 1 M. abnehmen, am Anfang und Ende der 3. Nadel je 1 M. zunehmen = 14 M. **2. Rd.**: Am Anfang der 1. Nadel und am Ende der 2. Nadel je 1 M. zunehmen = 16 M. **3. Rd.**: Am Ende der 1. Nadel und am Anfang der 2. Nadel je 1 M. zunehmen = 18 M. **4. Rd.**: In der Mitte jeder Nadel 1 M. zunehmen = 21 M. Hier eine Markierung anbringen und gerade weiterstr. Nach 4 cm ab Markierung am Anfang jeder Nadel 5mal 1 M. abnehmen. Die Beine ausstopfen. Die restlichen 6 M. mit dem Arbeitsfaden zusammenziehen und vernähen. Beine annähen. **Fußsohle** (4mal häkeln); ∅ = 4,5 cm: Mit dünnem Chenillegarn 4 Lm. anschlagen und mit 1 Km. zum Ring schließen. In Spiral-Rd. feste M. häkeln. **1. Rd.**: 6 f. M. **2. Rd.**: In jede 2. M. 2 f. M. = 9 M. **3. Rd.**: In jede 3. M. 2 f. M. = 12 M. **4. Rd.**: In jede 4. M. 2 f. M = 16 M. Danach den Faden abschneiden. Die Fußsohlen an Vorder- und Hinterbeinen annähen. Mit der dunkelbraunen Wolle an jedem Fuß Krallen aufsticken. **Ohr** (2mal str.): Mit dem dickeren Chinillegarn 8 M. anschlagen und glatt rechts str. (= Hin-R. rechte M., Rück-R. linke M.). Nach 9 cm ab Anschlag für die Ohrenform beidseitig in jeder 2. R. 3mal 1 M. abnehmen. Die restlichen 2 M. abk. Die Ohren am Kopf annähen. **Schnauze, oberes Teil**: Mit dem dünneren Chenillegarn 3 Lm. anschlagen und wie folgt häkeln: **1. R.**: In die 2. Lm. von der Nadel aus und in die folgende Lm. je 2 f. M. = 4 f. M. **2. R.**: Mit 1 Lm. wenden, in jede f. M. der Vor-R. 2 f. M. = 8 f. M. **3.–8. R.**: Mit einer Lm. wenden, 2 f. M. in die 1. M., je 1 f. M. in die folgenden M., 2 f. M. in die letzte M. Danach sind 20 f. M. vorhanden. **Schnauze, unteres Teil**: Mit dem dünneren Chenillegarn 3 Lm. anschlagen und wie folgt häkeln: **1. R.**: In die 2. Lm. von der Nadel aus und in die folgende Lm. je 2 f. M. = 4 f. M. **2.–4. R.**: Mit 1 Lm. wenden, 2 f. M. in die 1. M., je 1 f. M. in die folgenden M., 2 f. M. in die letzte M. **5.–7. R.**: Mit 1 Lm. wenden, je 1 f. M. in jede f. M. der Vor-R. Danach sind 10 f. M. vorhanden. – Die beiden Schnauzenteile aufeinanderlegen und an den äußeren Rändern zusammennähen. Die gerade Kante bleibt offen. Das obere Teil an den Rändern etwas über das untere Teil ziehen und eine kleine Wulst als Lippe abnähen. Mit der dunkelbraunen Wolle eine Nase aufsticken. Schnauze ausstopfen und annähen. Augen annähen. Halsband anbringen.

75 Hasen, 23 cm groß (Seite 48)

Stoffverbrauch: Für einen Hasen Fellimitat bzw. Stoffrest 30 × 30 cm. Filzreste für die Augen. 2 schwarze Pailletten für die Pupillen. 1 Kugelknopf für die Nase. Stickgarnrest. Kordel- oder Bortenrest für das Halsband. Dacron-Watte zum Füllen.

Das Schnitteil ist auf Bogen B (rot)

Zuschneiden:
97 Körperteil 2mal
Teile plus Nahtzugabe zuschneiden.

Schnittübersicht

Verarbeitung: Körperteile an den Außenkanten aufeinandersteppen, die rechte Stoffseite liegt dabei innen. Schlitz wie eingez. offenlassen. Körper wenden und mit Dacron-Watte fest ausstopfen. Schlitz von Hand zunähen. Augenteile aus Filz ausschneiden und aufnähen. Pailletten aufnähen. Schnauze aufsticken. Schnurrbart aus festem Garn einziehen. Knopf als Nase aufnähen.

76 Hahn, 35 cm groß (Seite 48)

Stoffverbrauch: Filzrest in Gelb 35 × 60 cm. Kleine Filzreste in Rot, Schwarz und Weiß. Fantex-Vlieseline für das Gefieder. Dacron-Watte zum Füllen und Dacron-Wattevlies zum Umwickeln. Sisalfigurendraht (Falag).

Die Schnitteile sind auf Bogen B (rot)

Schnittübersicht

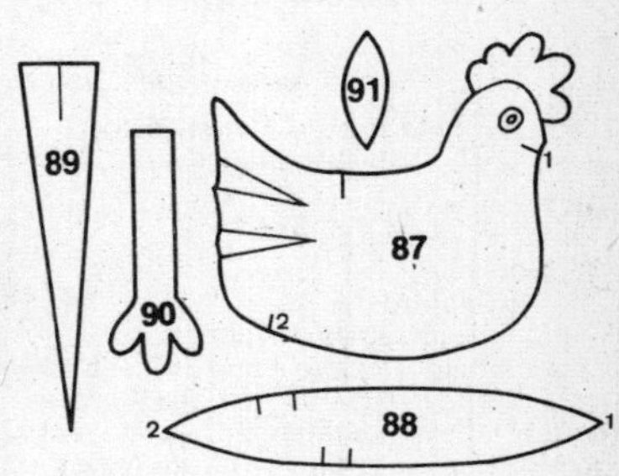

Zuschneiden:
87 Körperteil 2mal
Kamm 2mal
88 Zwischenteil 1mal
89 Feder 35mal
90 Bein 4mal
91 Schnabel 2mal
Vor dem Zuschneiden am Papierschnitt des Körperteils den angezeichneten Kamm abschneiden.
Teile plus Nahtzugabe zuschneiden (ausgenommen Kamm, Schnabel und das Gefieder).

Verarbeitung: An den Körperteilen die Abnähertiefe jeweils in der Mitte aufschneiden. Abnäher steppen, jeweils 4 Federn im Bruch gefaltet zwischenfassen. Die Federn dabei so anordnen, daß die offenen Kanten nach außen gerichtet liegen. Kamm- und Schnabelteile jeweils doppelt legen und an den Außenkanten schmal aufeinandersteppen. Zwischenteil an die beiden Körperteile steppen. Nahtstellen zum Beinansetzen offenlassen, zusätzlich Naht zum Füllen offenlassen. Körperteile zusammensteppen, am Kopf Nahtstelle für den Kamm offenlassen, hinten die Federn zwischenfassen und zwar an der oberen Kante ab dem Querzeichen 7 Federn (im Bruch gefaltet), an der rückw. Kante für den Schwanz 12 Federn zwischenfassen. Am Kopf die Nahtstelle von Hand zunähen, Kamm dabei zwischenfassen. Den Körper zunächst nur ganz locker mit Dacron-Watte füllen. Die Beine an den Außenkanten aufeinandersteppen, an der oberen Kante offenlassen. Wenden. Figurendraht in Körperform zurechtbiegen. Draht für die Beine überstehen lassen. Die Körperform aus Draht mit Dacron-Wattevlies umwickeln und in den Körper schieben. Die überstehenden Beine aus Draht mit Klebeband umwickeln. Beine überziehen. Den Körper jetzt fest mit Watte ausfüllen. Offene Nahtstellen von Hand zunähen, obere Beinkanten zwischenfassen. Schnabel aufnähen. Die Augen aus schwarzem und weißem Filz zuschneiden und aufnähen.

Vor Beginn der Arbeit die ganze Anleitung durchlesen

77 Henne, 26 cm groß (Seite 49)

Stoffverbrauch: Filzrest in Gelb 30 × 60 cm. Kleine Filzreste in Rot, Schwarz und Weiß. Dacron-Watte.

Die Schnitteile sind auf Bogen B (rot)

Zuschneiden:
92 Körperteil 2mal
Kamm 2mal
93 Zwischenteil 1mal
94 Schnabel 2mal

Vor dem Zuschneiden am Papierschnitt des Körperteils den angezeichneten Kamm abschneiden. Teile plus Nahtzugabe zuschneiden (ausgenommen Kamm und Schnabel).

Verarbeitung: Zwischenteil an die beiden Körperteile steppen, ein Stück Naht zum Füllen offenlassen. Körperteile zusammensteppen, Nahtstelle für den Kamm offenlassen. Kamm- und Schnabelteile jeweils doppelt legen und an den Außenkanten schmal aufeinandersteppen. Am Kopf die Nahtstelle für den Kamm von Hand zunähen, den Kamm dabei zwischenfassen. Körper mit Dacron-Watte füllen. Offene Nahtstelle von Hand zunähen. Schnabel aufnähen. Augen aus schwarzem und weißem Filz zuschneiden und aufnähen.

Schnittübersicht

78 Kücken, 13 cm groß (Seite 49)

Stoffverbrauch: Je Kücken: Filzrest in Gelb 15 × 30 cm. Kleine Filzreste in Rot, Schwarz und Weiß. Dacron Watte.

Die Schnitteile sind auf Bogen B (rot)

Zuschneiden:
95 Körperteil 2mal
Kamm, Schnabel und Schwanz je 1mal
96 Boden 1mal

Vor dem Zuschneiden am Papierschnitt des Körperteils den angezeichneten Kamm, Schnabel und Schwanz abschneiden.

Teile ohne Nahtzugabe zuschneiden, am Kamm, Schnabel und Schwanz ein wenig Naht, jeweils an der Ansatzkante anschneiden.

Verarbeitung: Körperteile schmalkantig zusammensteppen, Schnabel, Kamm und Schwanz zwischenfassen, die untere Kante bleibt zunächst offen. Kücken mit Dacron-Watte füllen. Boden mit Langettenstich an die untere Kante nähen. Augen aus schwarzem und weißem Filz zuschneiden und aufnähen.

Schnittübersicht

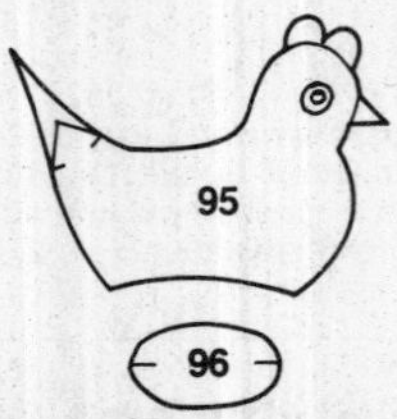

79 Enten, 20 cm lang (Seite 48)

Stoffverbrauch: Für eine Ente Stoffrest 35 × 40 cm. Filzrest für Schnabel und Füße 20 × 40 cm. 2 Knöpfe für die Augen. Dacron-Watte zum Füllen.

Die Schnitteile sind auf Bogen B (rot)

Zuschneiden:
98 Körperteil 2mal
99 Schnabel 4mal
100 Fußteil 4mal

Teile plus Nahtzugabe zuschneiden.

Verarbeitung: Schnabel und Fußteile jeweils doppelt legen und an den Außenkanten aufeinandersteppen. Teile wenden. Körperteile an den Außenkanten aufeinandersteppen (die rechte Stoffseite liegt dabei innen), Schnabel- und Fußteile wie eingez. zwischenfassen, Schlitz wie eingez. offenlassen. Körper wenden. Dacron-Watte einschieben. Den Schlitz von Hand zunähen. Körper wie eingez. (am Hals) absteppen. Knöpfe als Augen aufnähen.

Schnittübersicht

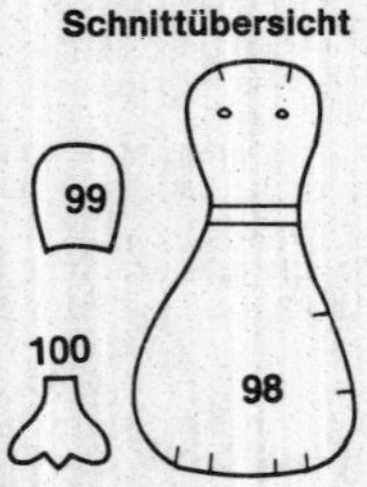

80 Lamm, 65 cm lang (Seite 48)

Stoffverbrauch: Fellimitat in Beige 0,60 m, 140 cm breit. Fellimitatrest in Weiß 20 × 70 cm. Dacron-Watte. 1 Paar Tieraugen.

Die Schnitteile sind auf Bogen C (schwarz)

Zuschneiden.
15 Oberes Körperteil 2mal
16 Unteres Körperteil 2mal
17 Mittl. Kopfteil 1mal
18 Seitl. Kopfteil 2mal
19 Ohrteil 4mal
20 Seitl. Schnauzenteil 2mal
21 Mittl. Schnauzenteil 1mal
22 Schwanz 2mal

Alle Teile plus Nahtzugabe zuschneiden. Die Ohrteile 2mal, den Schwanz 1mal, sowie die Schnauzenteile aus weißem Fellimitat zuschneiden.

Verarbeitung: Je zwei Ohren aufeinanderlegen, die rechte Stoffseite liegt dabei innen. Teile an den Außenkanten aufeinandersteppen und wenden. Teile an den Innenkanten jeweils aufeinanderheften. An den seitl. Kopfteilen wie eingez. in die Abnähertiefe einschneiden. Abnäher steppen, Ohren dabei zwischenfassen. Seitl. Kopfteile an das mittl. Kopfteil steppen. An den seitl. Kopfteilen die Naht zwischen den Nahtzahlen 6 und 9 steppen. An den seitl. Schnauzenteilen die Naht zwischen den Nahtzahlen 5 und 6 steppen. Mittl. Schnauzenteil einsetzen. Schnauze am Kopfteil einsetzen. Untere Körperteile zwischen den Nahtzahlen 7 und 8 zusammensteppen, in der Mitte Naht zum Füllen offenlassen. Untere Körperteile an die oberen Körperteile steppen, auf Nahtzahlen achten. An den oberen Körperteilen die Naht zwischen den Nahtzahlen 8 und 9 steppen. Die Naht an der oberen Kante steppen, den Halsrand offenlassen. Kopf am Halsrand einsetzen. Lamm wenden. Kopf und Körper mit Dacron-Watte füllen. Schwanzteile an den Außenkanten aufeinandersteppen und wenden. Den Schwanz wie eingez. annähen. Augen aufnähen.

Schnittübersicht

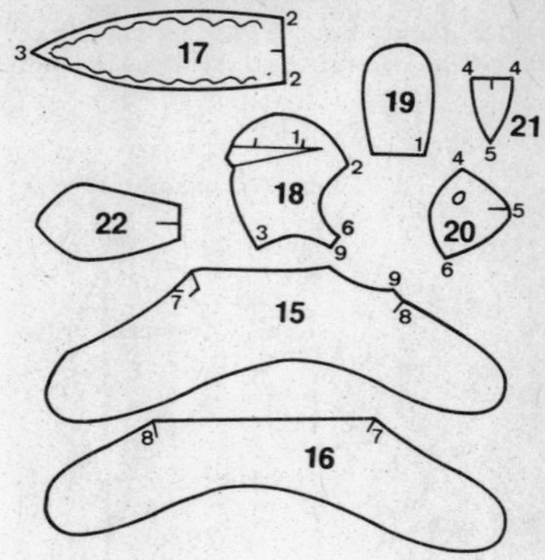

81 Osterhase, 45 cm groß (Seite 49)

Stoffverbrauch: Fellimitat 0,40 m, 120 cm breit. Jeansstoff 40 × 50 cm. Karostoff 15 × 40 cm. Lederband für den Gürtel 0,35 m, 1 cm breit. 1 Gürtelschließe mit Dorn. 2 Tieraugen. Wollrest. Weißer Fellimitatrest.

Die Schnitteile sind auf Bogen C (rot)

Zuschneiden:
Hase:
87 Körper 2mal
88 Seitl. Kopfteil 2mal
89 Mittl. Kopfteil 1mal
90 Ohr 4mal
Anzug:
91 Vorderteil 2mal ✱
92 Rückenteil 1mal ✱
93 Vord. und rückw. Hosenteil 2mal
Rückw. Tasche 2mal

Für den Spiegel des Hasen einen Kreis mit 6 cm Durchmesser aus weißem Fellimitat zuschneiden.

Teile plus Nahtzugabe zuschneiden. Bei Fellimitat die Strichrichtung beachten.
✱ = Teile auch aus Karostoff zuschneiden.

Verarbeitung: Hase: An den seitl. Kopfteilen die Naht zwischen Nahtzahl 1 und 5 steppen. Mittl. Kopfteil nahtzahlengemäß an die seitl. Kopfteile steppen. Körperteile rechts auf rechts aufeinanderlegen und aufeinandersteppen. Kopf und Körper wenden und mit Dacron-Watte ausstopfen. Kopf eingeschlagen an den Körper nähen. Für den Spiegel am Kreis ringsum einen Faden einziehen. Faden anziehen, so daß eine Kugel entsteht, Faden festnähen. Spiegel an den Hasen nähen. Je 2 Ohren ringsum verstürzen. Ohren wie eingez. annähen. Augen aufnähen. Schnäuzchen im Plattstich aufsticken. Ein paar Wollfäden als Barthaare annähen. **Anzug**: An der Weste die Seitennähte, auch an den karierten Teilen steppen. Westenteile rechts auf rechts aufeinanderlegen. Halsausschnittkanten, vord. Kanten, Saumkanten und die Armausschnittkanten aufeinandersteppen, Schulternähte bleiben offen. Weste durch eine Schulter hindurchwenden. An der Jeansweste die Schulternähte steppen, an der Karoweste die Schulternähte von Hand zunähen. Alle Kanten ¾ cm breit absteppen. An den Taschen die Zugaben an allen Kanten nach innen wenden. Obere Taschenkanten schmalkantig absteppen. Taschen schmalkantig auf die rückw. Hosenhälften steppen. Hosenteile jeweils beidseitig der Stoffbruchlinie ¾ cm breit absteppen. Innere Beinnähte steppen. Vord. Mittelnaht bis zur inneren Beinnaht steppen, dann einen 4 cm langen Schlitz für den Spiegel des Hasen offen lassen, fortlaufend rückw. Mittelnaht steppen. Zugaben der unteren Hosenbeinkanten nach innen wenden und ¾ cm breit feststeppen. Zugaben der oberen Hosenkante nach innen wenden und schmalkantig feststeppen. Für den Gürtel 4 Garnschlingen an die Hose nähen. Lederband an einer Schmalseite um die Schließe legen und festnähen, mit der Lochzange ein Loch für den Dorn ausstanzen. Die andere Schmalseite leicht abrunden, 6 Löcher ausstanzen.

Schnittübersicht

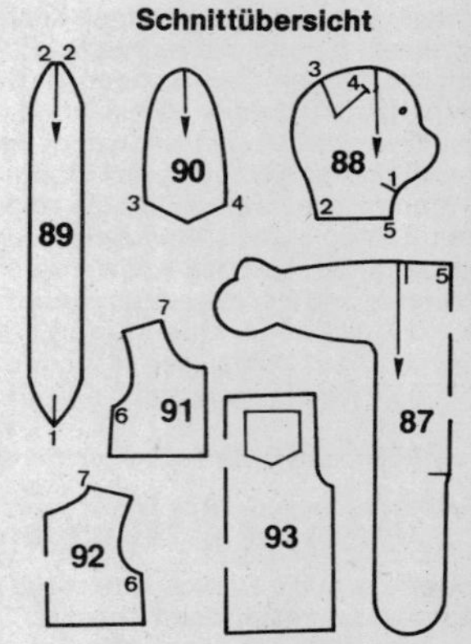

82 + 83 Hasenpärchen, ca. 65 cm groß (Seite 50)

Stoffverbrauch: Je Körper: Pelzimitat in Braun 55 × 70 cm, in Weiß 40 × 45 cm. Pelzimitatrest in Schwarz. Lack- und Filzstoffreste für die Augen. Dacron-Watte. Für die Hose: Gemusterter Stoffrest 40 × 60 cm. Garniturstoff 10 × 20 cm. Spitzenborte 0,60 m, 1 cm breit. Tresse 0,60 m, 3 cm breit. Für den Latzrock: Gemusterter Stoff 0,45 m, 150 cm breit. Garniturstoff 10 × 20 cm. Spitzenborte 2,30 m, 1 cm breit.

Die Schnitteile sind auf Bogen D (rot)

Zuschneiden:
50 Vorderteil 1mal
51 Rückenteil 1mal
52 Fußteil 2mal
53 Sohle 2mal
54 Arm 2mal
55 Pfote 4mal
56 Mittl. Kopfteil 1mal
57 Seitl. Kopfteil 2mal
58 Auge 2mal
59 Ohr 4mal

Schnittübersicht

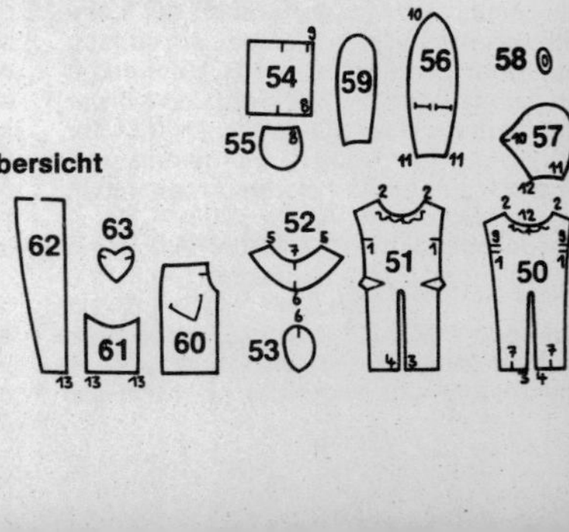

Hose:
60 Hosenteil 4mal
Latzrock:
61 Latz 2mal
62 Rüsche 2mal
63 Herztasche 2mal
Für die Hose: Latz 2mal 6 cm lang, 10 cm breit. Für den Latzrock: Rockbahn 145 cm weit, 18 cm lang. Für Rock und Hose: Bund jeweils 36 cm lang, 3 cm breit (fertige Breite 1,5 cm). Für das Schnäuzchen einen Kreis mit 3,5 cm Ø. Teile plus Nahtzugabe zuschneiden. Fußteil, Sohle und mittl. Kopfteil sowie zwei Ohren und zwei Pfotenteile aus dem weißen Pelzimitat, Schnäuzchen aus dem schwarzen Pelzimitatrest zuschneiden.

Verarbeitung: Körper: Am Rückenteil die Abnäher steppen. Vorder- und Rückenteil rechts auf rechts legen. Seiten-, Schulter- und innere Beinnähte steppen. Wenden. Fußteile jeweils aneinandersteppen, Sohle einsetzen. Ärmelnähte steppen. Pfoten entlang den runden Kanten verstürzen. An den seitl. Kopfteilen die vord. Naht von Nahtzahl 10 bis 12 steppen. Mittl. Kopfteil an die seitl. Kopfteile steppen. Ohren an den Außenkanten verstürzen. Körper, Fußteile, Arme und Pfoten sowie den Kopf ausstopfen. Fußteile an die Beine, Pfoten an die Arme nähen. Arme und Kopf an den Körper nähen. Ohren die Anstoßlinien treffend an den Kopf nähen. Kreis für Schnäuzchen an den Außenkanten zusammenziehen, ausstopfen. Schnäuzchen annähen. Augen lt. Abb. aus den Filz- und Lackstoffresten zuschneiden und aufkleben.

Hose: An den Herztaschen ringsum Spitzenborte aufsteppen. Taschen die Anstoßlinien treffend auf die vord. Hosenteile steppen. Seiten- und innere Beinnähte steppen. Vord. Mittelnaht und fortlaufend rückw. Mittelnaht bis zum Querzeichen steppen. Bund an die obere Hosenkante steppen, an den Schmalseiten verstürzen und innen eingeschlagen annähen. Latz an den Außenkanten verstürzen und schmalkantig absteppen. Latz unter die vord. Hosenteile steppen. Tresse in zwei Teile schneiden und als Träger unternähen. An den unteren Hosenkanten die Zugaben nach innen wenden und annähen. Rückw. Bundkanten mit Haken und Öse schließen.
Latzrock: Rockbahn an den schmalen Kanten aneinandersteppen, dabei einen 5 cm langen Schlitz offenlassen. Obere Rockkante einreihen. Bund an die obere Rockkante steppen, an den Schmalseiten verstürzen und innen eingeschlagen an die Ansatznaht nähen. Latz entlang den seitl. und oberen Kanten verstürzen und absteppen. An den äußeren Rüschenkanten die Zugabe nach innen wenden, Spitzenborte aufsteppen. Rüschen auf 28 cm einreihen. Rüschen unter die seitl. Latzkanten steppen, fortlaufend die Zugaben an der Rüsche nach innen wenden und feststeppen. Latz und Rüschenschmalseiten unter die obere Rockkante nähen. An den Herztaschen ringsum Spitzenborte aufsteppen. Taschen auf den Rock steppen. An der unteren Rockkante die Zugabe nach innen wenden und feststeppen. Rückw. Bund mit Haken und Öse schließen.

84 Osterhasenfamilie in Wollfadenklebetechnik (Seite 50)

Musterzeichnungen in Rot auf Bogen A

Material: Kartonreste (z.B. Rückseite vom Zeichenblock); bunte Wollreste; kleiner technicoll Klebestift; Transparentpapier; Kopierpapier; harter Bleistift; Stecknadeln; mittelgroße, spitze Papierschere.

Ausführung: Motive mittels Transparentpapier vom Bogen abnehmen und mit Kopierpapier und hartem Bleistift auf den Karton übertragen. Mit einer spitzen Papierschere die Motive ausschneiden. Nun mit dem Klebestift dünne Striche auf die Konturen auftragen und Stück für Stück mit schwarzer Wolle bekleben, dabei Fadenanfang immer mit einer Stecknadel befestigen. Dann einen Zwischenraum nach dem anderen mit Kleber bestreichen und lt. Abb. die Wollfäden auflegen und andrücken. So fortfahren, bis das ganze Motiv beklebt ist. Die fertigen Figuren in ein dickes Buch legen. Für die Standfestigkeit der Motive Stützen aus ca. 1 mm dickem Karton anfertigen. Rechtwinklige Dreiecke, ca. 5 × 2,5 cm groß und ebenso viele kleine Quadrate (pro Figur je 1 bis 2), 1 × 1 cm groß, zuschneiden. An der 5 cm langen Strecke des Dreiecks, ca. 1,5 cm vor dem spitzen Winkel und in der Mitte einer Seite des Quadrats eine 1 mm breite und 0,5 cm lange Kerbe einschneiden. Quadrat und Dreieck zusammenstecken. An der kurzen Seite das Dreieck ca. 0,5 cm umknikken und auf diesen Streifen etwas Kleber streichen. Figuren senkrecht auf den Tisch stellen und Dreiecke so an die Rückseite kleben, daß sie bündig als Standfläche abschließen.

Allgemeines zu 85–90

Bei Ostereiern, die gegessen werden sollen, dürfen nur ungiftige Farben verwendet werden. Viele Exemplare sind zum Essen viel zu schade. Für dies können Gipseier, die in Zoohandlungen erhältlich sind, verwendet werden. Wer sie aufhängen möchte, kann in die obere Spitze ein kleines Löchlein bohren und mit Hilfe von Stabilit Expreß eine kleine Ringschraube einleimen. Die Gipseier müssen vor dem Bemalen evtl. etwas glatt geschliffen werden (Schmirgelpapier) und mit Spülmittel gründlich gereinigt werden, damit der Anstrich hält. Hühnereier sollten wenigstens eine halbe Std. gekocht werden, damit sich das Innere im Laufe der Zeit mumifiziert. Eier für den Osterstrauch werden ausgeblasen, mit Spülmittel gründlich gereinigt und bekommen eine Aufhängevorrichtung. Dafür wird ein halbiertes Streichholz an einen Faden geknotet. Streichholz senkrecht in die Ausblasstelle schieben. Im Innern vom Ei legt sich das Hölzchen quer und hält es so fest. Beim Bemalen empfiehlt es sich, unter die rechte Hand mehrere Zeitschriften aufeinander zu legen, so daß sie die Höhe vom liegenden Ei ergeben. So können Sie die Malhand aufstützen. Eier lassen sich besser bemalen, wenn durch die Ausblaslöcher ein Schaschlickspieß gesteckt wird. Bemalen Sie immer nur eine Seite vom Ei und legen es dann zum Trocknen in einen Eierkarton. Wer die Motive nicht freihändig abmalen kann, zeichnet sie erst auf Transparentpapier und überträgt die Konturen dann mit Hilfe von Schneiderkopierpapier.

85 Eierstadt im Grünen

Musterzeichnung in Rot auf Bogen A

Material: 6 Gipseier aus der Zoohandlung; Lukas-Acrylfarbe in Rot, Braun, Balu, Grün, Gelb und Weiß; Tusche in Schwarz; feinste Pinsel; Lukas-Sprühlack; Schmirgelpapier; Transparent- und Kopierpapier.

Ausführung: Siehe auch Allgemeines! Motiv mittels Transparentpapier vom Bogen abnehmen. Papier so oft einzwicken, daß es sich um das Ei legen läßt. Kopierpapier unterschieben und Motiv auf das Ei übertragen. Eierhäuschen mit weißem Rauhputz müssen nicht grundiert werden. Bei beigen Häuschen Weiß und Braun mischen und auftragen. Für Dachkuppen die oberen Eispitzen mit Rot oder Braun bemalen. Nun mit Bleistift die Details lt. Abb. oder nach Belieben ausmalen. Anschließend mit feinem Pinselstrich und Tusche das Fachwerk malen. Fensterbänke und Türumrandung mit winzigen Blättern, Blüten und Ranken verzieren. Das untere Drittel vom Ei grün anpinseln. Zum Schluß alles mit Klarlack überziehen. Blumenerde in eine Auflaufform füllen und 3 Tage vor dem Osterfest Kresse aussäen. Eierhäuschen dekorativ plazieren.

86–88 Handbemalte Eier

Musterzeichnungen in Rot auf Bogen A

Material: Ausgeblasene Eier; Perlgarn; Farben aus dem Tuschkasten; feine Pinsel; Klarlack; Pelikanol (Schreibwarengeschäft); Transparent- und Kopierpapier.

Ausführung: Siehe Allgemeines! Eier ausblasen, gründlich reinigen und Aufhängevorrichtung anbringen. Eier sehr dünn und gleichmäßig mit Pelikanol einstreichen, dadurch wird das Zerlaufen der Farben verhindert. Motive lt. Musterzeichnung oder lt. Abb. aufmalen, trocknen lassen und anschließend mit Klarlack überziehen.

89 Eierkranz

Material: 5 ausgeblasene Eier; Pelikanol; Wasserfarben; Klarlack; 6 Holzperlen, ca. 2 cm Ø (Knorr); Klingeldraht; kleinkarierter Stoffrest.

Ausführung: Siehe auch Allgemeines! Eier dünn mit Pelikanol einstreichen und nach Belieben oder lt. Abb. bemalen und mit Klarlack überziehen. Nun abwechselnd Holzperlen und Eier auf den Klingeldraht fädeln. Drahtenden zusammendrehen und durch eine Karoschleife verdekken.

90 Eier mit Gräsermotiven

Material: Rohe weiße Eier, eine Feinstrumpfhose, Kordel, frische Gräser oder Löwenzahnblätter, Zwiebelschalen, Pelikanol-Kleber, Speckschwarte.

Ausführung: Von einem Strumpfhosenbein ein Stück ca. 12 cm, abschneiden, aufschneiden, flach legen. Auf das Ei mit einem Tupfer Pelikanol die Gräser oder Blättchen kleben. Nun das Strumpfhosenstück so um das Ei wickeln, daß die Gräser und Blättchen dicht auf das Ei gedrückt werden. Beide Strumpfenden nahe dem Ei mit einer Kordel fest abbinden. Das Ei in kaltem Wasser mit Zwiebelschalen aufsetzen und 10 Minuten kochen. Nach dem Abschrecken und Erkalten das Gewebe am Knoten abschneiden. Die Gräser und Blätter abnehmen. Eier mit der Speckschwarte einreiben.

91 Osterdekoration Henne

Musterzeichnung in Rot auf Bogen A

Material: Dicker Bristel-Karton ca. 90 × 62 cm (Schreibwarengeschäft); Filz- und Stoffreste, Reste von Spitzen und Borten; Plakafarben; Perlen; starker Zwirn oder Draht; UHU.

Ausführung: Nach den Musterzeichnungen Henne und Eier abzeichnen, auf Karton übertragen und mit einem Pappmesser ausschneiden. Mit gelber Farbe die Henne beidseitig grundieren. Musterschablone auflegen und die einzelnen Linien durchzeichnen. Laut Abbildung Stoff für den Bauch zuschneiden, dabei die Flügel aussparen. Stoff liniengemäß aufkleben und die Flügel anmalen. Als Halsschmuck Spitze und Borte aufkleben. Augen mit Filzstift malen. Der rote „Kamm“ wird der Henne beidseitig aus Filz aufgeklebt, die Schwanzfedern werden abwechselnd mal aus Stoffresten aufgeklebt und mal angemalt. Wenn die Henne von beiden Seiten beklebt und angemalt ist, wird oben und unten jeweils in der Mitte ein Loch eingestanzt. – Die ausgeschnittenen Eier beidseitig mit Stoff- oder Filzresten bekleben, mit Bortenresten verzieren und für die Aufhängung lochen. Perlen auf Draht oder starken Zwirn fädeln und damit die Verbindungen von Henne und Eiern herstellen. Die Draht- oder Zwirnenden gut befestigen. Aufhängeschnur ans obere Ei knoten.

92–103 Kleine Nadel- und Duftkissen (Seite 52/53)

Allgemeine Tips:

Übertragen von Patchwork- und Stickmotiven mit dem Transferstift
Bei einer schnellen und sauberen Übertragung von Patchwork- oder Stickmotiven auf Stoff ist der Aufbügelstift „Transferstift“ von „Malfreundin“ (bei Karstadt, Horten und in guten Bastel- und Handarbeitsgeschäften erhältlich) eine große Hilfe. Das gewünschte Motiv auf fettfreiem Pauspapier (z. B. dünnes Seidenpapier) mit dem Transferstift malen. Da das Motiv sich spiegelverkehrt auf dem Stoff zeigen würde, vor dem Nachzeichnen umdrehen. Nun das Papier mit der bemalten Seite auf den Stoff legen und mit materialgerechter Temperatur aufbügeln. Der Abdruck fleckt nicht und verschwindet in der Wäsche. Ein Muster kann ca. 6mal benutzt, d. h. abgebügelt werden.
Applizieren mit Haftvlies
Haftvlies ist eine Haftmasse, die auf ein Trägerpapier aufgebracht ist und zwei Stoffe durch zwei Bügelvorgänge miteinander verbindet. Alle Motivteile, die in einer anderen Stoffarbe oder -musterung erscheinen sollen, einzeln auf die Papierseite vom Haftvlies zeichnen oder pausen. Zwischen den verschiedenen Motivteilen genügend Abstand lassen. Da sich das Motiv später spiegelverkehrt auf dem Stoff zeigen würde, muß es vorher auf Transparentpapier durchgezeichnet und umgedreht werden. Die aufgezeichneten Motive grob mit Zugabe aus dem Haftvlies schneiden und die Teile mit der rauhen (beschichteten) Seite auf die linke Seite des Stoffes legen. Dann bei trockener Hitze bügeln. Die Haftmasse schmilzt und wird auf den Stoff übertragen. Motivteile 10 Min. abkühlen lassen und anschließend sorgfältig ausschneiden. Jetzt das Trägerpapier von den Motivteilen abziehen und die Teile mit der beschichteten Seite nach unten auf die Kissenplatte legen und anbügeln. Dabei das Bügeleisen Schritt für Schritt jeweils 8–10 Sekunden aufdrücken, nicht schieben.

92 Nadelkissen „Der lieben Mutter"

Größe: ca. 10 × 10 cm.

Material: Zählstoff Art. 3770 „Davosa", Art. 252 von Zweigart, 12 × 24 cm; MEZ Sticktwist. Da man von allen Farben nur ein paar Fäden braucht, reichen Reste in folgenden Tönen: Rot Nr. 47, Perlrosa Nr. 75, Lila dunkel Nr. 112, Grasgrün hell Nr. 243, Gletscherblau Nr. 146, Goldgelb Nr. 306. Rotes Paspelband, Watte, Nähgarn.

Ausführung: Stickmotiv nach Zählmuster mit zweifädigem Twist im Kreuzstich über zwei Gewebefäden in Höhe und Breite sticken. Nach Beendigung der Stickarbeit Vorder- und Rückseite plus Nahtzugabe zuschneiden. Da der Stoff sehr grob ist und leicht ausfranst, empfiehlt es sich, die Kanten vor dem Zusammennähen mit Zickzackstichen zu versäubern. Außenkanten nach innen schlagen. Rotes Paspelband unter die Ränder der bestickten Vorderseite steppen. Rückseite mit Handstichen gegennähen, dabei Öffnung zum Füllen der Watte lassen, die anschließend mit kleinen Handstichen geschlossen wird.

ε = 243	● = 47
O = 146	· = 75
/ = 306	× = 112

Zählmuster

93 Duftkissen mit aufgemaltem Blumenkorb

Die Musterzeichnung ist auf Bogen F in Schwarz.

Größe: ca. 13,5 × 12 cm.

Material: Weißer Baumwollstoff ca. 15 × 30 cm; Stoffmalstifte „Malfreundin" in Coral Nr. 6, Pink Nr. 7, Red Nr. 10, Violett Nr. 28, Navy Nr. 26, Sky Blue Nr. 23, Aqua Nr. 20, Dark Green Nr. 22, Lime Nr. 17, Tan Nr. 12, Brown Nr. 14, Duftkräuter; Watte; Nähseide.
Da die Malstifte ziemlich teuer sind, die Handhabung aber sehr einfach ist, lohnt sich die Anschaffung nur, wenn die Absicht besteht, gleich mehrere Duftkissen zu bemalen. Man kann natürlich auch die herkömmlichen Stoffmalfarben verwenden oder das Motiv im Plattstich sticken.

Ausführung: Vor Beginn der Arbeit den Stoff durch Waschen von der Appretur befreien. Vom Motiv eine Bügelpause herstellen (siehe „Allgemeine Tips"). Das Motiv lt. Abb. mit „Malfreundin" malen. Nach 48 Std. ist die Farbe trocken und wird waschecht, wenn sie von der linken Seite mit materialgerechter Temperatur gebügelt wird. Ca. 8 mm vom äußeren Rand entfernt einen kleinen Rahmen im Zickzackstich rund um das Motiv steppen. Danach die obere und untere Kissenplatte plus Nahtzugabe zuschneiden. Hierfür die Nahtlinie mit Bleistift oder eingezogenem Nähseidenfaden auf der linken Stoffseite markieren. Vorder- und Rückseite (Stoff rechts auf rechts liegend) in der Markierungslinie verstürzen, dabei eine Öffnung zum Füllen lassen. Wenden, Watte und Duftkräuter einfüllen, und die offengelassene Strecke mit kleinen Handstichen schließen. An das Blumenkörbchen eine kleine Schleife nähen.

94 Besticktes Duftsäckchen mit Junge und Mädchen

Größe: ca. 16,5 × 9,5 cm.

Material: Hellgrünes Schülertuch Art. 1235 „Linda" Fb. Nr. 663 von Zweigart ca. 12 × 20 cm; MEZ Sticktwist; Goldgelb Nr. 306, Hellbraun Nr. 309, Perlrosa Nr. 75, Rot Nr. 47, Porzellanblau mittel Nr. 148, Gletscherblau Nr. 146, Grasgrün hell, Nr. 243, Grasgrün Nr. 245, Braun Nr. 359, Weiß Nr. 402 (es reichen wenige Fäden pro Farbe). Für das Innensäckchen weißen Baumwollstoff, zum Füllen Duftkräuter und Watte, 50 cm dünne Kordel.

Ausführung: Stickmotiv nach Zählmuster mit zweifädigem Sticktwist in Kreuzstich ausführen, und zwar über 2 Gewebefäden in Höhe und Breite. Nach Beendigung der Stickerei Vorder- und Rückseite des Duftsäckchens mit reichlich Zugabe zuschneiden. Nahtlinie auf der linken Seite markieren (2 cm vom unteren Rand und 1 cm vom seitlichen Rand der Stickerei). Beide Stoffteile rechts auf rechts liegend an drei Seiten verstürzen. Überstehenden Stoff bis auf ca. 0,5 cm Nahtzugabe abschneiden. Wenden, den oberen Rand versäubern, nach innen schlagen und mit kleinen Handstichen säumen. Passendes Innensäckchen aus weißem Batist nähen, mit Duftkräutern und Watte füllen, in das bestickte Säckchen stecken und mit Kordel zuschnüren.

O = 146	/ = 306
ε = 243	× = 309
▲ = 245	· = 75
■ = 359	● = 47
□ = 402	– = 148

Zählmuster

95 Weißes Spitzen-Duftkissen mit Blütenborte und Stickmotiv

Die Musterzeichnung ist auf Bogen F in Schwarz.

Größe: ca. 9 × 14 cm.

Material: Für das Kissen 2 Rechtecke je ca. 11 × 16 cm groß aus weißem Spitzenstoff und 2 gleichgroße Rechtecke aus weißem Batist, ca. 0,50 m bunte Blütenborte; Stickgarnreste in passender Farbe; Duftkräuter und Watte zum Füllen.

Ausführung: Spitzenteile mit dem Batist unterlegen und an den Kanten durchheften. Auf das eine Kissenteil entweder einen Blumenstrauß nach Vorlage sticken oder aus der Borte einzelne Blüten schneiden und aufnähen. Die beiden Kissenplatten (Stoff rechts auf rechts liegend) verstürzen, eine Öffnung zum Wenden und Füllen lassen. Überstehenden Stoff bis auf ca. 0,5 cm Nahtzugabe abschneiden. An den Ecken die Nahtzugabe schräg abschneiden. Kissen wenden und die Borte mit der Hand auf die Kissenkanten nähen (nicht durch die untere Kissenplatte stechen). Zum Schluß das Kissen mit Kräutern und Watte füllen und die Öffnung mit Handstichen schließen.

96 Fliederfarbene Duftkissen mit Tüllstickerei

Die Musterzeichnung ist auf Bogen F in Schwarz.

Größe: ca. 11,5 × 11,5 cm.

Material: Fliederfarbener dünner Baumwollstoff, 2 Quadrate 15 × 15 cm; Spitzenstoff oder bestickter Tüll 9 × 9 cm; 30 cm fliederfarbenes Duchesseband, 0,7 cm breit, für die Schleife: 40 cm weißes Duchesseband, 0,7 cm breit für den Rahmen; Duftkräuter und Watte zum Füllen; Nähseide.

Ausführung: Tüllspitze auf die Mitte eines Quadrates heften. Duchesseband lt. Musterzeichnung einlegen, als Rahmen aufsteppen. Die obere Kissenplatte mit der unteren Kissenplatte (Stoff rechts auf rechts liegend) in der Markierungslinie verstürzen. Öffnung zum Wenden und Füllen der Watte offenlassen. Überstehenden Kissenstoff bis auf ca. 0,5 cm Nahtzugabe abschneiden, an den Ecken die Nahtzugabe fast ganz abschneiden. Kissen wenden, Duftkräuter und Watte einfüllen und die offen gelassene Strecke mit kleinen Handstichen schließen. Zum Schluß aus dem fliederfarbenen Duchesseband eine kleine Schleife binden und mit ein paar Handstichen aufnähen.

97 Besticktes Nadelkissen „Ohne Fleiß kein Preis"

Größe: ca. 15 × 17 cm.

Material: Schülertuch Art. 1235 „Linda" Fb. Nr. 427 von Zweigart; MEZ Sticktwist in Jadegrün, hellstes Nr. 185, Jadegrün dunkel Nr. 189, Weiß Nr. 402, Himbeerrot hell Nr. 38, Blaßviolett Nr. 95, Lila, dunkelstes Nr. 112, Antikblau hell Nr. 848; Graublau Nr. 121; weißer Batist zum Unterlegen; rosafarbenes Seidenband 7 mm breit; Watte; Nähgarn.

· = 95	▲ = 185
○ = 112	■ = 189
/ = 848	□ = 402
× = 121	● = 38

Ausführung: Stickmotiv nach Zählmuster mit zweifädigem Sticktwist im Kreuzstich über 2 Gewebefäden in Höhe und Breite sticken. Nach Beendigung der Stickarbeit Vorder- und Rückseite grob zuschneiden. Die Herzform auf der linken Stoffseite mit Bleistift oder eingezogenem Faden markieren (ca. 1,3 cm von der Stickerei entfernt). Die obere Kissenplatte mit der unteren Kissenplatte (Stoff rechts auf rechts liegend) in der Markierungslinie verstürzen. Dabei ein Stück zum Wenden und Füllen offen lassen. Falls das Kissen mit Kräutern gefüllt werden soll, empfiehlt es sich, Batist in gleicher Größe mitzunähen, da die Kräuter durchscheinen könnten. Nahtzugabe bis auf ca. 0,7 cm abschneiden, und in Abständen etwas einschneiden, damit sich der Stoff besser in die Rundungen legt. Kissen wenden, Watte und evtl. Kräuter einfüllen, die offen gelassene Strecke mit kleinen Handstichen schließen. Schleife mit Handstichen aufnähen.

98 Patchwork Nadel- oder Duftkissen mit Katzenmotiv

Die Musterzeichnung ist auf Bogen F in Schwarz.

Größe: ca. 13 cm Ø.

Material: 2 Quadrate je 15 × 15 cm zartgemusterter Blümchenstoff. Kleine Stoffreste für das Katzenmotiv. Transparent- und Schneider-Kopierpapier; Stickgarnreste; Haftvlies; Duftkräuter und Watte zum Füllen; Nähseide.

Ausführung: Das Motiv der Katze und des Schriftzuges vom Bogen auf Transparentpapier zeichnen. Die einzelnen Applikationsteile der Katze seitenverkehrt mit Haftvlies übertragen, auf Stoffreste bügeln und, wie bei „Allgemeine Tips" beschrieben, auf die Kissenplatte bügeln. Alle Ränder mit eng eingestelltem Zickzackstich umranden. Den Schriftzug, Augen, Nase, Mund und Barthaare mittels Schneider-Kopierpapier übertragen und mit zweifädigem Twist sticken. Lt. Musterzeichnung 2 Kreise mit dem Zirkel zeichnen oder mit Schneider-Kopierpapier übertragen. Diese Linien mit dichtgestelltem Zickzackstich steppen. Das kreisförmige Kissenformat auf der linken Stoffseite mit Bleistift oder eingezogenem Faden markieren (ca. 1,5 cm vom äußeren gestickten Kreis entfernt). Die applizierte Kissenplatte (Stoff rechts auf rechts liegend) in der Nahtmarkierung verstürzen, dabei ein Stück zum Wenden und Füllen offen lassen. Überstehenden Kissenstoff bis auf ca. 0,5 cm Nahtzugabe abschneiden und die Nahtzugabe in kleinen Abständen bis dicht an die Naht einschneiden. Kissen wenden, Duftkräuter und Watte einfüllen und die offengelassene Strecke mit kleinen Handstichen schließen.

Zählmuster

99 Besticktes Nadelkissen „Brieftaube“

Größe: ca. 8 × 12 cm.

Material: Schülertuch Art. 1235 „Linda“ in Weiß von Zweigart, 15 × 20 cm; MEZ Sticktwist; da man von allen Farben nur ein paar Fäden braucht, reichen Reste in folgenden Farben: Hummerrot Nr. 329, Altrosa, dunkelstes Nr. 972, Perlrosa Nr. 75, Himbeerrot Nr. 39, Beige Nr. 391, Antikblau mittel Nr. 849, Blaugrau dunkel Nr. 922, Taubenblau mittel Nr. 977, Maigrün Nr. 242, Lindgrün Nr. 262; schmale rosa Seidentresse; weißer Batist zum Unterlegen; 65 cm weiße Festonspitze 1,5 cm breit; Watte; Nähgarn.

Ausführung: Stickmotiv nach Zählmuster mit zweifädigem Sticktwist im Kreuzstich über 2 Gewebefäden in Höhe und Breite sticken. Nach Beendigung der Stickarbeit Vorder- und Rückseite plus Nahtzugabe zuschneiden. Nahtzugaben nach innen schlagen und ca. 3 mm von der Außenkante entfernt rosa Tresse aufsteppen. Weiße Festonspitze einkräuseln und unter den Rand der Vorderseite steppen. Falls das Kissen mit Kräutern gefüllt werden soll, empfiehlt es sich, Batist in gleicher Größe mitzunähen, da die Kräuter durchscheinen könnten. Danach die Rückseite mit Hand gegennähen. Eine Öffnung zum Füllen der Watte lassen und anschließend die Öffnung mit kleinen Handstichen schließen.

×	= 922	·	= 972
○	= 977	/	= 75
ε	= 242	●	= 39
▲	= 262	□	= 391
▶	= 329	–	= 849

Zählmuster

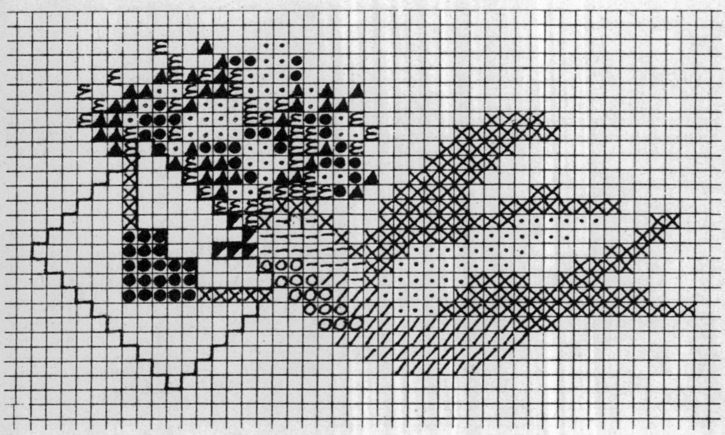

100 Blaues Patchworknadelkissen

Die Musterzeichnung ist auf Bogen F in Schwarz.

Größe: ca. 10 × 10 cm.

Material: 2 Quadrate zartgetupfter Baumwollstoff je 15 × 15 cm groß; Reste von kleingemustertem Blümchen- und Streifenstoff; Haftvlies; Watte und Duftkräuter zum Füllen; Nähseide.

Ausführung: Lt. Musterzeichnung und Abb. die einzelnen Applikationsteile vom Rahmen und vom Stern auf Haftvlies zeichnen. Applikation ausführen (siehe „Allgemeine Tips“). Anschließend alle Konturen mit dicht eingestelltem Zickzackstich umranden. Das Kissenformat auf der linken Stoffseite (1 cm von der äußeren Rahmenkante entfernt) markieren. Kissenteile rechts auf rechts liegend zusammensteppen, dabei Schlitz zum Wenden und zum Füllen offen lassen. Watte und Duftkräuter einschieben. Schlitz mit Handstichen zunähen.

101 Herzkissen mit weißer Festonspitze

Die Musterzeichnung ist auf Bogen F in Schwarz.

Größe: ca. 11 × 11 cm.

Material: 2 Quadrate ca. 15 × 15 cm rosa Blümchenstoff; für Herzapplikation uni Baumwollrest 8 × 8 cm; kleines gekauftes Stickereimotiv; ca. 80 cm Festonspitze 1,5 cm breit; Haftvlies; Duftkräuter und Watte zum Füllen.

Ausführung: Nach der Musterzeichnung Kissenoberseite mit Nahtzugabe zuschneiden. Herzapplikation mit Haftvlies beschichten (siehe „Allgemeine Tips“). Unter die Außenkante die eingekräuselte Festonspitze heften. Herz mit Spitzenrüsche auf die Mitte der Kissenoberseite bügeln und mit rosa Garn im Zickzackstich aufsteppen. Das Stickereimotiv in Herzmitte aufnähen. Kissenteile rechts auf rechts liegend verstürzen, dabei Schlitz zum Wenden offen lassen. Nahtzugabe auf 0,5 cm zurückschneiden und in kurzen Abständen bis dicht an die Nahtlinie einschneiden. Kissen mit Watte und Duftkräutern füllen. Schlitz mit Handstichen zunähen.

102 Bemaltes Duftkissen mit Haus und Garten

Die Musterzeichnung ist auf Bogen F in Schwarz.
Größe: ca. 12 cm Ø.

Material: Weißer Baumwollstoff 14 × 28 cm; Stoffmalstifte „Malfreundin“ (bei Karstadt, Horten und in Bastelgeschäften erhältlich): Pink Nr. 7, Red Nr. 10, Violett Nr. 28, Navy Nr. 26, Sky Blue Nr. 23, Aqua Nr. 20, Dark Gren Nr. 22, Lime Nr. 17, Tan Nr. 12; Duftkräuter; Watte; Sticktwistreste in den Tönen der Malfarbe.
Da die Malstifte ziemlich teuer sind, die Handhabung aber sehr einfach ist, lohnt sich die Anschaffung nur, wenn die Absicht besteht, mehrere Duftkissen zu bemalen. Natürlich kann auch die herkömmliche Stoffmalfarbe verwendet oder das Motiv im Plattstich gestickt werden.

Ausführung: Vom Motiv eine Bügelpause herstellen (siehe „Allgemeine Tips“). Den Stoff waschen und so von der Appretur befreien. Den Stoff in einen kleinen Stickrahmen spannen, damit er besonders stramm ist. Nun lt. Musterzeichnung und Abb. das Motiv malen. Nach ca. 48 Std. die Malerei von der linken Seite mit materialgerechter Temperatur bügeln. Anschließend alle Konturen der Malerei mit passendem zweifädigem Sticktwist im Steppstich umranden. Rund um das Motiv einen 3 mm breiten gelben Rahmen in Plattstich sticken und daran grenzend einen roten Rand in Stielstich ausführen. Ca. 7 cm davon entfernt eine dunkelblaue Kontur mit Stielstichen sticken. Obere und untere Kissenplatte plus Nahtzugabe zuschneiden. Kissenteile rechts auf rechts liegend verstürzen, Schlitz zum Wenden und Füllen offenlassen. Watte und Duftkräuter einfüllen, Schlitz mit Handstichen schließen.

103 Bemaltes Duftkissen mit Schwanmotiv

Die Musterzeichnung ist auf Bogen F in Schwarz.

Größe: ca. 10 × 10 cm.

Material: Weißer Baumwollstoff ca. 12 × 35 cm; Stoffmalstifte „Malfreundin“ (bei Karstadt, Horten und in Bastelgeschäften erhältlich) in: Navy Nr. 26, Aqua Nr. 20, Sky Blue Nr. 23, Dark Green Nr. 22, Lime Nr. 17, Purple Nr. 29, Duftkräuter; Watte.
Da die Malstifte ziemlich teuer sind, die Handhabung aber sehr einfach ist, lohnt sich die Anschaffung nur, wenn die Absicht besteht, gleich mehrere Duftkissen zu bemalen. Natürlich können auch die herkömmlichen Stoffmalfarben verwendet oder das Motiv in Plattstich gestickt werden.

Ausführung: Vom Motiv eine Bügelpause herstellen (siehe „Allgemeine Tips“). Den Stoff waschen und so von der Appretur befreien. Stoff in einen kleinen Stickrahmen spannen, damit er besonders stramm ist. Lt. Musterzeichnung und Abb. das Motiv malen. Nach ca. 48 Std. die Malerei von der linken Seite mit materialgerechter Temperatur bügeln. Die Ränder des Motivs winkel- und fadengerade umheften und knappkantig auf die Mitte der Kissenplatte steppen. Kissenteile rechts auf rechts liegend verstürzen, dabei Schlitz zum Wenden und Füllen offenlassen. Kissen füllen, Schlitz schließen.

104 + 105 Hausschuhe Gr. 38/39, Schuhbeutel und Strumpftasche (Seite 54)

Stoffverbrauch: 0,70 m, 90 cm breit. Klarsichtfolie 0,30 m, 40 cm breit. Duchesseschrägband 3,50 m, 4 cm breit. Baumwollband 0,90 m, 1 cm breit. 1 Paar Schuheinlagen für Gr. 46. Dacron-Wattevlies. Gummiband ¾ cm breit. Einlage.

Die Schnitteile sind auf Bogen C (schwarz).

Schnittübersicht

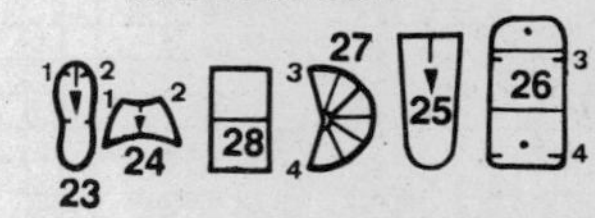

Zuschneiden:
Schuhe:
23 Schuhsohle 2mal
24 Schuhteil 4mal
Beutel:
25 Beutelteil 2mal
Tasche:
26 Äußeres Taschenteil mit angeschn. Klappe 2mal
27 Seitenteil 2mal
28 Inneres Taschenteil 3mal aus Klarsichtfolie.

Teile plus Nahtzugabe zuschneiden. Schuhteile und innere Taschenteile ohne Nahtzugabe zuschneiden. Schuhteil 2mal auch aus Dacron-Watte zuschneiden. Papierschnitt der Schuhsohle auf die Schuheinlagen legen und danach die Schuheinlagen ohne Nahtzugabe zurechtschneiden.

Verarbeitung: Schuhe: Stoffsohlen auf die Schuheinlagen heften. Je 2 Schuhteile links auf links aufeinanderheften, dabei Dacron-Watte mitfassen. Schuhteile 1 cm breit mit Schrägband einfassen und auf die Schuhsohlen heften. Schuhsohlen ringsum einfassen.

Beutel: Teile an den Längskanten und an der runden Schmalseite verstürzen. Andere Schmalseite 1 cm breit mit Schrägband einfassen. Gummiband in den Einfaß ziehen. Von dem Schrägband 22 cm abschneiden. Band verstürzen, zur Schleife binden und lt. Abb. aufnähen.

Tasche: Einlage auf die äußeren Taschenteile bügeln. Äußere Taschenteile links auf links aufeinanderheften. An den inneren Taschenteilen die Schmalseiten ½ cm breit mit Baumwollband einfassen. Innere Taschenteile aufeinanderlegen und so auf das äußere Taschenteil legen, daß die eingez. Stepplinien aufeinandertreffen. Teile entlang der Stepplinie aufeinandersteppen. Nahtzugaben an den Seitenteilen entlang den runden Kanten nach innen wenden und feststeppen. Seitenteile offenkantig auf das äußere Taschenteil heften, Nahtzugaben liegen außen. Äußere Taschenteilkanten 1 cm breit mit Schrägband einfassen. An den Seitenteilen die Faltenbrüche wie eingez. legen und heften, dabei die inneren Taschenteile mitfassen, in der Mitte 2 Taschenteile mitfassen. Faltenbrüche ½ cm breit absteppen, an den Enden schmal auslaufen lassen. Druckknopf wie eingez. einstanzen.

106 Bezogene Kleiderbügel und Herz (Seite 54)

Stoffverbrauch: Für einen Kleiderbügel: Stoffrest. Duchesseschrägband 0,40 m, 2,5 cm breit. 1 Kleiderbügel. Dacron-Wattevlies. Für Herz: Stoffrest. Duchesseschrägband 0,60 m, 2,5 cm breit. Dacron-Wattevlies.

Das Schnitteil ist auf Bogen C (rot)

Zuschneiden:
74 Herzteil 2mal
Bezug für Kleiderbügel 55 cm lang, 10 cm breit.
Alle Teile plus Nahtzugabe zuschneiden.

Schnittübersicht

Verarbeitung: Kleiderbügel: Vom Schrägband 15 cm abschneiden. Schrägband zu einem ¾ cm breiten Röllchen verstürzen und über den Haken ziehen. Dacron-Watte um den Kleiderbügel legen und annähen. Bezug längs falten, rechte Stoffseite innen, Längskanten aufeinandersteppen. Bezug wenden. Nahtzugaben an den Schmalseiten nach innen wenden und annähen. Bezug über den Kleiderbügel ziehen, für den Haken Schlitz einschürzen. Bezug an den Bügelenden lt. Abb. zusammenziehen. Restl. Schrägband längs falten, aufeinandersteppen, um den Haken legen und zur Schleife binden.

Herz: Herzteile links auf links aufeinanderheften, Dacron-Watte zwischenfassen. Herz ringsum 1 cm breit mit Schrägband einfassen. Restl. Schrägband längs falten, aufeinandersteppen und als Aufhänger an das Herz nähen.

107 Kosmetikköfferchen (Seite 54)

Stoffverbrauch: 1,10 m, 90 cm breit. Futter (abwaschbarer Stoff) 0,70 m, 140 cm breit. Tresse 2,40 m, 2 cm breit. 1 Reißverschluß, 60 cm lang. Einlage.

Die Schnitteile sind auf Bogen C (rot)

Schnittübersicht

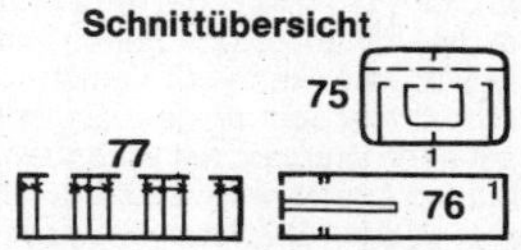

Zuschneiden:
75 Äußeres Taschenteil 2mal ✱
Äußere kleine Tasche 1mal
Inneres Taschenteil 2mal aus Futter
76 Zwischenteil 1mal ✱
77 Tasche für inneres Taschenteil 2mal aus Futter
Reißverschlußbesatz 58 cm lang, 5 cm breit, 2 Henkel 50 cm lang, 4 cm breit (fertige Breite 2 cm).
Alle Teile plus Nahtzugabe zuschneiden.
✱ = Teile auch aus Futter zuschneiden.

Verarbeitung: Einlage auf die äußeren Taschenteile bügeln. Futter unter die äußeren Taschenteile heften. Äußere kleine Tasche verstürzen. Obere Taschenkante ¾ cm breit mit Tresse einfassen. Tasche auf ein äußeres Taschenteil steppen. Innere Taschenteile entlang der Stoffbruchlinie links auf links legen und heften. Taschen für innere Taschenteile an den Schmalseiten verstürzen, untere Längskanten offenkantig aufeinanderheften. Taschen x auf o treffend in Falten legen und bügeln. Taschen die Anstoßlinien treffend auf die inneren Taschenteile legen und entlang den o-Linien jeweils aufsteppen, dafür die Falten auseinanderlegen. Falten nochmals x auf o treffend legen. Taschen entlang den unteren Kanten aufheften. Innere Taschenteile unter die äußeren Taschenteile heften. Besatz auf die Reißverschlußlinien steppen, rechte Stoffseiten liegen aufeinander. Zwischen den Stepplinien einschneiden, zu den Ecken schräg einschneiden. Besatz nach innen wenden und festheften. Reißverschluß schmalkantig untersteppen, dabei den Reißverschlußanfang überstehen lassen. Aus dem Stoff 2 Flecken 4 cm lang, 3 cm breit plus Nahtzugabe zuschneiden. Flecken eingeschlagen aufeinandersteppen, dabei an einer Schmalseite Reißverschlußanfang mitfassen, andere Schmalseite zur Spitze nähen. Henkel verstürzen und lt. Abb. so auf das Zwischenteil heften, daß die Nahtzugaben aufeinanderliegen. Am Zwischenteil die Naht steppen. Zwischenteil so an die äußeren Taschenteile heften, daß die Nahtzugaben außen liegen. Nahtzugaben ¾ cm breit mit Tresse einfassen.

108 Ausgefütterter Korb (Seite 54/55)

Stoffverbrauch: 1 m, 90 cm breit. Gummiband, ½ cm breit. 1 Spankorb 38 × 14 × 11 cm (beim Gemüsehändler oder auf dem Markt erhältlich). Holzbeize. Wäscheleine.

Das Schnitteil ist auf Bogen D (rot)

Schnittübersicht

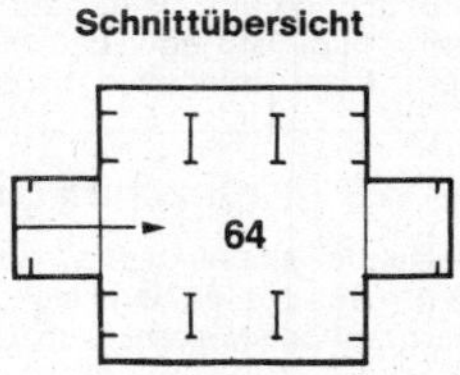

Zuschneiden:
64 Einsatz 1mal
Rüsche in schrägem Fadenlauf 2 m lang, 3,5 cm breit, 2 Laschen in schrägem Fadenlauf 70 cm lang, 6 cm breit, 2 Taschen in schrägem Fadenlauf 35 cm lang, 10 cm breit, 4 Bindebänder in schrägem Fadenlauf 35 cm lang, 2 cm breit (fertige Breite 1 cm).
Alle Teile plus Nahtzugabe zuschneiden.

Verarbeitung: An den Taschen die Nahtzugaben entlang den oberen Längskanten und an den Laschen entlang den oberen und unteren Längskanten nach innen wenden und eingeschlagen 1 cm breit für Gummidurchzug feststeppen. Gummiband jeweils einziehen und an den Schmalseiten festheften. Untere Taschenlängskanten einreihen. Taschen rechts auf rechts so an die Taschenansatzlinien steppen, daß die Taschen ins Teil gerichtet liegen. Taschen die Anstoßlinien treffend in die schmalen Seitenteile legen und an den Schmalseiten festheften. Laschen die Anstoßlinien treffend auf die langen Seitenteile legen und wie eingez. feststeppen. Laschen an den Schmalseiten festheften. Seitenteile aneinandersteppen. Rüschenteile aneinandersteppen. Nahtzugabe an der oberen Rüschenkante nach innen wenden und eingeschlagen, feststeppen. Untere Rüschenkante einreihen und an die obere Einsatzkante steppen. Bindebänder verstürzen und an die oberen Ecken des Einsatzes nähen. Spankorb mit der Holzbeize färben. Henkel mit der Wäscheleine umwickeln.

109 Nähutensilo und Korbeinsatz (Seite 55)

Stoffverbrauch: Utensilo: Stoffreste. Klarsichtfolienrest. Dacron-Wattevlies. 1 Reißverschluß, 12 cm lang. Korbeinsatz: Stoffreste. Dacron-Wattevlies. 1 Korb, 10 cm hoch, Durchmesser oben 17 cm unten 13 cm.

Die Schnitteile sind auf Bogen C (rot)

Zuschneiden:
Utensilo:
78 Taschenteil 2mal
Kleine Tasche 1mal aus Klarsichtfolie
Motiv 1mal
Einsatz:
79 Seitenteil 12mal
80 Bodenteil 12mal
Schrägstreifen zum Einfassen 1,15 m lang, 2,5 cm breit, Streifen für Schlaufe 12 cm lang, 3 cm breit (fertige Breite 1,5 cm), 3 Bindebänder 20 cm lang, 1 cm breit (fertige Breite ½ cm), 6 Schlingen 13 cm lang, 1 cm breit (fertige Breite ½ cm), Durchzugsband 1 m lang, 1 cm breit (fertige Breite ½ cm).
Teile plus Nahtzugabe zuschneiden. Taschenteil 1mal, Seitenteil und Bodenteil je 6mal zusätzlich auch aus Dacron-Watte zuschneiden.

Schnittübersicht

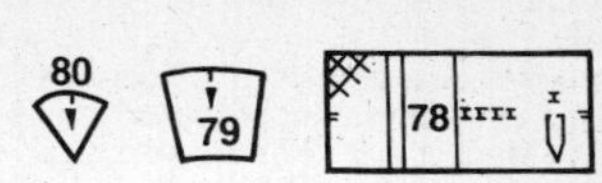

Verarbeitung: Utensilo: Taschenteile links auf links aufeinanderlegen, dabei Dacron-Watte mitfassen. Taschenteil wie eingez. und fortlaufend im gleichen Abstand absteppen. An der kleinen Tasche eine Längskante ¾ cm breit mit Schrägstreifen einfassen. Eine Reißverschlußhälfte unter diese Kante steppen. Andere Reißverschlußhälfte ¾ cm breit mit Schrägstreifen einfassen. Kleine Tasche entlang den Außenkanten auf das Taschenteil heften, Reißverschluß wie eingez. feststeppen. Streifen für Schlaufe verstürzen und wie eingez. auf das Taschenteil steppen, dabei zwischen den Stepplinien Schlaufen überstehen lassen. Motiv verstürzen und schmalkantig aufsteppen. Taschenteil entlang der eingez. Umbruchlinie absteppen. Taschenteil ringsum ¾ cm breit mit Schrägstreifen einfassen. Bindebänder verstürzen. 2 Bindebänder an die seitl. Taschenteilkanten nähen. Restl. Bindeband entlang der Mitte wie eingez. auf das Taschenteil steppen.

Einsatz: Dacron-Watte jeweils unter ein Seiten- und Bodenteil heften. Seiten- und Bodenteile jeweils aneinandersteppen. Schlingen verstürzen und zur Hälfte legen. Seitenteile an der oberen Kante verstürzen, dabei an den Nähten jeweils eine Schlinge mitfassen, untere Kanten offenkantig aufeinanderheften. Bodenteile links auf links aufeinanderheften. Bodenteil an das Seitenteil steppen, Naht beidseitig schmalkantig absteppen. Durchzugsband verstürzen und lt. Abb. durch die Schlingen ziehen.

110–112 Medikamenten- und Schminktasche und Taschentuchbehälter (Seite 55)

Stoffverbrauch: Geblümter Stoff 1 m, 90 cm breit. Uni Stoffrest für Taschentuchbehälter. Lederimitatrest für Medikamententasche. Tresse 2 m, 2 cm breit. 1 Nähfrei-Druckknopf. Einlage.

Die Schnitteile sind auf Bogen C (rot)

Schnittübersicht

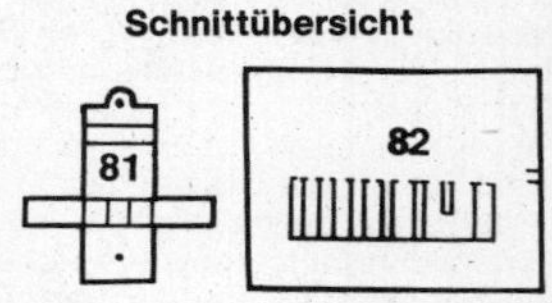

Zuschneiden:
Medikamententasche:
81 Taschenteil mit angeschn. Klappe 1mal ✱
Schminktasche:
82 Taschenteil 2mal
Streifen für Fächer (Medikamententasche) 19 cm lang, 6 cm breit (fertige Breite 3 cm) aus Lederimitatrest, Blende für Schminktasche in schrägem Fadenlauf 38 cm lang, 16 cm breit (fertige Breite 8 cm), Taschentuchbehälter 43 cm lang, 21 cm breit aus geblümtem und uni Stoff, Lasche für Taschentuchbehälter in schrägem Fadenlauf 43 cm lang, 8 cm breit (fertige Breite 4 cm).
Teile plus Nahtzugabe zuschneiden. ✱ = Teil auch aus Lederimitatrest zuschneiden.

Verarbeitung: Medikamententasche: Taschenteil ringsum verstürzen. Streifen für Fächer verstürzen und schmalkantig absteppen. Streifen wie eingez. auf das Taschenteil steppen, dabei am Streifen beidseitig gleich lange Teile überstehen lassen. An der angeschn. Klappe wie eingez. von rechts 2 mm breite Biesen steppen. Tasche entlang den Umbruchlinien falten, Kanten schmalkantig aufeinandersteppen. Überstehende Streifen für Fächer an den oberen Kanten mit einigen Stichen annähen. Druckknopf wie eingez. einstanzen.

Schminktasche: Taschenteile links auf links aufeinanderlegen. Außenkanten 1 cm breit mit Tresse einfassen. Blende verstürzen. Blende, die Anstoßlinie treffend, auf das Taschenteil legen und an den Schmalseiten feststeppen. Die Blende entlang den eingez. Stepplinien so auf das Taschenteil steppen, daß einzelne Taschenabteile entstehen, dabei die Überweite der Blende auf die schmalen Abteile aufteilen und an der unteren Kante in Fältchen legen. Zum Schluß die untere Blendenkante feststeppen. Restl. Tresse zu einem Bindeband verstürzen und annähen.

Taschentuchbehälter: Einlage auf die Lasche bügeln. Lasche an der Längskante verstürzen. Lasche entlang der Mitte auf das uni Teil heften. Uni und geblümtes Teil ringsum verstürzen. Lasche so feststeppen, daß 2 gleiche Teile entstehen.

113 + 114 Täschchen und Kulturbeutel (S. 55)

Stoffverbrauch: Tasche: 0,20 m, 90 cm breit. Futter (abwaschbarer Stoff) 0,20 m, 140 cm breit. Dacron-Wattevlies. 1 Verschlußbügel (in Handarbeits- oder Modewarenabteilungen der Kaufhäuser erhältlich). Kulturbeutel: 0,40 m, 90 cm breit. Futter (abwaschbarer Stoff) 0,60 m, 140 cm breit. Dacron-Wattevlies 0,30 m, 120 cm breit. 1 Reißverschluß, 55 cm lang. Einlage.

Die Schnitteile sind auf Bogen C (rot)

Zuschneiden:
Tasche:
83 Taschenteil 1mal ✱✱
84 Seitenteil 2mal ✱✱
Beutel:
85 Äußeres Taschenteil 2mal
86 Seitenteil 2mal ✱
Inneres Taschenteil für Beutel 2mal 41,5 cm lang, 44 cm breit (fertige Breite 22 cm), Tasche für inneres Taschenteil 14 cm lang, 20 cm breit (fertige Breite 10 cm) aus Futter.

Schnittübersicht

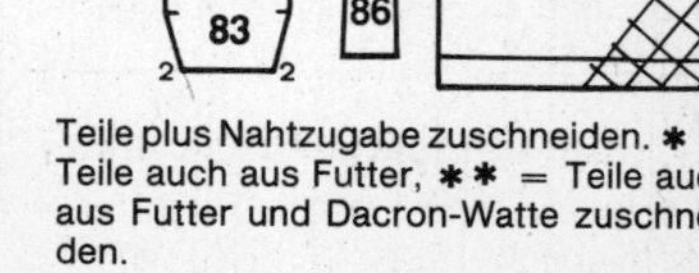

Teile plus Nahtzugabe zuschneiden. ✱ = Teile auch aus Futter, ✱✱ = Teile auch aus Futter und Dacron-Watte zuschneiden.

Verarbeitung: Tasche: Taschenteile aus Stoff und Futter links auf links aufeinanderlegen, dabei Dacron-Watte mitfassen. Taschenteil wie eingez. und fortlaufend im gleichen Abstand absteppen. Seitenteile an den oberen Kanten verstürzen, restl. Kanten offenkantig aufeinandersteppen. Seitenteile nahtzahlengemäß an das Taschenteil steppen. Nähte von rechts schmalkantig als Biesen absteppen. Verschlußbügel an die Tasche nähen.

Beutel: Äußere Taschenteile aus Stoff und Futter links auf links aufeinanderlegen, dabei Dacron-Watte mitfassen. Äußere Taschenteile wie eingez. und fortlaufend im gleichen Abstand absteppen. Naht steppen. An den äußeren Taschenteilen wie eingez. von rechts 2 mm breite Biesen steppen. Einlage auf die inneren Taschenteile bügeln. Innere Taschenteile längs falten, linke Stoffseite innen, und aufeinanderheften. Innere Taschenteile entlang den Längskanten aneinandersteppen. Tasche für inneres Taschenteil verstürzen und auf das innere Taschenteil steppen. Inneres Taschenteil so auf die linke Seite des äußeren Taschenteils legen, daß die Nähte aufeinanderliegen, seitl. Kanten aufeinanderheften. Seitenteile an den oberen Kanten verstürzen, restl. Kanten aufeinanderheften. Seitenteile jeweils ab Nahtzahl 3 bis zum Querzeichen an das Taschenteil steppen, Nahtzugaben an den oberen und an den seitl. Taschenkanten jeweils bis zum Querzeichen nach innen wenden. Obere und seitl. Taschenkanten schmalkantig absteppen und fortlaufend die Nähte bis zu den unteren Ecken als Biesen steppen. Reißverschluß untersteppen. Aus Stoff 2 Flecken 3,5 cm lang und 3 cm breit plus Nahtzugabe zuschneiden. Flecken eingeschlagen aufeinandersteppen, dabei an der einen Schmalseite Reißverschlußanfang mitfassen, andere Schmalseite zur Spitze nähen.

115–118 Garnitur in Bauernmalerei (Seite 56/57)

Musterzeichnungen auf Bogen E in Schwarz

Was braucht man zum Malen?
WACOFIN-Mattfarben lt. Tabelle, für den perlgrauen Fond wurde für die ganze Garnitur 250 ml benötigt, von den Schmuckfarben genügt je 1 Glas mit 50 ml bzw. kleinere Mengen; 1 Marderhaar-Spitzpinsel Gr. 3, evtl. Gr. 5. Zum Patinieren das WACOFIN-Patinaset mit flüssiger und Tuben-Patina (Umbra); außerdem Seidenglanzlack, Schleifpapier Nr. 200, Leinenlappen, 2 Wasserbehälter zum Pinselreinigen und Farbverdünnen. Praktisch ist ein Malstab, der von einer Hand gehalten, die malende Hand stützt und den nötigen Halt für einen ruhigen Pinselstrich gibt.

Abbeizen und vorbereiten: Wollen Sie ein altes lackiertes Möbelstück neu bemalen, muß zuerst die alte Lackschicht entfernt werden. Dazu Abbeizlauge oder -paste mit Pinsel oder Lappen gleichmäßig dick auftragen, nach 10 bis 15 Minuten mit einer Spachtel abtragen, bei weichem Holz evtl. mit einer Drahtbürste. Hartnäckige Lackschichten 2mal behandeln und grobes Schmirgelpapier zu Hilfe nehmen, bei dünner Lackschicht genügt meist Abschmirgeln, um die Oberfläche aufzurauhen. Nach dem Ablaugen das Holz mit heißem Wasser abwaschen und mit feinem Schmirgelpapier glätten. Rohholzteile, wie z. B. den Spiegel, sollte man grundieren und nach dem Trocknen abschmirgeln.

Malen: Zuerst alle Teile mit dem Flachpinsel perlgrau grundieren, in der Regel genügt 1 Anstrich. Die Motive vom Bogen auf Transparentpapier übertragen, Konturen von der Rückseite mit dickem Bleistiftstrich nachzeichnen, mit Tesafilm in gewünschter Anordnung auf dem Holz befestigen und alle Linien nochmals nachzeichnen.
Motive zunächst in der Hauptfarbe ausmalen, Farbe kann verdünnt werden (jedoch auf einem Unterteller, nicht im Farbglas), dann im 2. Malgang die Schattierungen aufsetzen, Mischungen siehe Tabelle. In die noch nasse Farbe weiße Lichter einsetzen, die sich mit der Grundfarbe vermischen dürfen, oft wird auch den Mischungen 1 Tropfen Weiß beigegeben. Bei jedem Farbwechsel den Pinsel reinigen, praktisch ist es, für jede Farbe einen gesonderten Pinsel zu haben.
Nach dem Trocknen alle Flächen leicht patinieren, dafür flüssige und einen Klecks Tubenpatina auf einen Lappen geben, flächig überwischen (keine Angst, wenn erst mal alles dunkel wird) und nach 10 Minuten mit sauberem Tuch in Richtung Rand überwischen. Dieser soll etwas dunkler erscheinen als die Motive (Lichter können herauspoliert werden). Nach 2 bis 3 Wochen Trockenzeit mit Seidenglanzlack überstreichen:

Farben zur Bauernmalerei:

Perlgrau R (Fond)	Weiß A
Zinnoberrot H	Gelb S
Leuchtendblau F	Grün M
Dunkelblau O	Ocker C
Karminrot Q	Rehbraun N
Dunkelbraun E	

In folgender Mischung schattieren:
Rosa Blüten: A + Q; violette Blüten: O + Q + A; gelbe Blüten: S + C + E; grüne Blätter: M + S; Knöpfe, Füße, Reifen, Kanten: H + N.
Die Farben lt. Modellbild auftragen, unsere Vorschläge sollten Sie anregen, auch eigene Motiv- und Farbkombinationen auszuprobieren.

115 Spiegel mit Ablage

Material: 1 Rohholzspiegel, 55 × 78 cm (Knorr-Art. 7540), Grundierung und Farben lt. Tabelle.

Ausführung. Auf den Rahmen das große Motiv, ab Rahmenmitte gegengleich, übertragen. Spiegelaufsatz mit dem mittelgroßen Motiv (ab Mittelblüte gegengleich) und die Seitenstützen mit je einem kleinen Motiv dekorieren.

116 + 118 Schirmbütte und ovale Blumenwanne

Material: Schirmbütte 26 × 19 × 59 cm, Blumenwanne 27 × 16 × 13 cm (Knorr Art. 778601 und 754902), Farben siehe Tabelle.

Ausführung: Auf die Bütte (zwischen die Reifen) das große Motiv übertragen, evtl. seitlich durch kleine Blüten bereichern, die man aus der großen Vorzeichnung ausschneidet, siehe Modellbild. Darüber die Bordüre anordnen, ab Mitte gegengleich ansetzen, den Griff ziert ein Motiv. Für die Wanne die Bordüre gegengleich ansetzen. Alle geschrägten Kanten gelb, die Innenwände der Gefäße wie die Reifen bemalen. Unter die Wannenkante grüne Tupfen setzen.

117 Schubladenschränkchen

Wir haben ein altes Schubladenschränkchen aus der Waschküche in eine adrette Garderobenkommode verwandelt, vielleicht finden Sie ähnliches in der Rumpelkammer.

Ausführung: Auf die grundierten Schubladen je 2 Motive gegengleich übertragen, auf der Platte 4 Motive anordnen. Griffe rot färben.

120–126 Dekoratives aus gepreßten Blumen und Gräsern (Seite 60/61)

Allgemeines:
Vom Frühling bis zum Herbst bietet die Natur viele verschiedene Gräser und Blumen, die sich trocknen lassen. Die Vor- und Nachmittagsstunden bei trockener Witterung eignen sich zum Sammeln am besten. Auf keinen Fall darf noch Tau auf den Wiesen liegen, denn dann haben die Pflanzen zuviel Feuchtigkeit und verfärben sich während des Pressens. Suchen Sie auch nur die allerschönsten Exemplare und achten Sie darauf, daß Blüten und Blätter in ihrer Form noch gut erhalten sind. Man kann die Sammlung schön locker in einen Korb legen und dann zu Hause zwischen Löschpapier pressen. Dabei muß man sehr sorgfältig vorgehen und eine Pinzette zu Hilfe nehmen. Alle Blätter und Blüten müssen glattliegen und sollten sich nicht berühren. Bei dicken Blumen ist es empfehlenswert, das Löschpapier nach Aufnahme der ersten Feuchtigkeit zu wechseln, denn auch das rasche Trocknen verhindert Einbußen hübscher Farben. Blumenpressen, die in Kunstgewerbeläden erhältlich sind, verhindern das Hin- und Herrutschen des eingelegten Materials. Am leichtesten ist das Trocknen von Gräsern. Es genügt, wenn sie einige Zeit im dicken Katalog oder in Telefonbüchern liegen. Unser Tip: Merken Sie sich genau, wo Sie die kleinen Kostbarkeiten zum Pressen eingelegt haben, denn Zeitschriften werden oft weggeworfen, weil niemand vermutet, daß darin Blumen „schlummern", die später bei der Verarbeitung gesucht werden könnten. Beim Aufkleben der Blüten und Blätter muß sehr sparsam mit Klebstoff umgegangen werden. Zum Schutz der getrockneten Blumen eignet sich selbstklebende Klarsichtfolie. Beim Bekleben muß das Trägerpapier Stück für Stück abgezogen und die Folie fest und faltenlos aufgeklebt werden. Dabei wird mit der flachen Hand in „Abrollrichtung" gestrichen. Je mehr Hände mithelfen, desto besser. Falls sich Bläschen bilden, können sie mit einer spitzen Nadel aufgestochen und so die Luft herausgepreßt werden.

Größen: Glückwunschkarte 21 × 15 cm; Sets 45 × 30 cm; Tischkarten 10 × 4 cm; Teeglashüllen 6 cm hoch, 7 cm ⌀.

Material: Weißer Plakatkarton; selbstklebende Klarsichtfolie; Uhu flinke Flasche; tesa color in Graubraun; schwarze Tusche; Federhalter mit ca. 3 mm breiter Feder (im Schreibwarenhandel erhältlich); PVC-Lampenschirmfolie (Falag Art. 96448); brauner Bast; Lochzange (in Bastelläden erhältlich).

Ausführung:

120 Sets: Aus Plakatkarton zwei 45 × 30 cm große Stücke zuschneiden. Von allen vier Ecken ein rechtwinkliges (5 cm) Dreieck abschneiden. Blumen und Gräser hübsch plazieren und aufkleben. Klarsichtfolie auf Ober- und Unterseite aufziehen. Zur Verstärkung tesa color um die Kanten kleben.

121 Tischkarten: Zwei 10 × 10 cm große Kartonstücke zuschneiden. Zur Hälfte knicken und von allen vier Ecken aus nach beiden Seiten 1 cm abmessen. Ecken abschrägen. Blumen und Blättchen aufkleben und Namen eintragen. Klarsichtfolie aufkleben. Kanten mit halbierten tesa color Streifen bekleben.

122 Teeglashüllen: Aus Fotokarton zwei Stücke 23 × 6 cm und als Boden 2 Kreise mit 6 cm ⌀ zuschneiden. An allen Teilen ringsum, 4 mm von der Kante entfernt, mit 5 mm Abstand Pünktchen markieren. Blümchen und Blätter aufkleben. Die Streifen zum Ring legen und mit Büroklammern zusammenhalten. Aus Lampenschirmfolie 4 Stücke ca. 27 × 10 cm und 4 Kreise mit 10 cm ⌀ zuschneiden. Die „Hülle" außen in rundgelegtem Zustand bekleben und die Büroklammern erst ganz zum Schluß entfernen. Folie vollständig aufkleben. Zum Bekleben der Innenwand die Folie zusammenrollen, aufspringen lassen und ebenfalls in rundgelegtem Zustand aufkleben. Boden von beiden Seiten bekleben. Überstehende Folie abschneiden. Alle Punkte an den Rändern mit der Lochzange ausstanzen. Mit braunem Bast die obere Kante umstechen. Dann beide Lochreihen der Längsseiten und den Boden durch überwendliche Stiche miteinander verbinden.

123 Glückwunschkarte: Plakatkarton 42 × 15 cm groß zuschneiden, zur 21 × 15 cm großen Klappkarte falten und die Ecken zum Oval abrunden. In Schönschrift (in unserem Fall Manuskript-Gotisch) „Herzlichen Glückwunsch" in die Mitte schreiben. Rundherum in Herzform kleine Blüten und Blätter aufkleben. Zum Schutz Klarsichtfolie aufkleben.

124 + 125 Kränzchen als Wandschmuck, ⌀ 20 cm

Material: Judassilberlinge (Früche der Mondviole), Rosen, Schleierkraut, Staticen, verschiedene Gräser; rosa Nagellack; Metallring 2 mm stark, 20 cm ⌀, von Falag Art. 96133 in Bastelzubehörläden erhältlich. Nähgarn in Beige.

Ausführung: Rosen mit den Köpfen nach unten gerichtet zum Trocknen aufhängen. Judassilberlinge sehr vorsichtig von den Fruchtkapseln befreien. Getrocknete Blumen, Früchte und Schleierkraut oder Staticen und Gräser auf ca. 10 cm Stiellänge beschneiden. Weil die Stiele sehr leicht brechen, muß beim Kranzbinden mit besonderer Sorgfalt gearbeitet werden. Gräser und Blumen einzeln nacheinander an den Ring, der die Grundform bildet, binden. Es ist ratsam, nicht mit einzelnen Fäden zu arbeiten, sondern das Garn direkt von der Rolle um Stiele und Ring zu winden. Einige Silberlinge mit Nagellack bestreichen.

126 Fensterbilder, 20 × 23 cm groß

Material: Selbstklebende Klarsichtfolie; Fotoecken (im Schreibwarenhandel erhältlich).

Ausführung: Die Blumen sind zwischen 2 Lagen Klarsichtfolie geklebt. Auf einer glatten, weißen Unterlage (Resopalplatte) arbeiten, da man beim Anordnen der Blumen die Wirkung besser beobachten kann. Klarsichtfolie in benötigter Scheibengröße zuschneiden. Trägerpapier abziehen und an allen Ecken mit tesafilm auf der Unterlage befestigen. Blumen anordnen und andrücken. Die zweite Klarsichtfolienlage ringsum ca. 2 cm größer zuschneiden. Trägerpapier ca. 1 cm weit abziehen und parallel zu einer Bildkante auf die Arbeitsplatte kleben, damit nichts verrutschen kann. Trägerpapier Stück für Stück abziehen und Folie vorsichtig aufstreichen. Überstehende Ränder der aufgeklebten Folie abschneiden. Die Bilder mit Fotoecken an die Fensterscheibe kleben.

127–135 Flechten mit Peddigrohr (Seite 62/63)

Allgemeines:

Die Abb. A bis H sind auf Bogen G in Schwarz.

Die Abb. a bis d sind auf S. 62/63.

Peddigrohr gewinnt man aus den Zweigen einer lianenartigen Kletterpalme. Das Rohr wird maschinell geschält und in flache und flachrunde Schienen (Fäden) gespalten; es ist in verschiedenen Stärken in Bastelzubehörläden erhältlich. Gebleichtes Peddigrohr ist in der Regel weniger haltbar als ungebleichtes. Im allgemeinen nimmt man für die „Staken", die das Gerüst des Geflechts bilden, etwas dickeres Rohr (oder 2 dünnere Fäden, siehe Abb. a und b) als zum Flechten.

An Werkzeug braucht man zum Abschneiden der dünnen Fäden eine kräftige Schere, zum Ab- und Beschneiden der Staken ein scharfes Taschen- oder Rosenmesser sowie einen „Seitenschneider" bzw. eine schräge Zwickzange. Mit einem Pfriem oder Spitzbohrer werden Staken und Flechtfäden während der Arbeit gerichtet. Für Gegenstände mit Holzboden muß ein Drillbohrer zur Hand sein, um die Löcher – dem Stakenumfang gemäß – einbohren zu können.
Zum Flechten muß das Rohr durch Einweichen in lauwarmem Wasser (ca. 10 Min. genügen) biegsam gemacht werden (zuvor in Ringe wickeln und abbinden). Die Staken bleiben so lange trocken, bis man sie für Randabschlüsse oder „Durchbrüche" biegen muß (nassen Schwamm oder Lappen auflegen).
Ist die Stakenanzahl eine ungerade, kann mit einem Faden geflochten werden – wie beim Stopfen eine Stake aufnehmen, die folgende übergehen, Abb. a. Bei gerader Stakenanzahl müssen es zwei Fäden sein, siehe Abb. b. Werden die Fäden zwischen den Staken um sich selbst gedreht (Abb. A), kann bei gerader und ungerader Stakenzahl geflochten werden; es entsteht ein besonders dichtes und haltbares Geflecht (der Fachmann spricht in diesem Fall vom „Fitzen").

127 Korb mit „Madeirarand", ca. 27 cm ∅

Man braucht ca. 100 g Peddigrohr Nr. 4 für 16 Staken à 110 cm, 2 Staken à 55 cm und 17 Staken à 45 cm lang; zum Flechten etwa 50 g Rohr Nr. 3.
Es wird lt. Abb. c und d begonnen, also mit 8 Stakenpaaren. Hat der Boden ca. 10 cm ∅, werden die 55 cm langen Staken eingefügt. Nach einigen Rd. sind die 17 kurzen Staken zwischen die 16 Paare zu stecken. Es folgen einige Rd. über je 3 Staken, bis der Rand ca. 5 cm breit ist. Den ca. 9 cm breiten Madeirarand wie folgt ausführen: Korb umdrehen, so daß der Boden obenauf liegt. Jede Stakengruppe in großem Bogen nach rechts oder links biegen, indem man sie **über** die nächste, **unter** der übernächsten, **über** der folg. Stakengruppe usw. bis zur 6. Gruppe nach rückwärts legt, siehe Abb. D. Jede Gruppe dann bei der 6. Gruppe durch 3 Flechtrunden des Randes stecken und schräg beschneiden.

128 Korbflasche, Höhe ca. 22 cm, 12 cm ∅

Für die angegebene Größe ca. 100 g Peddigrohr Nr. 3, einige Fäden Nr. 1 für Henkel und Verschluß. Für den Henkel 2 ca. 30 cm lange Staken anfeuchten und formen, mit dünnem Rohr dicht umwickeln, unten und oben ca. 5 cm freilassen. Mit dem Einflechten der Flasche wie beim Bleistiftbehälter beginnen, aber für den Boden nicht 2mal je 3, sondern 3mal je 2 Stakenpaare (also 12 Staken, ca. 70 cm lang) gitterartig verflechten. Nach einigen Rd. das kurze Paar einfügen, so daß jetzt über 13 Paare geflochten wird. Ist die Wand ca. 6 cm hoch, mit eingestellter Flasche den ca. 28 mm breiten Durchbruch einfügen. Die Stakenpaare lt. Modell verkreuzen, die Verkreuzung in der Mitte mit einer „Fitzrunde" festhalten. Danach die Staken wieder zu Paaren zus.-fassen und weiterflechten. Nach einigen Rd. den Henkel einfügen, überstehende Stakenenden abzwicken. Flechtfaden um den Henkel schlingen und der besseren Haltbarkeit wegen mit einflechten.
Über der enger werdenden Flasche zunächst das 2. und 3., 6. und 7. sowie 10. und 11. Stakenpaar zus.-fassen; nach einigen Rd. auch die übrigen Paare zu Vierergruppen vereinen, das 13. Paar dazunehmen. Den Henkel einflechten, einen Faden um den Henkel schlingen und einige Male um den Flaschenhals wickeln, Enden zur Schleife binden, ist auch der Flaschenhals eingeflochten, werden die Staken sorgfältig abgeschnitten. Der Deckel ist aus dem dünnen Rohr über einen Flaschenkorken mit einfachem Bogenrand auszuführen.

129 Bleistiftbehälter

Man braucht ein Marmeladenglas, ca. 20 g Flechtrohr Nr. 0, für die Staken Nr. 3. Bei ca. 8 cm ∅ und 10 cm Höhe 8 Stakenpaare je 45 cm lang, 1 Paar 22 cm lang schneiden. Die 8 Paare lt. Abb. c über Kreuz verflechten. Diese Mitte in 3 Rd. umflechten, dann das kurze Paar einlegen, mit 3 Rd. fixieren. Nun über 17 Stakenpaare flechten, bis der Boden den erforderlichen Durchmesser hat. Staken hochbiegen, nach einigen Rd. das Glas hineinstellen und weiterflechten. Wird das Glas enger, auch den Abstand zwischen den Staken gleichmäßig verringern. Überstehende Staken auf ca. 5 cm beschneiden; Bogenrand lt. Modellbild ausführen.

130 Ovales Semmelkörbchen, ca. 26 × 19 cm

Zum Flechten 1 Bund Peddigrohr Nr. 3, für die Staken Nr. 5 (10 Staken à 60 cm, 12 Staken à 50 cm, 8 Staken à 25 cm).
Für den Boden die 50 cm langen Staken in der Mitte vorsichtig aufschlitzen, 2 lange Staken hindurchschieben, flach nebeneinanderlegen. Darüber paarweise die „Querstaken" ab Mitte auf je 12,5 cm gleichmäßig aufteilen. Zu beiden Seiten dieses Steges je 4 Staken, ebenfalls paarweise gitterartig einflechten, stets 2 Staken aufnehmen, 2 übergehen. Dann beiderseits des Mittelsteges je 1 kurzes Stakenpaar einstecken, sie schließen die Lücken zwischen den Längs- und Querstaken.
Jetzt kann um 26 Stakenpaare geflochten werden! Hat der Boden die vorgesehene Ausmessung erreicht, wird etwas straffer geflochten, damit sich die Staken senkrecht stellen. Die Wand des Körbchens ist ca. 4,5 cm hoch. Danach die Staken lt. Modellbild zu einem Bogenrand schließen.

131 Blumenübertopf

Außer einer kreisrunden Holzplatte, die 15 mm mehr im Durchmesser messen muß als der betreffende Blumentopf, braucht man für die Staken 3 mm dickes, zum Flechten 2 mm dickes Rohr.
Mit 5 mm Abstand zum Rand eine ungerade Anzahl an Löchern vorbohren. Staken zurechtschneiden, zur Blumentopfhöhe 5 cm für den Boden und 10 cm für den Bogenabschluß zugeben. Staken durch den Holzboden stecken, die überstehenden Enden anfeuchten und lt. Abb. B auf der Unterseite verflechten. Enden schräg beschneiden. Danach mit dem Flechten beginnen. Nach einigen Rd. den Blumentopf hineinstellen – so ist es am leichtesten, die konische Form zu erreichen. Auf gleichmäßige Abstände der Staken achten. Als Schmuck lt. Modellbild 2mal einige Rd. mit doppeltem Rohr arbeiten. Als Abschluß einfache Bogen lt. Modellbild ausführen, siehe auch Abb. C.

132 Kleines Körbchen, 23 cm ∅

Siehe Obstkörbchen. Es genügt, die langen Staken 50 cm lang zu schneiden. Bei 17 cm Bodendurchmesser die Staken für die Wand schräg nach oben biegen. Für den Rand müssen die Staken noch ca. 15 cm lang sein. Die linke Stake eines Paares übers nächste und unter dem folg. in flachem Bogen nach links biegen und vor dem 4. Paar im Geflecht verwahren. Die rechte Stake des 1. übergangenen Paares in derselben Weise nach rechts biegen und die linke Stake dieses Paares zur Schlinge formen, vor der links folg. Stake im Geflecht verwahren. In dieser Weise den Rand abschließen, siehe Modellbild.

133 Umflochtene Dose, ca. 12 cm ∅, 14 cm hoch

Außer einer Keksdose braucht man für 16 Staken à 45 cm und 2 Staken à 23 cm Peddigrohr Nr. 3, auch zum Flechten (insges. 100 g). Boden lt. Abb. c oder H ausführen, weitere Verarbeitung siehe Korbflasche. Der Durchbruch wird nach ca. 5 cm in ca. 3,5 cm Breite eingeflochten. Unter dem Verschlußrand mit einfachen Bogen abschließen; die Stakenpaare ca. 6 Rd. tief vor dem nächsten Paar im Geflecht verankern, abschneiden. Den Deckel wie den Dosenboden flechten, als Abschluß denselben Rand ausführen.

134 Obstkörbchen, ca. 27 cm ∅

Für 16 Staken à 60 cm und 2 Staken à 25 cm Peddigrohr Nr. 4, zum Flechten Nr. 3. Den Boden mit 8 Stakenpaaren lt. Abb. H beginnen. Nach 4 Flechtrunden den Faden um ein Stakenpaar legen und in entgegengesetzter Richtung 4 Rd. flechten, die Staken lt. Abbildung versetzt auffassen, siehe Abb. H. Dasselbe wiederholen, dabei das kurze Paar einfügen, so daß dann über 17 Paare mit einem Faden weitergeflochten werden kann.
Bei 17 cm ∅ die Staken leicht nach oben biegen, bei 27 cm ∅ die Wölbung formen, Bei etwa 6 cm hohem Rand mit einfachen Bogen abschließen, dafür die Staken umbiegen und nach dem 2. Stakenpaar einige Zentimeter tief in die Flechtrunden stecken, Enden beschneiden.

135 Ovales Tablett und Teegläserhüllen

Die Musterzeichnung ist auf Bogen G in Schwarz.

Tablettgröße: 30,5 × 21,5 cm.

Man braucht fürs Tablett neben dem Boden mit 41 Löchern ca. 100 g Peddigrohr Nr. 4 für 41 Staken à 20 cm lang, zum Flechten dünneres Rohr Nr. 3; für die Gläser pro Stück ca. 15 g Rohr Nr. 1 für Staken und Nr. 0 zum Flechten.
Das Tablett wie den Blumenübertopf mit ca. 4 bis 5 cm hoher senkrechter Wand flechten. Evtl. geschlossenen Rand lt. Abb. E, F und G ausführen, überstehende Staken abzwicken. Die Gläserhüllen wie den Bleistiftbehälter beginnen. Durchbruch siehe Modellbild bzw. Abb. A. Es ist ratsam, die Staken, wenn sie für den Durchbruch aufgeteilt werden, mit einem dicken Gummiring festzuhalten (fürs Biegen anfeuchten, Ring erst nach dem Trocknen abnehmen). Mit verschiedenen Rändern ausstatten, siehe Modellbild.

136 Karte mit Obstkorb (Seite 64)

Musterzeichnung Korb auf Bogen E in Schwarz.

Material: Klappkarte 15 × 10,5 cm; Filz- und Stoffrest mit Obstdruck; Vlieseline zum Aufbügeln; Uhu flinke Flasche.

Ausführung: Nach der Musterzeichnung die Korbform aus rotem Filz zuschneiden. Früchte und Blätter mit aufbügelbarer Vlieseline von der linken Seite versteifen und dann erst entlang der Konturen ausschneiden. Den roten Filzkorb nur seitlich und am unteren Rand auf die Karte kleben. Das Obst hübsch verteilt, sehr üppig, also auch teilweise übereinander in den Korb kleben.

137 Neujahrskarte (Seite 64)

Musterzeichnung auf Bogen E in Schwarz.

Material: 21 × 15 cm gelben Karton; 1 Oblatenbild mit Blumenstrauß; Rest schwarzes Scherenschnittpapier, evtl. auch FFF-Pannofix (Selbstklebefilz); Uhu flinke Flasche; Schneiderkopierpapier; Transparentpapier.

Ausführung: Karton in der Mitte vorsichtig einritzen und so falten, daß eine 10,5 × 15 cm große Klappkarte entsteht. Schornsteinfeger mittels Transparentpapier vom Bogen abnehmen und auf das Scherenschnittpapier (oder Pannofix) kopieren. Mit einer kleinen, spitzen Schere ausschneiden. Auf die Vorderseite der Klappkarte legen und die Leiter markieren. Nun vor dem Aufkleben des Schornsteinfegers die Leiter mit schwarzem Filzstift aufzeichnen, Blumenstrauß zuletzt aufkleben.

138 Glückwunschkarte Drehscheibe (Seite 64)

Material: 1 Stück fester weißer Karton, ca. 18 × 34 cm; Plakafarbe in Rot und Schwarz; Buntstifte; 1 Musterbeutelklammer.

Ausführung: Mit Hilfe eines Zirkels 1 Kreis mit 17 cm Ø und 1 Kreis mit 15 cm Ø auf dem Karton markieren. Kreise mit dem Passepartoutmesser ausschneiden. Aus dem kleineren Kreis Herzform herausschneiden und rot anmalen. In Mitte beider Kreise ein Loch bohren, aufeinanderlegen und mit der Musterbeutelklammer so verbinden, daß sie sich wie eine Rechenscheibe drehen lassen. In „Schönschrift" mit feinem Pinsel den Schriftzug malen. Mit weichem Bleistift Herzformen im Kreis auf der unteren Scheibe vorzeichnen. Musterbeutelklammer wieder entfernen. Innerhalb der Herzformen gute Wünsche in Wort und Bild unterbringen. Den Außenrand mit Ranken und winziger Bogenkante zart bemalen, so daß die Namen der Gratulanten noch lesbar sind.

139 Karte mit Blumenkorb (Seite 64)

Musterzeichnung Henkelkorb auf Bogen E in Schwarz.

Material: Klappkarte 15 × 10,5 cm und Fantex in gleicher Größe; Tortendeckchen mit gebogtem Rand; 15 cm Baumwollkordel; Stoffrest mit Blumendruck; Vlieseline zum Aufbügeln; Uhu flinke Flasche.

Ausführung: Eine Seite der Karte mit Fantex bekleben. Nach der Musterzeichnung die Korbform aus dem Tortendeckchen zuschneiden und mit weißem oder farbigem Papier unterlegen, so daß das ausgestanzte Muster gut zur Geltung kommt. Blümchenstoff von der linken Seite mit Vlieseline versteifen. Blumen und Blätter sorgfältig ausschneiden und der Korbgröße entsprechend arrangieren. Korb nur an den seitlichen und an der unteren Kante aufkleben, dabei die Kordel als Henkel ebenfalls befestigen. Zum Schluß noch einige Blüten über den Korb hinaus „wachsen" lassen.

140 Glückwunschkarte mit Kavalier (Seite 64)

Musterzeichnung auf Bogen E in Schwarz.

Material: 1 Klappkarte; tesa-Kleber; Filzstifte; Filz- und Stoffreste in verschiedenen Farben; Transparent- und Kopierpapier.

Ausführung: Kartenvorderseite mit Filz bekleben. Motiv mittels Transparentpapier vom Bogen abnehmen und mit Kopierpapier auf den jeweiligen Stoffrest übertragen. Alle Teile ausschneiden. Nun zuerst Strümpfe, dann Hose und Schuhe aufkleben. Bukett aus Blümchenstoff schneiden und aufkleben. Anschließend Hand, Kittel, Manschette, Kopf, Mütze, Schal und Herzchen nacheinander aufkleben. Gesicht mit Filzstift malen.

141 Karte mit Babywäsche (Seite 65)

Musterzeichnung auf Bogen E in Schwarz.

Material: 1 Klappkarte; tesa-Kleber; Filzstifte; Stoff-, Filz- und Garnreste in verschiedenen Farben; Transparent- und Kopierpapier; 2 Zahnstocher.

Ausführung: Für den Untergrund Stoff in Kartengröße zuschneiden und die Kanten ausfransen. Stoffstück auf die Kartenvorderseite kleben. Motive mittels Transparentpapier vom Bogen abnehmen und mit Kopierpapier auf den jeweiligen Stoff- oder Filzrest übertragen. Nun zuerst die Sonne mit den Strahlen und die Wolken aufkleben. Als Wäscheleine einen Faden Stickgarn zwischen zwei Zahnstochern „montieren". Wäschestücke aufkleben. Mit Filzstift Klammern malen und Müsterchen in die Wäsche zeichnen.

142 Karte mit aufgeklebten Zeitungsausschnitten (Seite 65)

Größe ca. 40 × 27 cm

Material: Plakatkarton oder Elefantenhaut (im Schreibwarengeschäft erhältlich); aus Zeitungen ausgeschnittene witzige Sprüche, Namen, Ratschläge oder Hinweise; Uhu flinke Flasche.

Ausführung: Je nach Anlaß und vorhandenem Material die einzelnen Rubriken zusammenstellen und bunt durcheinander aufkleben.

143 Fachwerkhaus mit vielen Fenstern (Seite 65)

Musterzeichnung auf Bogen E in Schwarz.

Material: Weißer Zeichenkarton 42 × 30 cm, Tapetenrest in gleicher Größe; Lukas-Acrylfarbe in Grün, Braun, Rot, Weiß und Schwarz; je 1 Rolle Hobelspan (Falag Art. 94 177) in Grün und Braun; kleine Stoffblümchen in verschiedenen Tönen (Falag Art. 93 821, als Päckchen à 10 Stück, in Bastelläden erhältlich); tesafix (doppelseitig klebendes Band).

Ausführung: Musterzeichnung der Hausform mittels Transparentpapier vom Bogen abpausen. Den Umrissen entsprechend das Haus aus Karton zuschneiden. Die Fachwerkaufteilung mit feiner Bleistiftlinie nur an einer Front markieren. Anzahl der gewünschten Fenster festlegen und durch Punkte die Ecken der Fenster anzeichnen. Nun auf einer harten Unterlage mit dem Passepartoutmesser die Fenster so einschneiden, daß sie sich beidseitig wie Fensterläden öffnen lassen. Die Läden innen und außen grün anstreichen. Die Faltlinie am Haus nach außen, am Dach nach innen knicken. Das Dach rot, den Sockel aus einer Farbmischung von Schwarz und Weiß grau anmalen. In die Tür nur eine kleine Fensterluke schneiden und braun streichen. – Hobelspan auf tesafix kleben, dann erst in erforderlicher Balkenbreite und -länge zuschneiden. Die Längsbalken und die schräg angeordneten zuerst aufkleben, dabei das Trägerpapier Stück für Stück vom Klebestreifen abziehen. Anschließend die Querbalken und den Giebel aufsetzen. Für die Blumenkästen mit grünem Hobelspan genauso verfahren, jedoch beim Aufkleben jeweils 3 Blümchen mitfassen. Von der Rückseite in jedes Fenster ein Foto der Gratulanten, ein selbstgemaltes Porträt oder ein paar freundliche Worte schreiben und einkleben. Die Rückfront tapezieren.

144 Karte mit Kinderpärchen (Seite 65)

Musterzeichnung auf Bogen E in Schwarz.

Material: 1 Klappkarte; tesa-Kleber; Rest Zeichenblockpapier; Wasserfarbe; Stoff-, Filz- und Wollreste in verschiedenen Farben; Transparent- und Kopierpapier.

Ausführung: Kartenvorderseite mit Filz bekleben. Motive mittels Transparentpapier vom Bogen abnehmen und mit Kopierpapier auf den Stoff, die Köpfe auf Papier übertragen. Teile ausschneiden, Köpfe hautfarben kolorieren, aufkleben und Gesichter malen. Wollfäden für die Frisuren aufkleben und zurechtstutzen. Den Pferdeschwanz mit einer Kordel zusammenbinden. Kragen mit Schleifenschmuck aufkleben. Für den Rollkragen des Jungen Strickstoff aufkleben oder über einer Luftmaschenreihe ein paar Stäbchen häkeln.

145 Karte mit Landschaft (Seite 65)

Musterzeichnung auf Bogen E in Schwarz.

Material: 1 Klappkarte; tesa-Kleber; Filzstift in Grün; Filz- und Stoffreste in verschiedenen Farben; Transparent- und Kopierpapier.

Ausführung: Kartenvorderseite mit Stoff bekleben. Motive mittels Transparentpapier vom Bogen abnehmen und mit Kopierpapier auf den Stoff übertragen. Nun nacheinander See, Sonne und Wolken, Wiese mit Blumen, Tannen, Häuser und Segelschiffe aufkleben. Den Weg rund um den See mit dunkelgrünem Filzschreiber markieren. Fenster und Türen der Häuser mit Kugelschreiber malen.

146 Blumenmädchen (Seite 65)

Musterzeichnung auf Bogen E in Schwarz.

Material: 1 Stück fester Karton 18 × 18 cm; Farben aus dem Tuschkasten; kleingeblümter Stoffrest; Garnreste für die Frisur; Schleifenband; etwas Seidenpapier; Uhu flinke Flasche; Transparent- und Kopierpapier.

Ausführung: Zuerst die Konturen vom Bogen auf Transparentpapier durchpausen und mit Kopierpapier auf Karton übertragen. Den Außenkonturen entlang das Motiv ausschneiden. Die Latzhose aus Blümchenstoff zuschneiden und paßgerecht aufkleben. Nun lt. Abb. Blumen, Blätter, Gesicht und Hände und den roten Pulli malen. Für die Frisur aus ca. 2 cm langen Wollfäden zuerst den Pony aufkleben. Ca. 20 cm lange Fäden in Kopfmitte aufkleben und seitlich zu Zöpfen flechten. Schleifchen einbinden. Für die Glückwünsche und Unterschriften der Gratulanten Streifen aus Seidenpapier klein fälteln, in Hosentaschenhöhe aufkleben und darüber eine Lasche mit angeschnittenem Steg befestigen. Zum Schließen der Laschen kleine Schlitze einschneiden.

147–152 Kissen mit verschiedenen Applikationen (Seite 66/67)

Musterzeichnungen für alle Motive finden Sie auf Bogen F im Voll- und Halbton Rot.

Größe: 34 × 34 cm

Material: Für jedes Kissen 36 × 76 cm unifarbener Stoff. Für die Applikationen verschiedene kleingemusterte Stoffreste jeweils in Motiv- oder Detailgröße. Vliesofix. 1 Reißverschluß, 30 cm lang.

Ausführung: Kissenstoff winkelgerade 36 × 76 cm zuschneiden. Für die obere Kissenkante bei 38 cm die Mitte durch Einziehen eines Fadens markieren. Das gewünschte Motiv vom Bogen abpausen. Motiv bzw. Details spiegelverkehrt und platzsparend, jedoch mit wenigstens 1 cm Abstand auf die Papierseite von Vliesofix zeichnen. Motive großzügig (also nicht genau den Linien entlang) ausschneiden und mit der beschichteten Seite auf die linke Seite des Applikationsstoffes bügeln. Die beschichtete Seite vom Vliesofix verbindet sich dadurch mit dem Stoff. Nun genau entlang den Linien alles ausschneiden, Trägerpapier abziehen. Mit der beschichteten Seite die Motive bzw. Details lt. Abb. und Musterzeichnung auf dem Kissen gruppieren, Ecken evtl. mit Stecknadeln festhalten und aufbügeln. Mit kontrastfarbenem Garn alle Konturen mit dichtgestelltem Zickzackstich aufsteppen. Augen der Elefanten mit Stiel- und Plattstich sticken. – Kissenteil rechts auf rechts legen, die Seitenkanten 1 cm, die untere Kante 2 cm breit aufeinandersteppen. In unterer Mitte 30 cm langen Schlitz zum Wenden offen lassen. Unter die Schlitzränder den Reißverschluß nähen.

Vor Beginn der Arbeit die ganze Anleitung durchlesen

153 Früchtekissen und Sitzkissen, Jersey (S. 68)

Stoffverbrauch: Violetter Stoff 0,50 m, rostfarbener Stoff 0,40 m, roter Stoff 0,40 m, gelber Stoff 0,50 m, orangefarbener Stoff 0,45 m, dunkelgrüner Stoff 1,70 m, hellgrüner Stoff 0,40 m, jeweils 140 cm breit. Dacron-Watte 4,50 m, 120 cm breit. Stickgarnreste in Rost, Violett und Schwarz.

Die Schnitteile sind auf Bogen C (schwarz)

Zuschneiden:
29 Traubenkissen 2mal
30 Blatt 4mal
31 Ananaskissen 2mal
32 Blatt 2mal
33 Blatt 2mal
34 Blatt 2mal
35 Birnenkissen 2mal
36 Orangenkissen 2mal
37 Apfelkissen 2mal
38 Blatt 12mal

Je Sitzkissen 2 Kissenteile 40 × 40 cm, 5 Aufhänger für Früchtekissen 14 cm lang, 4 cm breit (fertige Breite 2 cm), 2 Stiele für Traubenkissen 11 cm lang, 1 cm breit (fertige Breite ½ cm).

Alle Teile plus Nahtzugabe zuschneiden, Farbeinteilung siehe Abbildung. Alle Kissenteile zusätzlich 3mal aus Dacron-Watte zuschneiden.

Verarbeitung: Kissen/Allgemeines: Je eine Lage Dacron-Watte unter die Kissenteile heften. – Beim Traubenkissen den eingez. Kreis lt. Abb. mehrere Male auf ein Kissenteil zeichnen und steppen. Beim Ananaskissen ein Kissenteil wie eingez. und fortlaufend im gleichen Abstand absteppen. Die Blätter (Teile 32, 33 und 34) an den Außenkanten verstürzen, Innenkanten offenkantig aufeinanderheften. Blätter wie eingez. einreihen und zwischen den Querzeichen so auf ein Ananaskissenteil heften, daß die Nahtzugaben aufeinanderliegen. – Kissenteile rechts auf rechts aufeinanderlegen und ringsum aufeinandersteppen, dabei Naht zum Wenden offen lassen. Kissen wenden. Die dritte Lage Dacron-Watte in das

Schnittübersicht

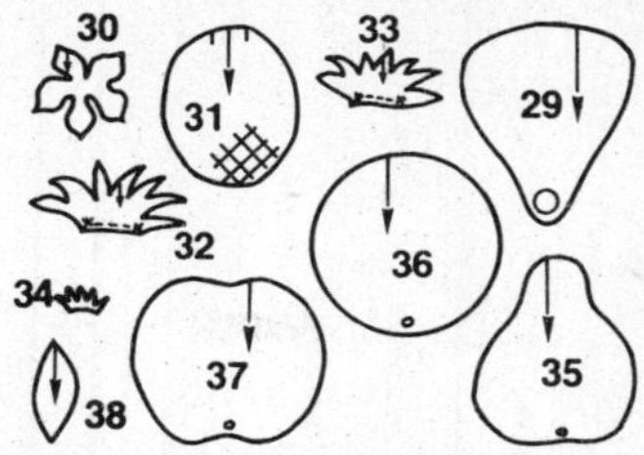

Kissen schieben. Offene Naht von Hand zunähen. Für die Früchtekissen die Aufhänger verstürzen und lt. Abb. unternähen.

Traubenkissen: Die gesteppten Kreise mit Kettenstichen nachsticken, Stiele verstürzen, Blätter ringsum verstürzen, dabei wie eingez. Stiele zwischenfassen. Stiele und Blätter mit einigen Stichen aufnähen.

Ananaskissen: Zwischen den gesteppten Rauten lt. Abb. mit Margeritenstich Motive aufsticken.

Birnenkissen: Blätter ringsum verstürzen und lt. Abb. aufnähen. Den eingez. kleinen Kreis mit Stielstich nachsticken. Aus dem Stickgarn eine 20 cm lange Luftmaschenkette häkeln und lt. Abb. in die Kreismitte nähen.

Orangenkissen: Blätter verstürzen und lt. Abb. aufnähen. Kissen lt. Abb. mit Knötchenstich besticken. Den eingez. kleinen Kreis mit Stielstich nachsticken.

Apfelkissen siehe Birnenkissen.

154 Kissen mit appliziertem Herz (Seite 68)

Stoffverbrauch: 1 fertiger Kissenbezug. Stoffrest für Herz 25 × 25 cm. Spitzenborte 90 cm, 2 cm breit. Haftvlies.

Das Schnitteil ist auf Bogen D (schwarz)

Zuschneiden:
47 Motiv (Herz) 1mal

Schnittübersicht

Verarbeitung: Haftvlies dem Motiv unterbügeln. Spitzenborte einreihen und den Motivkanten unterheften. Motiv ringsum mit eng eingestelltem Zickzackstich absteppen. Motiv dem Kissenbezug aufbügeln.

155–157 Tasche, Tischdecke und Kissenbezug (Seite 69)

Stoffverbrauch: Tasche: 0,55 m, 160 cm breit. Lackstoff als Taschenfutter 0,50 m, 140 cm breit. Taschenbügel Art. Nr. 7874 von Hobby-Knorr (in Bastelzubehörläden erhältlich). Tischdecke: 1,50 m, 160 cm breit. Kissenbezug: 0,35 m, 140 cm breit. Kordel 1,60 m, ½ cm stark. 1 Reißverschluß, 35 cm lang. Für die Applikation: Stoffreste. Haftvlies.

Das Schnitteil ist auf Bogen B (rot)

Musterzeichnung auf Bogen B in Rot

Schnittübersicht

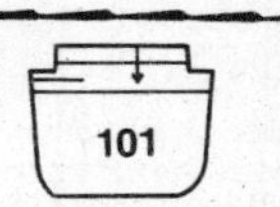

Zuschneiden:
101 Taschenteil 2mal ✱
Besatz 2mal

Seitenteil 92 cm lang, 12 cm breit ✱. – Kissenbezug: 2 Kissenteile 30 cm × 47 cm, Schrägstreifen insgesamt 1,60 m, 3 cm breit.

Teile plus Nahtzugabe zuschneiden.

✱ = Teile auch aus Lackstoff zuschneiden, die Taschenteile jedoch nur bis zur Höhe der seitl. oberen Kanten.

Applikation: Mustervorzeichnung vom Bogen auf Transparentpapier übertragen. Die Farbaufteilung beachten und platzsparend die einzelnen Motive seitenverkehrt auf die unbeschichtete Seite vom Haftvlies zeichnen. Nun Haftvlies mit der beschichteten Seite auf die linke Seite der Applikationsstoffe bügeln und die einzelnen Motive ausschneiden. Das Trägerpapier abziehen. Die Haftmasse ist nun mit dem Stoff verbunden. Die einzelnen Motive lt. Musterzeichnung und Foto zusammenfügen, wenn nötig etwas feststecken und mit feuchtem Tuch aufbügeln. Alle Ränder mit eng eingestelltem Zickzackstich aufnähen.

Verarbeitung: Tasche: Obere Stofftaschenkanten mit Besatz verstürzen. Seitenteile an die Taschenteile steppen, Nahtzugabe an der oberen Kante einschlagen. Nähte von außen wie Biesen absteppen. Lackstoffteile zusammensteppen, Nähte flach legen und beidseitig schmalkantig absteppen. Lacktasche links auf links in die Stofftasche legen, obere Kanten einschlagen. Die seitlichen oberen Kanten schmalkantig aufeinandersteppen. Den angeschn. Umbruch durch die Henkel ziehen und festheften. Obere Taschenkante wie eingez. absteppen (Reißverschlußfüßchen verwenden), dabei die Lackstoffkante und den Umschlag mit feststeppen. Die Lackseite nach außen wenden und entlang der Seitenteilmitte eine Biese steppen, dabei das Stoffteil mitfassen. –

Tischdecke: Die Kanten ringsum eingeschlagen feststeppen. –

Kissenbezug: Schrägstreifen um die Kordel legen und die Kanten dicht an der Kordel aufeinanderheften. Schrägstreifen von rechts so auf das Kissenoberteil heften, daß die Kordel ins Teil gerichtet liegt, die Schrägstreifenkanten liegen auf der Kissennahtzugabe. Die beiden Kissenteile rechts auf rechts aufeinandersteppen (Reißverschlußfüßchen verwenden). An der unteren langen Kante Schlitz für Reißverschluß offen lassen. Kissen wenden. Reißverschluß einnähen.

158 Geknüpfter Fleckerl-Teppich (Seite 70/71)

Größe: ca. 85 × 65 cm

Material: Stoffreste in vielen bunten Farben; 4 Buchenholzstämmchen ⌀ 7 cm, (evtl. über den Förster besorgen); feste Schnur; 50 g Baumwollgarn (z. B. Schwalbe Nr. 0165); 13 × 20 cm festen Karton.

Ausführung: Der Webrahmen besteht aus 2 Stämmchen mit Astgabeln als Seitenstreben und 2 Stämmchen als obere und untere Strebe. Zur Stabilität den unteren Stamm und die beiden Seitenteile lt. Modellbild einkerben und diese Verbindung dann mit Schnur verstärken (s. Modellbild). Stoffe in ca. 4 cm breite Streifen reißen (schneiden). Stoffstreifen für den Schuß aufwickeln, für den Fransenflor die Streifen auf 13 cm Länge schneiden. Hierzu als Hilfsmittel eine Schablone aus festem Karton 13 × 20 cm anfertigen, um diese mehrere Lagen wickeln und diese an der oberen und unteren Kante aufschneiden. – Baumwollgarn als Kette spannen, d. h. um die obere und untere Strebe wickeln, mit ca. 1 cm Abstand 132 Kettfäden spannen. Tip: Um die Kettfäden in diesem Abstand zu fixieren, doppelseitigklebendes Tesaband vorher auf die Streben kleben. – Nun mit einer Häkelkette beginnen, damit alle Kettfäden in einer Ebene liegen und ein Halt für die erste Schußreihe gegeben ist. Häkelkette arbeiten wie folgt: mit Schnur eine Schlaufe bilden, die ersten beiden Kettfäden mit der Schlaufe umgreifen, den Faden von hinten holen und durch die Schlaufe ziehen, so daß eine neue Schlaufe entsteht. Mit dieser die nächsten 2 Kettfäden umfassen usw. So fortlaufend arbeiten bis zum linken Rand der Kettfäden und dort verknoten. – Nach der Häkelkette mit 2 Schußreihen in Leinwandbindung beginnen, d. h. den Stoffstreifen über einen Kettfaden, dann unter einem Kettfaden hindurchführen. Die 2. Reihe jeweils um einen Kettfaden versetzt einweben. Dann eine Reihe Fransen einknüpfen, d. h. die Mitte eines kleinen Stoffstreifens über zwei Kettfäden legen und die beiden Enden von hinten zwischen den Kettfäden nach vorne ziehen. Dabei nicht zu fest anziehen, da sich sonst die Abstände der Kettfäden zueinander verändern könnten. Die Fransen jeweils an das Gewebe schieben, 2 Schußreihen zur Befestigung anschließen und so abwechselnd weiterarbeiten. Nach Erreichen der gewünschten Länge mit einer Häkelkette abschließen. Kette vom Webrahmen lösen und jeweils 4 Kettfäden miteinander verknoten. Kettfadenfransen auf gewünschte Länge zurückschneiden.

159 Kleine Umhängetasche aus Hanfgarn mit eingehäkelten Schrägstreifen, Größe ca. 25 cm breit, 16 cm hoch (Seite 72)

Material: Ca. 1 Knäuel Hanfgarn „HFI" 200 g, 1 mm stark; 15,50 m Schrägstreifen, 7 cm breit; INOX-Häkelnadel Nr. 4.

Häkelprobe und Grundmuster siehe Modell 161

Vorbereitung: Aus Baumwollstoffen 7 cm breite Schrägstreifen zuschneiden und diese an den fadengeraden Schmalkanten aneinandersteppen. Die Schnittkanten der Schrägstreifen beidseitig so breit umbügeln, daß der Stoff dreifach doppelt liegt und nur noch 2,5 cm breit ist.

Ausführung: 76 Lm. anschlagen und jede R. mit 2 Wende-Lm. beginnen. So 25 R. f. M. häkeln und dabei, wie im Grundmuster beschrieben, die Schrägstreifen mit einhäkeln. Für den Schulterriemen 230 Lm. anschlagen und 2 R. f. M. häkeln, dabei wieder Schrägstreifen einhäkeln.

Fertigstellung: Als seitliche Taschenteile 15 cm Länge des Schulterriemens beidseitig mit f. M. einhäkeln. 11 cm des Taschenteils bleibt als Taschenklappe stehen. Alle Fäden sorgfältig vernähen und die Enden der Schrägstreifen versäubern.

160 Große Hanftasche mit eingehäkelten Schrägstreifen, Größe ca. 37 cm breit, 33 cm hoch (Seite 72)

Material: 2 Knäuel Hanfgarn „HFI" à 200 g, 1 mm stark; 40 m Schrägstreifen, 7 cm breit; INOX-Häkelnadel Nr. 4.

Häkelprobe und Grundmuster siehe Modell 161

Vorbereitung: Aus Baumwollstoffen 7 cm breite Schrägstreifen zuschneiden und diese farblich abwechselnd an den fadengeraden Schmalkanten aneinandersteppen. Man braucht für die Tasche ca. 40 m. Die Schnittkanten der Schrägstreifen beidseitig so breit umbügeln, daß der Stoff dreifach doppelt liegt und nur noch 2,5 cm breit ist.

Ausführung: 76 Lm. anschlagen und jede R. mit 2 Wende-Lm. beginnen. So 66 R. f. M. häkeln und dabei wie beim Grundmuster beschrieben die Schrägstreifen mit einhäkeln. Für die beiden Tragriemen je über eine Lm.-Kette von 122 M. 4 R. f. M. häkeln. Dabei die Schrägstreifen einhäkeln.

Fertigstellung: Das Taschenteil an den Längskanten mit f. M. aneinanderhäkeln. Für den Taschenboden die Ecken ca. 4 cm nach innen schieben und ca. 6 cm breit abnähen. Die Tragriemen jeweils 6 cm von der Seitennaht entfernt annähen. Alle Fäden verstopfen und die Schrägstreifenenden versäubern.

161 Hanfteppich mit eingehäkelten Schrägstreifen, Größe ca. 130 × 170 cm (Seite 72)

Material: 13 Knäuel Hanfgarn „HFI" à 200 g, 1 mm stark; 240 m Schrägstreifen, 7 cm breit; INOX-Häkelnadel Nr. 4.

Häkelprobe: 18 Maschen und 10 Reihen = 10 cm im Quadrat.

Grundmuster: Feste Maschen, dabei den Schrägstreifen gleich mit einhäkeln, und zwar immer im Wechsel **vor** und **hinter** 2 feste Maschen legen. Bei allen folgenden Reihen den Schrägstreifen jeweils versetzt zur Vorreihe einhäkeln, so daß ein Schachbrett-Muster entsteht. Die erste f. M. jeder R. wird durch 2 Wende-Lm. ersetzt.

Vorbereitung: Zunächst aus Baumwollstoffen viele 7 cm breite Schrägstreifen zuschneiden. Diese farblich gut sortiert, fadengerade an den Schmalkanten aneinandersteppen. Man braucht für ein Quadrat 43 × 43 cm, ca. 20 m Streifen. Die Schnittkanten der Schrägstreifen beid-

seitig so breit umbügeln, daß der Stoff dreifach doppelt liegt und nur noch 2,5 cm breit ist. So müssen 12 × 20 m Schrägstreifen vorbereitet und aufgerollt werden.
Ausführung: Für 1 Quadrat 76 Lm. anschlagen und jede R. mit 2 Wende-Lm. beginnen. 43 R. f. M. häkeln und jeweils wie beim Grundmuster beschrieben die Schrägstreifen mit einhäkeln. In dieser Technik 12 Quadrate häkeln.

Fertigstellung: Die Hanfgarn-Fäden mit dicker Stopfnadel vernähen, die Enden der Schrägstreifen sorgfältig versäubern. Die einzelnen Quadrate versetzt aneinanderlegen, und zwar ein längsgestreiftes an ein quergestreiftes Teil. Mit f. M. Längs- und Querkanten aneinanderhäkeln. Zum Schluß den Teppich spannen, gründlich anfeuchten und trocknen lassen.

162 Gehäkelter Fleckerlteppich (Seite 73)

In jeder beliebigen Größe nachzuarbeiten.

Material: Viele bunte Stoffreste in möglichst gleichartiger Qualität – also keine Seide mit Cord zusammen verarbeiten! 1 JMRA-Galalith-Häkelnadel Nr. 10 oder 12, farblich passenden Nähfaden.

Anleitung: Aus den Stoffresten viele Streifen in 30–50 cm Länge, etwa 6–7 cm breit, zuschneiden und die Streifen an den Schmalseiten zusammennähen. Dieses Teil längs rechts auf rechts zusammenlegen und zusteppen, mit einer Sicherheitsnadel wenden. Es ist empfehlenswert, die Streifen nicht länger als ca. 1,50 m zusammenzunähen, da sonst beim Wenden Schwierigkeiten auftreten. Hat man auf diese Weise einige „Schnüre" gearbeitet, verbindet man diese von Hand und kann schon mit der Häkelarbeit beginnen. Für den ovalen Teppich lt. Modellbild eine Lm.-Kette in etwa 40 cm Länge anschlagen, diese mit f. M. überhäkeln. Am Reihenende in die letzte Lm. 3 f. M. häkeln, dann die Gegenseite des Anschlages ebenfalls mit f. M. überhäkeln, in die letzte Lm. 3 f. M. häkeln, die Rd. mit 1 Km. schließen. In 2. und allen folg. Rd. die f. M. stets nur in das rückwärtige Maschenglied der f. M. der Vor-Rd. arbeiten, an beiden Enden stets gleichmäßig verteilt einige Maschen zunehmen, damit das Oval sich nicht wölbt. Den Teppich in beliebiger Größe arbeiten und zum Schluß leicht dämpfen.

163–169 Utensilien mit Spitzenmalerei (Seite 74/75)

Stoffverbrauch: 2,50 m, 160 cm breit, oder Bettuch. Baumwollband 8 m, ½ cm breit, und 1,60 m, 1,5 cm breit. Lampenschirmgestell von Falag, Art.-Nr. 96224.

Das Schnitteil ist auf Bogen D (rot)

×—×—×—×—×—×—×—×—×—

Zuschneiden:
94 Lampenschirm 10mal
a) Kissen 2mal 40 cm × 25 cm, b) Kissenrüsche 2,50 m lang, 3 cm breit, c) Vorhang 2mal 1,20 m lang, 57 cm breit, d) Deckchen 51 cm × 34 cm, e) Serviette 50 cm × 50 cm, f) Serviettentasche 31 cm × 40 cm, g) Schrankspitze 4mal 34 cm × 7 cm, h) Schrankspitze 4mal 69 cm × 9 cm, i) Lavendelbeutel 2mal, Kreis mit 30 cm Druchmesser, j) Lavendelbeutel 2mal 24 cm × 14 cm.
Teile aus den Stoff legen und plus 1,5 cm Nahtzugabe zuschneiden. Selbstverständlich können Sie die von uns angegebenen Maße variieren (ausgenommen Lampenschirm), kaufen Sie dann dementsprechend Stoff ein.

Spitzenmalerei
Material: Waschechte Malfarbe in der Tube: „Malfreundin" Kardinalrot (Weico-Produkt, bei Karstadt erhältlich), Löschpapier und eine feste Kartonunterlage für die Bordürenmalerei; Malrahmen für das Malen kleinerer Ornamente. Für die Mustergebung der einzelnen Spitzenmotive: Papier- oder Plastik-Tortendeckchen, Festonspitzen mit Bogenkanten eignen sich auch.
Achtung: Vor Beginn der Arbeit die ersten Malversuche auf Stoffresten ausführen! Neue Stoffe vorher waschen, damit die Appretur entfernt wird.
So wird gemalt: Den zu bemalenden Stoff in den Malrahmen spannen. Größere Teile auf eine starke Unterlage stecken oder seitlich festkleben (siehe Arbeitsfoto im Bildheft). Rand- oder Mittelmotive wunschgemäß plazieren und ebenfalls feststecken. Auf hübsche Eckbildung achten! Vom Farbtubenstift die Plastikschutzkappe entfernen. 1 bis 2mal auf den Gummibalg drücken (nicht öfter, da sonst ein Überdruck entsteht). Die Tube immer senkrecht halten und mit konstantem leichten Druck auf die Kugel des Malkopfes die Konturen nachziehen oder ausmalen. Sollte während des Malens die

Schnittübersicht

Farbzufuhr abnehmen, erneut auf den Gummibalg drücken. Nach 48 Stunden ist die Farbe trocken und muß von der linken Seite mit empfohlener Temperatur der jeweiligen Faser gebügelt werden.
Nähen: Kissen: Webkante an die Rüschenaußenkante legen. Rüsche zusammensteppen, an der Innenkante einreihen. Rüsche so auf ein Kissenteil heften, daß die Rüschenaußenkante im Teil liegt. Kissen verstürzen, Naht zum Wenden offenlassen. Kissenfüllung einschieben. Offene Nahtstelle von Hand zunähen.
Vorhang: 12 mal 30 cm lange Bändchen vom schmalen Band abschneiden, die Enden verknoten. Am Vorhang die Nahtzugaben eingeschlagen feststeppen, die Bändchenmitte in gleichmäßigen Abständen an der oberen Kante mitfassen.
Deckchen und **Serviette:** An den Außenkanten die Nahtzugaben eingeschlagen feststeppen, an den Ecken Schrägnähte legen.
Serviettentasche: Nahtzugaben eingeschlagen feststeppen, an den Ecken Schrägnähte legen. In der Länge 13 cm hochschlagen und seitl. feststeppen.
Schrankspitze: Nahtzugaben eingeschlagen schmal feststeppen.
Beutel: Die eckigen Beutel an den seitl. und unteren Kanten zusammennähen. Obere Kante an den eckigen Beuteln und Außenkante an den runden Beuteln mit eng eingestelltem Zickzackstich versäubern. Alle Beutel mit Bändchen zusammenbinden.
Lampenschirm: Teile links auf links zusammensteppen. Nahtzugaben schmal zurückschneiden. Schmales Band über die Nahtzugaben steppen. Am oberen Ausschnitt und an die unteren Kanten breites Band ansteppen. Schirm über das Gestell spannen. Breites Band nach innen einschlagen und festnähen.

Zuschneideplan

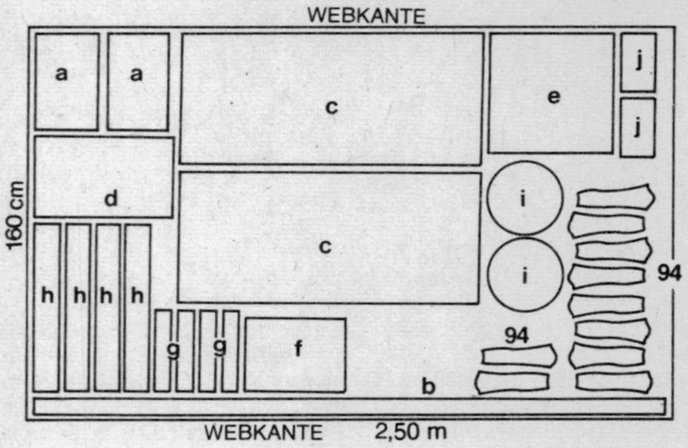

170 Tuch mit Goldsternen (Seite 76)

Größe: 80 × 80 cm.

Material: 80 cm Seidenpongé, 90 cm breit, je 1 Beutel DEKA-Batikfarbe 79/L Hellblau, 80/L Kornblumenblau, 81/L Brillantblau, 100/L Tiefschwarz, Essig und Salz für die Farbbäder, 1 Block Batikwachs, 1 breiter Borstenpinsel, 1 feiner Haarpinsel (zum Malen), 1 Spannrahmen und Reißzwecken, Plastikgefäße zum Färben, Gummihandschuhe, 1 Glas DEKA-Stoffmalfarbe Gold.

Ausführung: Stoff zunächst in Hellblau färben und trocknen. Auf einen Rahmen spannen und von der Mitte aus ein sternähnliches Gebilde (oder abstraktes Muster) mit Wachs aufmalen. Die 2. Färbung ist Kornblumenblau – aber nur 5 Minuten gefärbt. Nach dem Trocknen mit Wachs den „Stern" vergrößern, d. h. eine unregelmäßig breite Umrandung anfügen. Das 3. Farbbad ist Brillantblau. Das wiederum getrocknete Tuch fassen Sie im Mittelpunkt und tauchen nur die herunterhängenden Ecken und Ränder in das Farbbad Tiefschwarz.
Bügeln Sie jetzt das Wachs zwischen dikken Lagen Zeitungspapier (Seidenpapier) heraus und lassen kleine Rückstände durch ein Kleiderbad entfernen. Mit Textilfarbe DEKA Gold malen Sie nun kleine Sterne und Punkte auf den Rand des Tuches. Ist die Farbe trocken, wird die Rückseite heiß gebügelt und so das Gold fixiert.

171 Kissen und Bettbezug „Schöne Träume" (Seite 77)

Musterzeichnung auf Bogen E in Rot.

Material: Ungemusterte, weiße Bettwäsche aus Baumwolle (z. B. erbelle von ERBA), DEKA-batika Textilkaltfarbe, 10 Beutel 60 Smaragdgrün, dazu 10 Beutel Reaktionsmittel, Salz für das Färbebad, Batikwachs, feine und breite Borstenpinsel, 1 Spannrahmen und Reißzwecken, Plastikgefäß zum Färben, Gummihandschuhe.

Ausführung: Wenn der Stoff keine Appretur mehr enthält, trocken und glatt ist, können Sie die Schrift und die Umrandung darauf übertragen. Den Schriftzug „Schöne Träume" finden Sie auf Bogen E. Die verschiedenen Möglichkeiten der Umrahmung mit geraden oder schrägen Streifen, die ohne große Mühe zu zeichnen sind, sehen Sie auf unseren Modellbildern. Vielleicht möchten Sie auch lieber einen Blümchenkranz oder einen Tropfenrand arbeiten. Zum Verschönern Ihrer Wäsche sind hier viele Möglichkeiten geboten. Die einzelnen Möglichkeiten zum Übertragen des Schriftzuges finden Sie in den Allgem. Hinweisen. Spannen Sie den Stoff auf einen Rahmen und erhitzen das Wachs. Dann malen Sie mit einem Pinsel sehr exakt den Schriftzug aus. Eventuell muß auch auf der Rückseite mit Wachs nachgearbeitet werden, wenn das Wachs nicht ganz durchgedrungen ist. Wenn Sie das Farbbad genau nach den Anweisungen auf den Packungen zubereiten, ist die Textilfarbe absolut kochfest und lichtecht, also für Wäsche gut geeignet. Zum Schluß wird das Wachs zwischen dicken Lagen Zeitungspapier (Seidenpapier) wieder ausgebügelt. Kleinere Wachsrückstände beseitigt ein Kleiderbad vollständig.

172 Großes Tuch (Seite 78)

Größe: 230 × 90 cm.

Material: 2,30 m Seidenpongé, 90 cm breit, je 1 Beutel DEKA-Batikfarbe in 85/L Violett, 78/L Bordo, Essig und Salz für das Farbbad, 1 Knäuel dünne, feste Paketschnur, Plastikgefäß zum Färben, Gummihandschuhe.

Ausführung: Überlegen Sie sich, wie Ihr Tuch aussehen soll, und machen Sie eine Skizze, wo große bzw. kleine Kreise entstehen sollen. Für die großen Kreise deren Mitte fassen und abbinden. Dann noch 2mal in beliebigem Abstand wickeln. Wenn die großen Kreise gewickelt sind, verteilen Sie dazwischen kleine Motive, bei denen nur 1mal abgebunden wird.
Das 1. Farbbad ist Violett. Nicht zu lange färben, damit die Farbe nicht unter den Wicklungen eindringen kann.
Nach dem Trocknen die Zipfel der Wicklungen ganz umschnüren, damit sie violett bleiben. Ebenso müssen die Stoffpartien zwischen den Kreisen fest umwickelt werden, damit auch der Fond noch ein wenig Violett behält. Die nächste Färbung erfolgt in Bordo. Nach dem Spülen und Trocknen die Schnüre lösen und das Tuch bügeln.

173 Wandbehang in Nähbatik (Seite 79)

Musterzeichnung für die Blüte auf Bogen F in Rot.

Größe: 95 × 49 cm

Material: 95 × 49 cm Baumwollbatist, Knopflochseide oder fester Zwirn in Weiß, Paketschnur, DEKA-Batikfarbe in 80/L Kornblumenblau, 76/L Rubinrot, 100/L Tiefschwarz, festes Papier oder Karton für die Schablone, Essig und Salz für das Farbbad, Plastikgefäß zum Färben, Gummihandschuhe.

Ausführung: Wenn der Stoff keine Appretur mehr enthält, trocken und glatt ist, übertragen Sie die Motive darauf. Dazu für die Blüte lt. Musterzeichnung Pappschablone anfertigen. Die Sonne hat Ø 26 cm, die kleinen Kreise Ø 8 cm. Die genaue Anordnung sehen Sie auf dem Modellbild. Mit Knopflochseide oder Zwirn (unbedingt weißes Material benützen) die aufgemalten Konturen mit möglichst kleinen Vorstichen nähen. Die Anfangs- und Endfäden hängen lassen. Die Sonne mit zwei Runden reihen. Wenn alle Motive genäht sind, jedes einzelne vorsichtig fest zusammenziehen und verknoten. Alle so entstehenden Zipfel sollen auf der gleichen Stoffseite sein. Die Blüten werden, damit sie keine Farbe annehmen, noch zusätzlich mit Paketschnur fest umwickelt. Die Sonne wird nur über den Reihstellen nochmals umwickelt. Bereiten Sie das blaue Farbbad und färben den Stoff darin, ohne die Sonne mit einzutauchen. Wenn der Stoff wieder trocken ist, wird der Zipfel, der die Sonne ergibt, in das zweite Farbbad Rot getaucht und gefärbt. Es ist ratsam, den Stoff vor dem weiteren Verschnüren trocknen zu lassen. Dann wird der ganze Stoff, der noch nicht unter Schnüren verschwunden ist, fest umwickelt und verknotet. Der Zipfel für die Sonne wird separat auch gänzlich umwickelt. Es entsteht ein recht lustiges Gebilde mit vielen „Beinen". Das nächste Farbbad Tiefschwarz wird angesetzt und der „Tausendfüßler" darin gefärbt. Wenn das Gebilde trocken ist, vorsichtig mit spitzer Schere die Verschnürungen lösen und den Stoff glattbügeln. Um die vielen kleinen Knitterfalten restlos zu beseitigen, mit feuchtem Tuch bügeln, oder mit Dampfbügeleisen arbeiten.

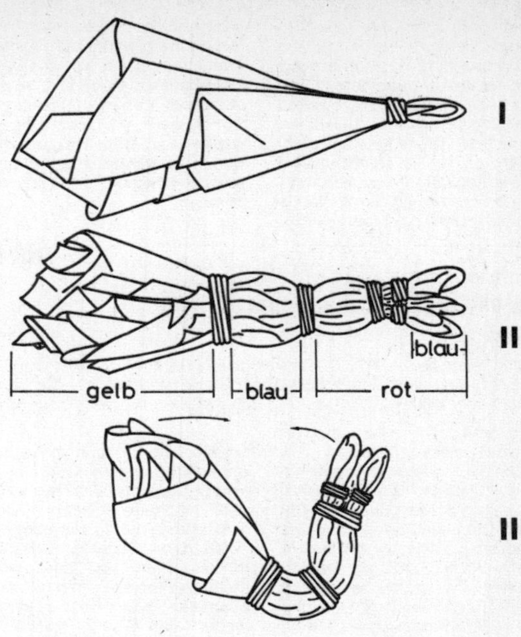

174 Bezug für einen Lampenschirm (Seite 80)

Größe: nach Bedarf.

Material: Seidenpongé, DEKA-Batikfarben, in unserem Fall 85/L Violett und 81/L Brillantblau, Essig und Salz für das Farbbad, dünne Paketschnur, Plastikgefäß zum Färben, Gummihandschuhe.

Ausführung: Wenn Sie einen zylindrischen Lampenschirm beziehen möchten, so messen Sie bitte um die Kante herum den Umfang. Messen Sie die Höhe des Schirmes und geben Sie in Länge und Breite ca. 1,5 cm zu, dann haben Sie das Format Ihres Tuches, das Sie färben wollen. Das Muster in unserem Modellbild ist wie folgt entstanden: Falten Sie das Tuch der Länge nach auf die Hälfte zusammen und wiederholen das, so daß Ihr Stoff in vier Lagen vor Ihnen liegt. Nun raffen Sie ihn diagonal zusammen und wickeln die Paketschnur zunächst einmal in der Mitte drei- bis viermal fest herum und verknoten sie. In kleinen Abständen weitere schmale Wicklungen nach beiden Seiten hin vornehmen. Die letzte Wicklung ist ca. 8 cm vom Rand entfernt (bei sehr kleinen Schirmen entsprechend weniger). Jetzt wird ca. 5 Minuten in Violett gefärbt, gespült und getrocknet. Die beiden ungewickelten Enden werden in ein Farbbad Brillantblau getaucht und gefärbt. Nach dem Spülen und Trocknen vorsichtig Schnüre entfernen. Rollieren Sie das Tuch von Hand, spannen es um den Lampenschirm und heften es mit schmaler Naht zusammen. Bei dieser sehr dünnen Seide empfiehlt es sich, vor Aufheften der Batik den Schirm mit weißem Lampenschirmpapier zu bekleben.

175 Paravent (Seite 80/81)

Gesamtgröße: 153 × 204 cm.

Material für die Batikarbeit: 3 Stoffbahnen 137 × 72 cm, je 1 Glas Marabatex-Farbe 021 Mittelgelb, 030 Zinnoberrot, 058 Pariserblau, 3 Gläser Marabatex-Fixiermittel; Salz, 1 Knäuel feste, dünne Paketschnur; Plastikgefäß zum Färben, Gummihandschuhe.

Material für das Holzgestell: 6 Leisten à 153 cm, 6 Leisten à 60 cm. In unserem Fall sind sie 4 × 2 cm stark. 4 Stücke Klavierband à 20 cm mit dazugehörigen Schrauben, besser noch fertige Scharniere, weiße Ziernägel.

Ausführung der Batik: Zunächst werden alle drei Stoffbahnen einzeln, ca. 10 cm vom Mittelpunkt entfernt, abgebunden (Skizze I). Danach werden alle drei Bahnen unterhalb der 1. Wicklung zusammengebunden (Skizze II) und im Abstand von je ca. 12 cm noch 2mal umwickelt. Die Breite der letzten, dem Rand am nächsten liegenden Wicklung sollte ca. 10 cm betragen. Ganz festes Verknoten und dichtes Abbinden ist nötig, da sonst Farbe in den Stoff eindringen kann.

Das in Skizze II mit Gelb bezeichnete Stück färben Sie in Gelb, fixieren und trocknen es. Skizze III zeigt, wie das mittlere, in Blau zu färbende Teil eingetaucht wird, ohne daß Gelb und Rot mit dieser Farbe in Berührung kommen.

Nun bereiten Sie das rote Farbbad (genau nach den Angaben auf der Verpackung) und tauchen das auf Skizze II bezeichnete Teil in die Farbe. Fixierbad anwenden und trocknen lassen.

Nach dem Trocknen wurden die 3 oberen Zipfel noch kurz ins blaue Bad getaucht, so daß hier ein ganz dunkles Violett entstand. Nach dem Trocknen Schnüre lösen und bügeln. Die einzelnen Bahnen schmal säumen.

Ausführung Holzgestell: Für die Fußhöhe 20 cm berechnen. Die kleinen Leisten zwischen den langen mit Holzleim und langen Nägeln befestigen. Klavierband oder Scharniere anschrauben. Achtung! Wenn der Paravent zusammenklappbar sein soll, muß eine Scharnierverbindung auf der Vorderseite, eine auf der Rückseite angebracht werden!
Wenn das Holz lackiert und trocken ist, werden die Stoffbahnen mit Ziernägeln befestigt.

176 Gardinen (Seite 82)

Musterzeichnung auf Bogen E in Rot.

Größe: nach Bedarf, Breite im Modellbild 80 cm

Material: Baumwollkrepp (Fa. Mettler, St. Gallen), DEKA-batika Textilkaltfarbe, 4 Beutel 57 Azurblau und 4 Beutel Reaktionsmittel, Salz für das Farbbad, Batikwachs, 1 schmaler Borstenpinsel, 1 Spannrahmen und Reißzwecken, Plastikgefäß zum Färben, Gummihandschuhe.

Ausführung: Ganz um die Gardinen herum, oder wie im Modell, nur an der Unterkante, einen 8 cm breiten Rand markieren, der später mit Wachs ausgemalt wird. Das Gräsermotiv, nach eigenem Geschmack angeordnet, auf den Stoff übertragen. (Ausführliche Erklärung s. „Allgemeine Hinweise".) Den Stoff partienweise auf einen Rahmen spannen, die Motive mit dem Pinsel mit Wachs bemalen und den breiten Rand gänzlich ausfüllen. Kontrollieren Sie, ob das Wachs den Stoff wirklich bis zur Rückseite durchdrungen hat. Andernfalls muß auch hier Wachs aufgetragen werden. Bereiten Sie das Farbbad genau nach Anleitung auf den Beuteln. Die Textilkaltfarben eignen sich besonders gut für Wäsche und Kleidung. Sie sind kochfest. Von der Färbedauer hängt die Farbtiefe ab. Denken Sie auch daran, daß nasser Stoff wesentlich dunkler aussieht als in trockenem Zustand. Zum Schluß bügeln Sie das Wachs zwischen dicken Lagen Zeitungspapier (Seidenpapier) heraus. Verbleibende kleine Rückstände entfernt ein Kleiderbad.

177 Tischtuch (Seite 82)

Musterzeichnung auf Bogen E in Rot.

Größe: Nach Bedarf, unser Modell 140 × 140 cm

Material: 140 × 140 cm Baumwollkrepp (Fa. Mettler, St. Gallen), DEKA-batika-Textilkaltfarbe, 4 Beutel 57 Azurblau und 4 Beutel Reaktionsmittel, Salz für das Farbbad, 1 Block Batikwachs, 1 schmaler Borstenpinsel, 1 Spannrahmen, Plastikgefäß zum Färben, Gummihandschuhe.

Ausführung: Um das Tischtuch herum einen 8 cm breiten Rand markieren, der später mit Wachs ausgemalt wird. Das Gräsermotiv lt. Modellbild auf den Stoff übertragen. (Ausführliche Erklärung s. „Allgemeine Hinweise".) Den Stoff partienweise auf einen Rahmen spannen, die Motive mit dem Borstenpinsel mit Wachs nachmalen, und den breiten Rand mit Wachs ausfüllen. Kontrollieren Sie, ob das Wachs den Stoff auch auf der Rückseite durchdrungen hat. Evtl. hier nachwachsen. Das Farbbad genau nach Anleitung auf der Verpackung bereiten. Für Wäsche und Kleidung ist die Kaltfarbe besonders geeignet. Sie ist kochfest. Die Farbtiefe hängt auch hier von der Färbedauer ab. Bedenken Sie, daß nasser Stoff wesentlich dunkler wirkt als er später in trockenem Zustand ist. Zum Schluß bügeln Sie zwischen dicken Lagen Zeitungspapier (Seidenpapier) das Wachs heraus. Verbleibende kleine Rückstände beseitigt ein Kleiderbad.

178 Sets mit Fischen (Seite 84)

Musterzeichnung auf Bogen E in Rot.

Größe: 45 × 50 cm

Material: 2 Stücke Bourette-Seide (Fa. Bodenschatz), 50 × 55 cm, DEKA-Batikfarbe je Beutel 71/L Zitron, 79/L Hellblau, 81/L Brillantblau, Essig und Salz für die Farbbäder, 1 Block Batikwachs, 1 Tjanting oder ein feiner Pinsel, 1 breiter Borstenpinsel, 1 Spannrahmen und Reißzwecken, Plastikgefäß zum Färben, Gummihandschuhe.

Ausführung: Das Motiv auf die Sets übertragen. (Ausführliche Erklärung siehe „Allgemeine Hinweise".) Den Stoff spannen und das Wachs erhitzen. Alles, was weiß bleiben soll, mit Tjanting oder feinem Pinsel mit Wachs ausmalen. Die Umrandung der Augen, das Maul und die Punkte am Körper, außerdem schmale Ränder, die um die Sets laufen (nach Modellbild arbeiten), mit Wachs versehen. Die Unterseite des Fisches erhält insgesamt mehr Punkte als die Oberseite. Erstes Farbbad ist Gelb. Nach dem Trocknen versehen Sie alle Stellen, die gelb bleiben sollen, mit Wachs. Das sind: die Kiemen, die Flossen, weitere Punkte und Streifen an Flossen und Schwanz. Den zweiten Randstreifen, der auch gelb bleiben soll lt. Modellbild, ebenfalls mit Wachs bemalen. Nächster Färbegang ist Hellblau. Dadurch bekommt der Stoff eine hellgrüne Farbe. Jetzt den ganzen Fisch mit Wachs versehen, dabei jedoch die Zwischenräume zwischen Flosse und Körper aussparen, damit hier die dunkelste Farbe eindringen kann. Den dritten Rand, der hellblau bleiben soll, mit Wachs bemalen. Letztes Farbbad ist Brillantblau. Zum Schluß zwischen dicken Lagen Zeitungspapier (Seidenpapier) das Wachs herausbügeln. Verbleibende Wachsreste entfernt ein Kleiderbad. Sets schmal säumen.

179 Tischdecke mit Blättern (Seite 85)

Musterzeichnung auf Bogen G in Rot.

Größe: 88 × 88 cm

Material: 90 × 90 cm Nessel, DEKA-Batikfarbe je 1 Beutel 72/L Gelb, 90/L Lachs, 94/L Rehbraun, Essig und Salz für die Farbbäder, 1 Block Batikwachs, 1 Spannrahmen und Reißzwecken, 1 schmaler Borstenpinsel, Plastikgefäß zum Färben, Gummihandschuhe.

Ausführung: Wenn der Stoff keine Appretur mehr enthält, trocken und glatt ist, übertragen Sie die Motive, am besten arbeiten Sie nach dem Modellbild im Heft. Das innere Quadrat mit den Blättern ist 69 × 69 cm groß. Der umlaufende Rand des inneren Quadrates, wie auch der äußere Rand um die Decke, ist 3 cm breit. Der Abstand zwischen diesen beiden hellen Streifen beträgt 11 cm. Wenn Sie alle diese Linien auf den Stoff gezeichnet haben, machen Sie sich eine Schablone vom Blattmotiv auf dem Musterbogen. Diese Schablone legen Sie beliebig oft auf das Mittelfeld der Decke und zeichnen die Konturen nach. Es empfiehlt sich, die Blattadern mit je einem Strich aufzumalen, als Erinnerung daran, daß sie ausgespart bleiben müssen. Sie bleiben bis zur letzten Färbung ohne Wachs, damit die dunkelste Farbe hineinlaufen kann. Nun erfolgt der erste Wachsauftrag. Der innere 3 cm breite Streifen wird mit Wachs ausgefüllt, ebenso ca. jedes zweite Blatt (Blattadern aussparen). Erstes Farbbad ist Gelb. Wenn der Stoff trocken ist, den äußeren Umrandungsstreifen mit Wachs ausmalen sowie die restlichen noch wachsfreien Blätter. Nächstes Farbbad ist Lachs. Danach die Stiele und Blattumrandungen mit Wachs versehen und im letzten Farbbad Rehbraun färben. Zum Schluß das Wachs zwischen dicken Lagen Zeitungspapier (Seidenpapier) herausbügeln. Verbleibende Wachsreste entfernt ein Kleiderbad. Decke schmal säumen.

180 Seidentuch mit Kreismotiven (Seite 85)

Größe: 90 × 90 cm

Material: 90 × 90 cm Seidenpongé, DEKA-Batikfarbe je 1 Beutel 72/L Gelb, 90/L Lachs, 94/L Rehbraun, Essig und Salz für die Farbbäder, Batikwachs, feine und breite Borstenpinsel, 1 Spannrahmen und Reißzwecken, Plastikgefäß zum Färben, Gummihandschuhe.

Ausführung: An zwei gegenüberliegenden Seiten je einen 12 cm breiten Rand umbügeln. Diese Ränder werden vom eigentlichen Muster (Kreise und Punkte) freigelassen und bekommen nur eine ca. 1 cm breite, helle Umrandung. Der mittlere Teil des Stoffes wird nach eigenem Geschmack mit Kreisen und Punkten ausgemalt. Für die größten Kreise nahmen wir die Umrisse eines Untertellers, für die mittleren den Rand eines Weinglases, und für die kleinsten den Rand eines Schnapsglases. Beim Aufmalen dieser Konturen sollte unter der Seide eine dicke Lage Papier sein. Wenn Sie die Teller und Gläser beim Zeichnen der Umrisse ganz fest aufdrücken, kann die Seide nicht verrutschen. Jetzt das Tuch auf einen Rahmen spannen und das Wachs erhitzen. Malen Sie mit Hilfe des Borstenpinsels das Wachs zunächst auf die Umrandung (siehe Modellbild). Einmal auf die zuvor eingebügelte Hilfslinie zu beiden Seiten des Mittelfeldes und einmal um das ganze Tuch herum. Danach die größten Kreise mit Wachs ausmalen und im ersten Farbbad gelb färben. Nach dem Trocknen bekommen die mittelgroßen Kreise die Wachsabdeckung, weil sie ja gelb bleiben. Die weißen großen, mit Wachs bedeckten Kreise haben durch die erste Färbung schon Brüche bekommen. Diese gelben Krakeluren sollen erhalten bleiben und werden noch einmal mit Wachs übermalt. Das zweite Färbebad ist Lachs. Nach dem Trocknen jetzt die kleinsten Kreise mit Wachs ausfüllen und wiederum alle entstandenen Risse und Brüche der vorherigen Wachsung nochmals überpinseln. Zwischen alle Kreise noch Punkte und Tupfen malen. Die letzte Färbung ist dann Rehbraun. Zum Schluß das Wachs zwischen dicken Lagen Zeitungspapier (Seidenpapier) herausbügeln. Die verbleibenden Wachsreste entfernt ein Kleiderbad. Tuch von Hand rollieren.

190 Wandgebinde (Seite 93)

Größe ca. 40 cm lang

Material: 1 Strohbalken, 30 cm lang, 60 mm Ø (Falag Art 95766); 4 m Goldband oder braunes Seidenband, 2–3 cm breit; Stecknadeln oder Strohblumennadeln; Gewürze, Kerne und Körner eigener Wahl und Vorstellungen; getrocknete Gräser und Beeren; Blüten aus Kantillefeindraht; Staticen; Perlen; Ruskus in Braun; Samtband für kleine Schleifchen; Strohblumen; Weizenähren; dünner Bindedraht (alles von Falag).

Ausführung: Die einzelnen Teile und Blüten andrahten, siehe Lehrgang. Nach dem Andrahten kleine Sträußchen zusammenstellen und mit Draht zusammenbinden. An der oberen Schmalseite halbrund um den Strohbalken beginnen und 1 Reihe der Sträußchen mit Nadeln feststecken. Auf der Rückseite des Strohbalkens das Band (Goldband) mit Nadeln befestigen und es dann so um den Strohbalken herumschlingen, daß es die Stiele der Sträußchen nicht nur bedeckt, sondern sie auch zusätzlich festhält. Auf der Rückseite das Band wieder mit Nadeln feststecken. So folgt jetzt Reihe auf Reihe bis zum Ende des Balkens. Für die letzte Reihe am unteren Abschluß werden die Sträußchen vorsichtig unter das bereits gewickelte Band geschoben und festgesteckt. Das Band sorgt nicht nur für sicheren Halt der einzelnen Sträußchen, es verdeckt auch gleichzeitig das Stroh. – Zum Schluß können kleine Unregelmäßigkeiten noch durch einzeln eingeklebte Blüten, Staticenästchen usw. ausgeglichen werden. Auch die obere und untere leichte Rundung wird auf diese Weise erreicht.

191 Troll, ca. 55 cm groß (Seite 94/95)

Die Schnitteile sind auf Bogen C (schwarz)

x—x—x—x—x—x—x—x—x—x—

Material: Teddyplüsch 0,50 m, 140 cm breit. Fellimitat für Hände und Füße, Rest 15 × 90 cm. Fellimitat für Bart und Haare, Rest 17 × 80 cm. Dacron-Watte zum Füllen. Sisal-Figurendraht. Kleiner Filzrest für den Mund in Rot. Schwarzen und weißen Filzrest für die Augen. 1 alter Strumpf für den Kopf. Wollfäden.

Zuschneiden:
39 Vord. und rückw. Körperteil 2mal
40 Unteres Körperteil 1mal
41 Fuß 4mal
42 Hand 4mal
43 Umhang 1mal
44 Zipfelmütze 2mal
45 Bart 2mal
46 Schnurrbart 1mal
Arme 2mal 25 cm lang, 10 cm breit. Fellimitatstreifen für die Haare 46 cm lang, 7 cm breit.
Alle Teile plus Nahtzugabe zuschneiden.

Schnittübersicht

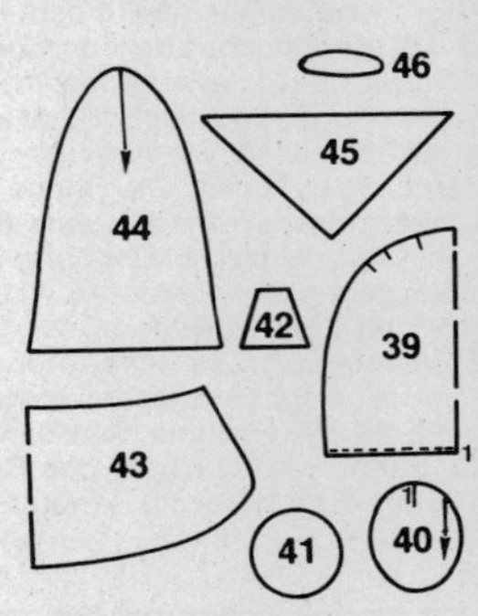

Nähen: Die Körperteile an den runden Kanten miteinander verstürzen. Untere Kante einreihen. Unteres Körperteil einsetzen, ein Stück Naht zum Füllen offen lassen. Körper füllen. Offene Nahtstelle von Hand zunähen. Arme verstürzen, an den schmalen Kanten offen lassen. Hände und Füße jeweils verstürzen. Arme und Hände mit Draht verstärken. Hände an die Arme nähen. Arme wie eingez. an den Körper nähen. Füße annähen. Wollfäden wie Schnürsenkel einziehen und binden. Für den Kopf den Strumpf mit Dacron-Watte zu einer Kugel (ca. 18 cm im Durchmesser) füllen. Für die Nase eine kleine Kugel abbinden. Kopf annähen. Schnurrbart aufnähen. Bart verstürzen und aufnähen. Die Zipfelmütze an den runden Kanten verstürzen, an der unteren Kante einschlagen. Zipfelmütze mit Draht formen und aufnähen. Streifen für Haare annähen. Für die Augen zwei Kreise mit 2,5 cm Durchmesser aus weißem Filz, mit 2 cm Durchmesser aus schwarzem Filz ausschneiden. Augen aufkleben. Den Mund 3 cm lang, 1 cm breit aus Filz schneiden. Mund zwischen Bart und Schnurrbart kleben. Umhang um die Schultern legen, mit ein paar Stichen befestigen.

192 Gesteckte Ruskuskugel (Seite 96)

Material: 1 Styroporkugel (Steck-Schaumstoff) 12 cm Ø von Falag; ca. 30 Weihnachtskugeln in verschiedenen Größen (Fa. Eckart); 3 Bündel Ruskuszweige (Fa. Falag); 32 Krampen (in Bastelläden erhältlich); zum Aufhängen eine grüne Schleife.

Ausführung: Stecken Sie zum Aufhängen der Ruskuskugel 2 Krampen gegenüberliegend in die Styroporkugel, ziehen die Schleife hindurch und knoten die Enden zusammen. Die Ruskuszweige, je 10–15 cm lang, in die Styroporkugel stecken. Die Weihnachtskugeln jeweils über eine Krampe ziehen und die Krampe in die Styroporkugel stechen.

193 Adventsherz aus Ruskusgirlande (Seite 97)

Maße: 27 cm breit, 24 cm hoch

Material: 24 Stiele Ruskus Grün Art. 93387; 1 Pack. Basteldraht 8 mm Ø Grün Art. 91503; Blumendraht 1 Spule Grün Art. 93576; Trockenblumen und Minifrüchte (alles von Falag in Bastelzubehörläden erhältlich). 12 goldene und 3 violette Weihnachtskugeln und anderen Christbaumschmuck; lila Geschenkband.

Ausführung: Basteldraht auf eine Länge von 1,60 m zuschneiden, in der Mitte knikken und zur Hälfte biegen. Von den Ruskusstielen die Zweige abkneifen. Blumendraht um den doppelt gelegten Basteldraht wickeln, dabei die Stielenden der Ruskuszweige dicht an dicht mit einfügen. Die fertige Girlande zu einem Herz formen und die zusammenstoßenden Enden mit Blumendraht zusammenwickeln. Das Herz mit Trockenblumen, Minifrüchten, Weihnachtskugeln, Schleifen und kleinen Geschenken nach der Abbildung im Heft oder nach Belieben ausschmükken.

194 Gesteck aus Stechpalmenzweigen, Kugeln und Glöckchen (Seite 97)

Material: 2 Stechpalmenzweige; 2 Weihnachtskugeln; 1 kleine Glocke; Goldband und -schnur; 1 Kordel (gold) zum Aufhängen; Blumendraht.

Ausführung: Stechpalmenzweige mit dem Blumendraht zusammenbinden. Goldschnur an den Kugeln und dem Glöckchen befestigen und an den Zweigen festbinden. Goldschnüre der Kugeln jeweils mit einer Schleife aus Goldband schmücken. Die Kordel zum Aufhängen an den Stechpalmen befestigen, zur Schlaufe legen und verknoten. Kordel zur Schleife binden (siehe Modellbild).

195 Papiersterne zum Strauß mit Schleierkraut (Seite 97)

Material: Weißes Zeichenpapier (Länge mind. 50 cm); Faden zum Aufhängen.

Ausführung: Das Zeichenpapier in 2 cm breite Streifen schneiden, so daß die Länge mindestens 50 cm beträgt (wenn Sie Gelegenheit haben, dazu eine Papierschneidemaschine zu benutzen, ist das von Vorteil). 4 solcher Streifen benötigen Sie zu einem Stern. Die Enden schräg anschneiden, damit das Durchstecken erleichtert wird. Jeden Streifen auf die Hälfte falten. Alle Streifen an der gefalteten Stelle so zusammenlegen, daß ein geflochtenes Quadrat aus 4 Karos entsteht. Dabei den letzten Doppelstreifen durch ein Karo ziehen (Abb. a + b). Es ist zu empfehlen, die einzelnen Bänder zum besseren Verständnis der Abbildungen zu numerieren. Band 1 (jedes Mal nur das obenliegende) nach oben falten, Band 2 nach rechts, Band 3 nach unten, Band 4 nach links, dabei unter das entstandene Karo von Band 1 ziehen (Abb. c). Die flachen Spitzen wie folgt arbeiten: Band 3 (rechts unten) rechtwinklig parallel zu den waagerechten nach hinten umbiegen und falten, dann parallel zu den senkrechten nach vorn falten, so daß eine breite Zacke entsteht (Abb. d). Band 3 auf das Mittelteil falten und das Ende von unten her durch das untere rechte Karo ziehen. Das Ergebnis ist zu sehen (Abb. e). Mit Band 2, 1 und 4 ebenso verfahren (Abb. f). Damit sind 4 Zacken auf einer Seite gebildet. Wenden. Die freien längeren Bänder ebenso zu Zacken falten und einschieben (Abb. g). Die freien Streifen kommen jetzt aus der Mitte. (Ein flacher Stern wäre fertig und könnte, wenn die restlichen Bänder abgeschnitten sind, auf Briefkarten als Schmuck geklebt werden). Nun wird der Stern plastisch. Das obenliegende, nach links zeigende Band anheben, nach hinten drehen und rechts unter dem nächsten Band von oben her einschieben (Abb. h). Ziehen, bis eine Tüte (= Sternspitze) entstanden ist. Mit den anderen Bändern genauso verfahren. Auf der anderen Seite ebenfalls. Die überstehenden Streifen etwas anziehen, am Ende der Zacke abschneiden (Abb. i). Nun noch mit einer Nähnadel durch eine flache Zacke einen Faden zum Aufhänger ziehen.
Die kleinen Sterne bestehen aus 1 cm breiten Papierstreifen, die 32 cm lang sein müssen.

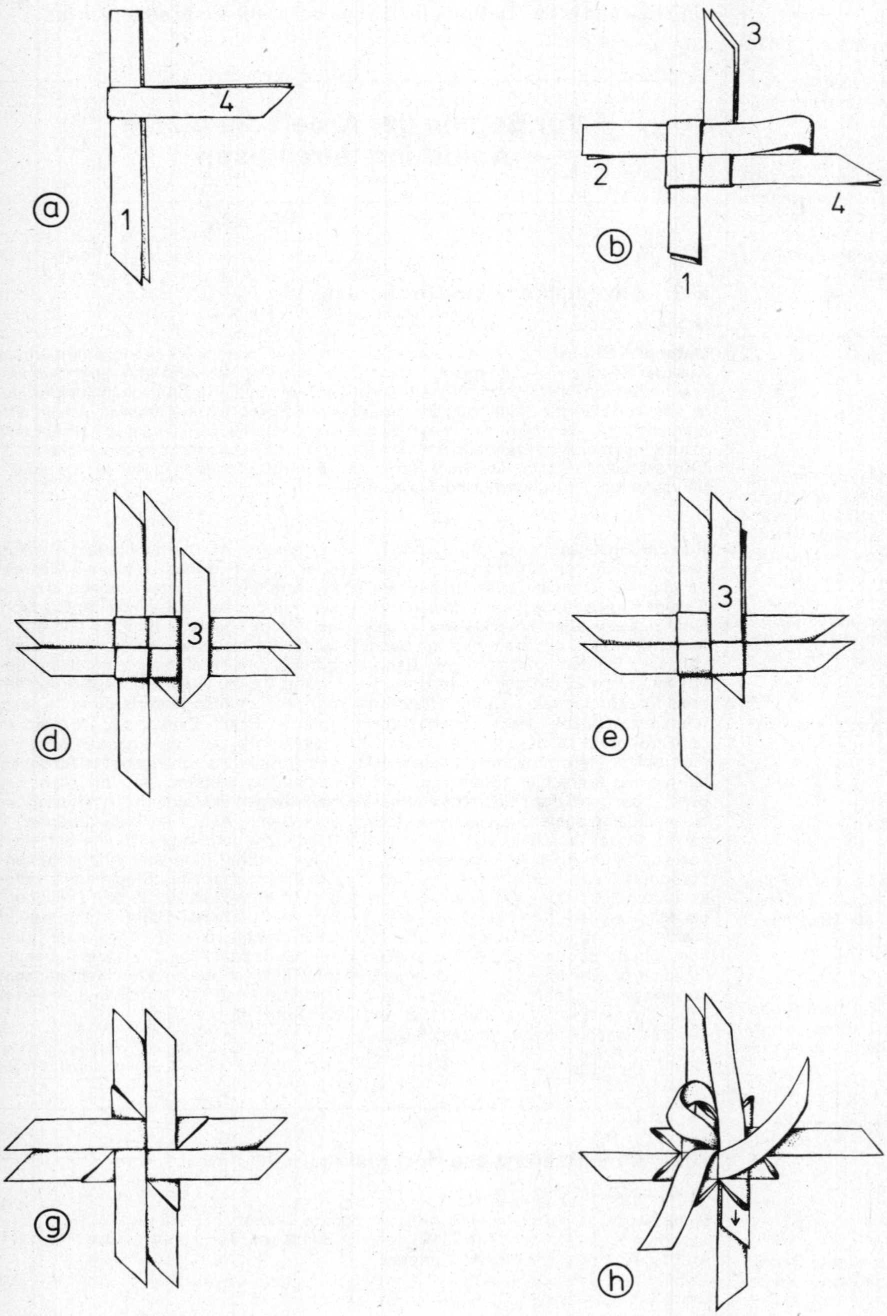

196 Holzrad als Adventskranz (Seite 97)

Material: 1 Speichenrad Ø 45 cm, Art. 7694 von Knorr; 4 Kerzen Ø 4 cm, 11 cm hoch in Rot; 1 Glas Acrylfarbe in Rot, col. 4505 von Lukas; 1 Tube Uhu (alles in Bastelzubehörläden erhältlich); ca. 17 Kiefernzapfen (im Wald sammeln).

Ausführung: Holzrad rot streichen. Die 4 Kerzen jeweils zwischen 2 Speichen auf dem Holzrad plazieren. Für besseren Stand antropfen und aufsetzen. Kiefernzapfen auf dem Radrand gleichmäßig verteilen und festkleben. Als besonderen Schmuck Holzrad auf Tannenreisig legen.

---

197 Gewürzkränzchen für Kerze (Seite 98)

Größe ca. 10 cm Ø

Material: Ca. 35 cm Blaudraht, 1,6 mm Ø; 1 Spule Blumendraht grün lackiert; 1 Kärtchen Spezialbindeband, Kreppmatt moosgrün; Nelken; Bucheckernschalen; Wildmohnstengel, Pimentkugeln; Kürbiskerne; Zimtstange; Sternanis; Mohnsamen; Rohhirse; Vogelrübsen; Kantillefeindraht; Wattekugeln 1,5 cm Ø; Melonenkerne rot; Haselnuß; kleine Walnuß (alles von Falag); Uhu; Zange.

Ausführung: Gewürze, Körner usw. andrahten (s. Allgemeines), Blüten aus Kantilledraht formen. Kleine Teile wie Nelken, Pimentkugeln usw. zu kleinen Sträußchen zusammendrehen. Wattekugeln andrahten, mit Uhu bestreichen, in entsprechendem Samen wälzen. Nun den Blumendraht mit Bindeband umwickeln und daran die Gewürze, Nüsse usw. lt. Modellbild andrahten, dabei die ersten und letzten 2 cm freilassen. Blaudraht zum Ring schließen und gut verdrahten.

---

198 Gesteck mit Dekokugeln (Seite 98)

Größe 13 × 20 cm

Material: Ruskus rotbraun Nr. 93409; 4 Paar Ilexperlen mit Perlmuttschimmer Farbe natur Nr. 938250; 3 Dekokugeln mit Perlmutteffekt, 43 mm Ø, Nr. 93609 in Flieder; 5 Dekokugeln, 18 mm Ø, Nr. 93605 in Flieder; 3 Dekokugeln, 28 mm Ø, Nr. 93607 in Rosé; 4 Dekokugeln, 28 mm Ø, Nr. 93607 in Natur; 1 Jutepappuntersetzer rustikale Art, Nr. 94050, 0,95 mm Ø; Klebeband Nr. 93558 (alles von Falag); 1 Kerze in Rosa ca. 2,2 cm Ø.

Ausführung: In die Mitte des Untersetzers eine Fläche von ca. 5 × 5 cm mit Klebeband ausfüllen. Hierauf die Kerze stekken. Dekokugeln mit Draht und Ruskus lt. Modellbild anordnen und mit Hilfe des Klebebandes befestigen.

---

199 Kleines Adventsgesteck (Seite 98)

Größe ca. 15 cm Ø

Material: Ca. 50 cm Goldborte (Falag Art. 91334/91335); 1 Stückchen Klebeband (Falag Art. 93558); Jutepappuntersetzer in Grün mit 15 cm Ø (Falag Art. 940501); 1 kleines Wurzelstück; Disteln (Silberdisteln, Goldflaumdisteln u. a.); getrocknete Gräser und Fruchtstände; Kiefernzweigchen und 1 Kerze.

Ausführung: Goldborte auf den Rand des Untersetzers kleben. Klebeband auf dem Wurzelstück befestigen. Stiele der Disteln, Zweige usw. je nach Bedarf kürzen und Teile lt. Modellbild auf dem Klebeband befestigen. Wurzel und Kerze ebenfalls mit Klebeband auf dem Untersetzer festkleben.

---

200 Adventsgesteck (Seite 99)

Größe der Schale ca. 30 cm Ø

Material: 1 dekorative Schale mit ca. 30 cm Ø; gesammelte und getrocknete Gräser, Blüten, Zweige; Wurzelstück; Silberdisteln und Mohnkapseln (z. B. von Falag); Klebeband (z. B. Falag Art. 93558); 1 Kerze.

Ausführung: Klebeband auf dem Schalenboden festkleben. Wurzel und Kerze darauf befestigen. Alle anderen Teile lt. Modellbild oder nach eigenen Vorstellungen arrangieren. Dabei die Stiele jeweils ins Klebeband stecken und somit befestigen.

Tips zur Verarbeitung von Stofftieren

Damit alle Kinder und auch Sie lange Freude an den selbstgebastelten Tieren haben, sollten Sie ein paar wichtige Punkte bei der Herstellung beachten. Alle Nähte müssen, besonders bei dehnbaren Stoffen, mit sehr dichtem Zickzackstich gesteppt werden. Besonders wichtig ist das an den runden Nahtlinien, die beim Ausstopfen sonst leicht platzen. Die Nahtzugaben sollten auch an allen Ecken und Rundungen bis knapp an die Naht eingeschnitten werden, damit sie sich der jeweiligen Form anpassen und bequem ausgebügelt werden können. Wenn Sie Fellimitat verarbeiten, ist es ratsam, die Haare an den Nahtlinien schön glatt zu streichen und beim Zusammensteppen der einzelnen Teile nur am Ansatz mitzufassen. Falls Sie zur Stabilität Sisalfigurendraht einarbeiten, denken Sie daran, daß der Draht an den Enden soweit zurückgebogen werden muß, daß er niemals ein Kind verletzen kann. Nähen Sie Augen, Ohren und Mähnen mit besonderer Sorgfalt und haltbarem Garn an und vernähen Sie die Enden gut. Damit die Lieblingstiere auch noch nach dem Schonwaschgang in der Maschine schön kuschelig und weich sind, verwenden Sie für das Innenleben am besten eine waschbare Synthetikwatte, die in Bastelgeschäften und in den Bettenabteilungen der Kaufhäuser erhältlich ist.

Vor Beginn der Arbeit die ganze Anleitung durchlesen

---

201 Adventskranz aus Stroh (Seite 100)

Größe ca. 50 cm Ø

Material: 1 Strohkranz 50 cm Ø; Mohnkapseln; kleine diverse Trockenblumen; grüner Ruskus; Röschen aus Lamé Gold; Klebeband oasis-fix; Strohblumennadeln; Blumendraht, alles von Falag. Holzfigürchen: Schlitten, Tannenbäume, Engelchen mit Trompete, alles von Liebich; Goldkordel, Zierband in Rot, 6 Pckch. à 3 m, 2 cm breit, von Eckart; Zierband in Rot ca. 1,50 m, 1 cm breit (Meterware, in Kaufhäusern erhältlich); Strohborte natur 8 mm breit, von Prandell; Deckfarbenkasten z. B. von Lukas; 1 spitzer Pinsel Nr. 2; 4 Kerzenhalter Messing mit Steckvorrichtung 5 cm Ø; 4 Kerzen in Rot ca. 3,5 cm Ø; Nähnadel; beiges Nähgarn; Uhu; Filzrest in Rot.

Ausführung Kreis: Von der Strohborte einen Abschnitt von 27 cm zu einem Kreis von 8 cm Ø legen und zusammennähen. 5 kleine Kreise von je 3 cm Ø in den großen Kreis einkleben. Mit 5 kleinen Schleifen von dem (1,5 cm breiten) roten Band verzieren. Für den Aufhänger einen Bandabschnitt von 25 cm durch den Bortenkreis führen, doppeln und Schnittstellen übereinanderkleben. **Herz:** Abschnitt von der Strohborte ca. 10 cm zum Herz formen, Schnittstellen zusammennähen, dabei für den Aufhänger 16 cm vom Zierband (1 cm breit) doppeln und zwischenfassen. Kleine Schleife auf die Nahtstelle nähen. **Blüte:** Abschnitt von der Strohborte ca. 60 cm zu 6 bzw. 8 Blättern legen. Stoßpunkt (Mitte) vernähen. Kleine Trokkenblüten oder kleine Kreise aus Filz auf die Mitte kleben. Vom Zierband (1 cm breit) 25 cm Abschnitt durch ein Blütenblatt führen, doppeln und Schnittstellen miteinander verkleben (= Aufhänger). **Mohnkapseln:** Stiele der Kapseln auf 1 cm kürzen. Ein Stück Klebeband um den Stielabschnitt anbringen. Nach eigener Vorstellung Trockenblumen, Ruskus oder Lamé Röschen zu kleinen Gestekken ordnen und auf das Klebeband drükken. Für den Aufhänger von der Goldkordel 16 cm Abschnitt doppeln und ebenfalls in das Klebeband eindrücken. **Holzfigürchen:** Nach eigener Vorstellung bemalen. Aus der Goldkordel Aufhänger anbringen. **Aufhängevorrichtung Kranz:** 4mal je 1 Pckch. Zierband (2 cm breit) im gleichen Abstand voneinander 2mal um den Strohkranz schlingen. Mit Strohblumennadeln feststecken. Von allen vier Halterungen die Bandenden miteinander verknoten. Aus den verbliebenen 2 Pckch. Zierband 4 großzügige Schleifen legen und mit Blumendraht zusammenhalten. Am Kranz mit Stecknadeln befestigen (s. Modellbild). In den Zwischenraum der einzelnen Bandvorrichtung auf den Kranz die Halter mit den Kerzen stekken. Ganz zum Schluß die kleinen bemalten Figürchen, besteckten Mohnkapseln usw. von unten mit Strohblumennadeln in den Kranz stecken.

---

202 Adventskranz aus Hortensien (Seite 100)

Größe ca. 25 cm Ø

Material: Ca. 10 getrocknete Hortensien; dünner Bindedraht (Falag Art. 93576); 1 Styroporring 17 cm Ø (Falag Art. 93113); ca. 4 m Samtband, 9 mm breit in Rosa (Falag Art. 91351); 4 Kerzen; evtl. etwas Haarspray.

Ausführung: Hortensien vorsichtig in kleinere Blüten zerlegen und andrahten. Diese zu Büscheln zusammenbinden, auf den Ring legen und fest wickeln. Hortensien mit Haarspray besprühen, damit sie haltbarer werden. Anschließend den Kranz lt. Modellbild mit dem Samtband umwickeln. Kleine Rosetten aus Samtband legen, mit Draht zusammenhalten und ebenfalls am Kranz mit Draht befestigen. Kerzen in die Mitte stellen bzw. auf einer Korkscheibe festkleben.

203 Adventskranz mit getrockneten Früchten (Seite 100)

Größe ca. 35 cm Ø

Material: 1 Styroporring mit 25 cm Ø; dünner Bindedraht, Kiefernzapfen, Cupressuszapfen, Casuarinazapfen (alles von Knorr); getrocknete Früchte wie Pflaumen usw., Erdnüsse, gesammelte Bucheckern; 4 Honigkerzen.

Ausführung: Früchte und Zapfen andrahten, zu kleinen Büscheln zusammenbinden und diese auf den Ring binden (s. Lehrgang). Unteren Kerzenrand ebenfalls fest mit Draht umwickeln und auf dem Ring befestigen.

204 Adventskranz aus Wurzeln (Seite 101)

Größe ca. 45 × 45 cm

Material: 4 Wurzelstücke aus Rebholz oder anderen Hölzern; ca. 40–45 cm lang; 4 weinrote Kerzen; 3,80 m Dekorationsband in Brauntönen; 5 Stück Äpfel Holzart Ø 2,5 cm hell und braun; 6 Deko-Äpfel Ø 36 mm gelb, 10 Äpfel „Kastanie" Ø 22 mm, 7 Äpfel grün Ø22 mm, 6mal mit 3 cm Ø und 2mal mit 4 cm Ø Kunststoffkugeln mit Seifenblaseneffekt oder Dekokugeln aus Acrylglas, 2. Riesenmohnkapseln natur, 2 große Silberdisteln, 7 Weißfichtenzapfen natur, 6 Cupressuszapfen, 2 Kiefernzapfen gebleicht, 23 kleine Zapfen (z. B. japanische Lärche), etwas Ruskus sonnengebleicht, 3 Kalix Holzpilze, 1 Bogen Goldfolie, alles von Falag; 2 Nikoläuse und 2 Pferdchen (in Dekogeschäften und Blumenläden erhältlich); 4 Baumschwämme (ebenfalls in Blumenläden erhältlich); technicoll-Klebstoff; Schere; evtl dunkle Holzbeize; ca. 5 m Blumendraht.

Ausführung: Wurzeln evtl. dunkel beizen, zu einem Viereck legen, so daß jeweils ca. 8 cm überstehen, die Verkreuzungen fest verdrahten und verkleben. Für die Aufhängung an den Kreuzungspunkten vier ca. 50 cm lange Drähte anbringen, die anderen Enden zur Schlaufe legen und miteinander verdrahten. Für jeweils zwei sich gegenüberliegende Ecken ca. 1,30 m Dekorationsband so an die jeweilige Verkreuzung kleben, daß ca. 15 cm überstehen. Die Bänder werden an der Drahtschlaufe befestigt. Etwa über die Mitte der Wurzeln ca. 30 cm lange Stücke des Dekorationsbandes legen und festkleben. Auf das Band die Kerzen kleben. Unter die Kerzen einen Kranz aus kleinen Zapfen und Äpfeln kleben (s. Modellbild). 6 kleine Blüten aus Goldfolie mit einem Ø von ca. 4 cm zurechtschneiden und an die Innenseite zweier Ecken kleben. Alle weiteren Materialien lt. Modellbild mit technicoll auf den Wurzeln befestigen.

205 Adventskranz auf einem Strohbalken (Seite 101)

Größe ca. 30 cm lang, 6 cm Ø

Material: 1 Strohbalken (Falag Art. 95766); 1 Pckg. Erlen gold (Falag Art. 93737); 1 Pckg. Erlen natur (Falag Art. 937371); Ruskus grün (Falag Art. 93417); Statice (Falag Art. 93394); Bindedraht (Falag Art. 93574), 0,4 mm Ø; 4 Steckleuchter für Kerzen bis 22 mm Ø (Knorr Art. 7650019); 6 Mini-Äpfel, ca. 25 mm Ø (Knorr Art. 7835000); 2,60 m Juteband grün/natur (Knorr Art. 7891075).

Ausführung: Erlen gold und natur andrahten, d. h. die Mitte eines ca. 6 cm langen Drahtstücks um den unteren Teil eines Zapfens wickeln, die beiden Drahtenden miteinander verdrehen. Strohbalken mit dem Juteband 8mal umwickeln, dabei Anfang und Ende mit einer Stecknadel sichern. Steckleuchter lt. Modellbild auf Strohbalken stecken. Nun die Äpfel und Erlen auf dem Balken lt. Modellbild feststecken oder unter das jeweilige Juteband schieben. Ruskus und Statice ebenfalls lt. Modellbild unter das Juteband schieben. Falls die Teile nicht genügend Halt haben, können sie zusätzlich festgeklebt werden. Zum Schluß 2 Schleifen legen und mit Bindedraht befestigen. Schleifen mit Stecknadeln an die Enden stecken. Zur besseren Standhaftigkeit des Balkens können an den beiden Enden jeweils rechts und links kleine Holzkugeln angeklebt werden.

206–213 Adventsleuchter (Seite 102/103)

Musterzeichnungen auf Bogen F in Schwarz.

Material: 5 mm starkes Sperrholz lt. Vorzeichnung, für die kleinen Leuchter je 1 Holzkugel, 35 mm Ø (Knorr-Art. 735335) und ca. 2 cm Rundholz, 30 mm Ø, oder eine Holzgarnrolle; Plakafarben, feiner, mittelfeiner, zum Grundieren breiter Pinsel, UHU-coll und -plus, Klarlack, Kopierpapier, Reißnägel, Laubsäge, Schmirgelpapier, Christbaumkerzen.

Ausführung: Konturen aller Teile (Flügel jeweils auch gegengleich) mittels Kopierpapier (Motive zuerst vom Bogen auf Transparentpapier durchzeichnen) aufs Sperrholz übertragen. Die Grundplatten mit 12, 11 cm Ø, für den Pilz mit 6 cm Ø, Tropfteller mit 3 cm Ø mit Zirkel aufzeichnen und alles exakt aussägen. Klebekanten der Flügel mit Schmirgelpapier abschrägen. Unebenheiten abschmirgeln. Alle Teile mit weißer Plakafarbe grundieren, Einzeichnungen übertragen, ausmalen. Nun können Sie die Teile zus.-kleben: Figuren auf die Grundplatte, Tropfteller auf die Hände bzw. den Schneemannhut, Nikolaussack und Nußknackerhebel lt. Markierung, die Flügel zwischen die Schultern. Auf die Tropfteller mit UHU-plus Reißnägel mit der Spitze nach oben aufkleben, darauf die Kerzen stecken. Für die kleinen Leuchter die Holzkugel auseinandersägen, das ergibt den Tropfteller. Nach dem Bemalen für den Sternleuchter auf den großen Stern das Rundholz bzw. die gekürzte Garnrolle, darauf den kleinen Stern und die Halbkugel kleben. Der grüne Leuchter hat einen Kreuzfuß: Darauf 1mal die Grundform und die beiden Seitenteile (neben der gestrichelten Linie) aussägen. Die Seitenteile werden lt. Markierung im rechten Winkel auf die Grundform geklebt, darunter die Grundplatte, darauf eine Scheibe mit 6,5 cm Ø und die Halbkugel. Pilz wie den grünen Leuchter arbeiten. Zuletzt alles lakkieren.

214 Nußknacker als Adventskalender (Seite 104)

Musterzeichnung auf Bogen H in Rot.

Material: Feste Pappe als Rückwand (Größe 92 × 36 cm); Filz in vielen Farben (Filzfabrik (Fulda); Lederrest in Braun; Zackenlitze; Kordel; Bändchen etc. zur Ausschmükkung; 4 Musterbeutelklammern; UHU-flinke Flasche.

Ausführung: Die Konturen des Nußknakkers (Musterbogen H) auf die Pappe übertragen und ausschneiden. Je nach Stärke der Pappe nehmen Sie dazu eine robuste Schere oder ein Messer. Schneiden Sie nun den Filz der Musterzeichnung nach zu. Günstig ist es, wenn die Seiten mit ca. 1 cm Zugabe geschnitten und nach dem Aufkleben erst richtig am Rand der Pappe entlang beschnitten werden. Zunächst kleben Sie die untenliegenden Teile wie Hemd, Hose und Gesicht auf, dann folgen alle anderen Teile. Das Rot der Armkugel, Gürtel etc. wurde im Modell aus Wildlederimitat angefertigt, die Stiefel aus Leder und Fellimitat. Der Phantasie sind keine Grenzen gesetzt, auch andere Materialien und Farben sind möglich. Zum Schluß schmücken Sie den Nußknacker mit Litzen und Bändern. Die glänzenden Knöpfe am Hut sind Musterbeutelklammern, die durch Filz und Pappe (vorher ein Loch bohren) durchgesteckt werden. Die Bänder der Adventskalenderpäckchen stecken oder kleben Sie in die Hände.

215 Knusperhaus (Seite 104/105)

Musterzeichnung auf Bogen G in Schwarz.

Material: 1 Holzplatte ca. 45 × 40 cm; Zutaten für Pfefferkuchenteig und Zuckergus; 2 kleine Figuren (Schneemann und Schlittenfahrer) Fa. Goebel.

Pfefferkuchenhaus: Teig: 1 kg Mehl, 500 g dunkler Sirup, 300 g Zucker, 200 g Margarine, 25 g Kakao, 3 Eier, 2 TL Natron, 2 Pck. Lebkuchengewürz, Schale einer ungespritzten Zitrone.
Mehl in eine Schüssel sieben. Sirup, Zukker und Margarine in einem Topf erwärmen bis der Zucker aufgelöst ist, Masse abkühlen lassen. Sirupmasse mit Kakao, Eiern, Natron, Lebkuchengewürz und Zitronenschale zum Mehl geben und verkneten. Teig über Nacht stehen lassen. Teig zu Platten auswellen, etwa ½ cm dick. Auf gefettetem Blech Hausteile im Rechtecken zusammensetzen (Tür und Fenster gleich aussparen), das Dach und Gatter mit Lebkuchenstreifen, dazu Kamin und Tanne. Die Teile mit Abständen von ca. ⅓ cm nebeneinandersetzen, durch das Aufgehen backen die Teile dann zusammen. Bei 200° (Gas 3) im vorgeheizten Backofen ca. 20 Min. backen. Sofort vom Blech nehmen und auf Gitter abkühlen lassen. Auf fester Unterlage (Sperrholz) das Haus mit Zuckerguß zusammensetzen. Hierfür 3 Eiweiß steif schlagen, Saft ¼ Zitrone und ca. 500 g gesiebten Puderzucker unterrühren. Eiszapfen ebenfalls mit Zuckerguß spritzen, Fenster und Tür mit rosa Guß. Zuletzt mit Puderzucker besieben.
Noch ein Tip: Ganz bequem ist es, wenn Sie Backpapier besorgen und darauf alle Teile aufzeichnen und ausschneiden. So können auf dem Blech die Rechtecke für die Hauswände und die „Balken" für Dach und Zaun gleich darauf ausgelegt und zusammengefügt werden. Überstehende Ränder können vor dem Backen beschnitten werden und zudem bekommen Sie alles leicht vom Blech herunter.

216 Adventskalender – Zug aus Streichholzschachteln (Seite 104/105)

Material: 23 Streichholzschachteln der gleichen Größe; 23 Perlen Ø 5 mm in Rot (Hobby-Knorr); Paillettensternchen in Silber und Rot (Hobby-Knorr); Stoffreste in Blau und Rot; geblümter Stoffrest; 22 Pfefferminztaler, die die Form und Größe eines Rades haben; Alufolie; 1 m Spitze in Weiß; festes Nähgarn; 1 leere Haushaltsrolle aus Pappe (z. B. von Alufolie); Karton und Watte; UHU-flinke Flasche.

Ausführung: Für jeden Wagen kleben Sie fünf leere Streichholzschachteln mit der Breitseite aufeinander. Das Führerhaus der Lok besteht aus 2 Schachteln. Umkleben Sie jeden Block mit Stoff (nicht an den ausziehbaren Schachteln). Fenster aus Stoff, Spitze um den oberen Rand der Waggons sowie Sternchen lt. Modellbild zur Verzierung aufkleben. Die Pfefferminztaler (leere Tesarollen oder Abschnitte einer Haushaltsrolle tun es auch) in Alufolie wickeln und als Räder aufkleben. Ein Stück einer Haushaltsrolle (6 cm lang) bildet, zusammen mit einer untergeklebten Streichholzschachtel, beides in Alufolie verpackt, das Vorderteil der Lok. Einen Schornstein aus gerolltem Karton aufkleben. 22 ausziehbare Schachteln sind zu füllen, am 23. 12. darf aus dem Kessel genascht werden, am 24. 12. können Sie alle Pfefferminztaler verspeisen. Guten Appetit!

217 Adventskalender – Nikolaus an der Jahrmarktbude (Seite 105)

Musterzeichnung auf Bogen G in Schwarz

Material: Dunkelbrauner Rupfen 51,5 × 41 cm; Filz rot 40 × 17 cm, hellbraun 36 × 20 cm, grün 15 × 5 cm, Filzreste weiß, rosa, blau und mittelbraun; Goldborte 2,65 m ca. 1 cm breit; 25 Goldringe je 2 cm ∅; Päckchen mit Goldsternen; 1 Holzring ca. 3,5 cm ∅; festes Seidengarn zum Aufhängen der Päckchen.
Lt. Musterzeichnung auf Bogen G die Filzteile zuschneiden:
„Holzbretter" der Jahrmarktbude = hellbraun,
Markise, Nikolausmantel und 3 Kerzen = rot,
Pelzbesatz für den Nikolausmantel und 4 Kerzen = weiß,
Tannenbäume = grün
Gesicht des Nikolaus = rosa,
Handschuh = blau,
Stiefel = mittelbraun.

Ausführung: Kanten von Rupfen mit Zick-Zack-Stich versäubern. Konturen auf Musterzeichnung mit Hilfe von Kopierpapier auf den Rupfen übertragen. Linke Stoffseite der Filzteile dünn mit UHU bestreichen. Erst die Holzbohlen der Jahrmarktsbude aufkleben, dann die Markise. Die links außen stehende Kerze aufkleben, die Tannenbäumchen, darüber die anderen Kerzen und die Sternchen als Lichtschein. Übrige Sternchen lt. Musterzeichnung auf die Budenfront kleben. Nikolausmantel, Pelzbesatz, Gesicht und Stiefel aufkleben. Bevor Sie die Hand aufkleben, nähen Sie den Ring, mit dem der Nikolaus die Fäden hält, fest. Hand aufkleben. Für die Markise von der Goldborte 1mal 37 cm und 1mal 39 cm abschneiden und aufkleben. Übrige Goldborte entlang der Rupfenkante aufkleben. Ringe und Holzring lt. Musterzeichnung annähen. Bereiten Sie 24 kleine Geschenke vor. Von dem Glanzband jeweils ca. 50–90 cm abschneiden, die Bänder an den Geschenken befestigen. Je ein Band durch einen Ring ziehen. Dann alle Bänder durch den Ring ziehen, den der Nikolaus in der Hand hält und zuletzt am dicken Holzring einzeln festknoten. In der Adventszeit darf jeden Tag ein Faden am Holzring abgeschnitten werden; welches Geschenk läßt dann der Nikolaus wohl fallen?

218 Weihnachtspost (Seite 106/107)

Musterzeichnung auf Bogen F in Rot

Größe 27 × 45 cm

Material: Ca. 100 × 80 cm Spanplatte, 8 mm dick; 2 × 20 cm Klavierband; je ein Glas Plaka-Farbe (Pelikan) in Maisgelb 13, Grün 44, Rot 24, Rotbraun 52, Ocker 18; je ein Aufkleber bsb-decor-bild: 1 Weihnachtsmann 09–016, Engel 09–016, Namensschildchen 09–024; 1 Dose Klebstoff greenit (Uhu); Pinsel mittlerer Stärke; 2 Streifchen Knautschlack (Leder) 5 cm × 1,5 cm; 5 Reißnägel. **Werkzeug:** Band- oder Handsäge (Fuchsschwanz); Hobel für Gehrung oder entsprechende Gehrlade; Hammer.

Teile:
A = Rückwand
B = Giebel
C = Türe
D = Seitenwand
E = Dach
F = Grundplatte
G = Türriegel
H = Regalplatte
H1 = Regalfächer
I = Tischplatte
I1 = Tischfuß

Ausführung: Teile lt. Musterzeichnung mit den entsprechenden Maßen auf die Spanplatte übertragen, Teile C, D, E und I1 zweimal aufzeichnen sowie H1 viermal. Teile aussägen. Dach (E) auf Gehrung sägen (ca. 65°), so daß Giebel und Dach bündig aufeinanderschließen. Türen (C) an den Seitenteilen mittels Klavierband ankleben (die Verbindung kann noch mit Schrauben verstärkt werden). Rückwand (A) innen an die Seitenteile (D) kleben. Dach auf- und aneinanderkleben. Vorderen Giebel ans Dach kleben. Hauswände, Giebel gelb streichen. Dach rot streichen, Türen innen grün, Innenwände weiß und Bodenplatte ocker. Teile trocknen lassen. Häuschen auf die Bodenplatte kleben, so daß die hintere Hauswand mit der Platte abschließt. – Für das Regal die Teile H1 jeweils über und unter der Regalplatte (H) 9,5 cm vom Rand entfernt auf beiden Seiten ankleben. Regal grün streichen, trocknen lassen. Tischbeine (I1) jeweils 3 cm von der Kante der Tischplatte (I) entfernt ankleben und rotbraun streichen. Türriegel (G) grün streichen. – Für die Befestigung des Türriegels in der Mitte die Laschen mit Reißnägeln befestigen, so daß die Reißnägel im Abstand von 3 cm sitzen. Den Weihnachtsmann auf die Tür kleben, Engel auf vorderen Giebel kleben. Am Regal Reißnägel für Namensschild befestigen. Schildchen mit Faden anhängen.

219 Spardose „Haus" (Seite 108)

Größe ca. 14,5 × 14 cm

Musterzeichnung auf Bogen G in Schwarz

Material: 1 kg darwi von Prandell; Emaillack-Zierfarbe von Deka, Siena 18, Saftgrün 15, Dunkelgrün 16, Hellblau 11, Signalrot 7, Weiß 1, Dunkelbraun 23; 1 Flächenpinsel Nr. 4; 1 Pinsel mit Spitze Nr. 2; 1 Korkscheibe, 4 cm ∅ (Falag Art. 95219); Uhu extra (tropffrei); Bleistift; Glaspapier; burda Kopierpapier; Nudelholz; 1 spitzes Messer; Karton (z. B. Schuhkarton); 1 Stück Kordel.

Kopieren und Ausschneiden:

Teile = Originalgröße
A = Seitenwände 2mal
B = Giebelwände 2mal
C = Grundriß 1mal
D = Dach 2mal
E = Schornstein 1mal
F = Schornstein 1mal
G = Schornstein 2mal

Ausführung: Aus dem Karton ein Gerüst ohne Dach und Grundriß vorrichten. darwi gut durchkneten. Seiten- und Giebelwände, Grundfläche, Dach und Schornsteinteile 5 mm stark auswalzen und ausstechen. Dabei für die Grundfläche (Grundriß) eine Öffnung von 4 cm ∅ ausstechen, sowie an einem Dachteil einen Schlitz aussparen (s. gestrichelte Linie Musterzeichnung). Kartongerüst auf die Grundfläche stellen, leicht andrücken und mit den ausgestochenen Seiten- und Giebelwänden verkleiden. Nahtstellen mit feuchten Fingern glattstreichen. Nach dem Trocknen (ca. 2 Tage) mit Kopierpapier die Konturen der Fenster, Balken etc. übertragen. Das Dach aufkleben. Schornsteinteile zusammenkleben und ca. 3 cm unterhalb vom Dachfirst aufkleben (s. Musterzeichnung). Nach dem Trocknen evtl. Unebenheiten mit Glaspapier glatt schleifen und wie folgt bemalen: Balken in Dunkelbraun, Fensterrahmen Siena, Fensterscheiben Hellblau mit Weiß aufhellen, Fensterläden Dunkelgrün, Tür Saftgrün, Dach und Schornstein Signalrot, Traufe (Dachvorsprung) Siena. In die Öffnung der Grundfläche die Korkscheibe einfügen, welche zuvor mit einer Schlaufe (Kordel) versehen, auf der Rückseite der Korkscheibe verknotet wird.

220 Aufhänger (Seite 108)

Größe ca. 6 cm ∅

Material: Je 1 Blöckchen Fimo-Modelliermasse in Blau, Grün, Rot, Gelb, Violett, Weiß Fimo-Speziallack (alles von Faber); 1 Pinsel; 1 spitzes Messer.

Ausführung Elefant: Kleine Stücke vom Fimoblock in Blau schneiden und gut weichkneten. Für den Kopf eine Platte von 6 cm ∅ auswalzen (z. B. mit Nudelholz). Für die Ohren eine Platte von 5,5 cm ∅ auswalzen, halbieren, rechts und links vom Kopf andrücken. Für den Rüssel (= Aufhänger) eine Wurst von 1 cm ∅ und 5 cm Länge rollen. In der Kopfmitte anlegen, bis zum Kinn flach drücken, Rest zum Halbkreis nach oben biegen. Für die Augen kleine Plättchen in Weiß 1 cm ∅ formen, Keil ausbrechen und neben der Nasenwurzel aufdrücken. Kleine weiße Röllchen, 3 mm stark und ca. 2 cm lang, als Stoßzähne neben dem Rüssel anbringen. Mit dem Messerrücken Stirnfalten einritzen.

Ausführung Aufhänger in Gelb: Gelbes Fimo weichkneten. Eine Platte von ca. 6 cm ∅ auswalzen. Eine Wurst von 4,5 cm Länge und ca. 8 mm ∅ rollen, auf die Platte legen und flachdrücken. Rest nach oben zum Haken biegen. Grünes Fimo weich kneten, dünn auswalzen und kleine längliche Blätter formen (8 × 18 mm). Über den Rand verteilt auf der Platte leicht andrücken. Kleine Streifen von Fimo in Lila (5 × 20 mm) um Bleistiftspitze zur Knospe drehen. In kleine Grüppchen verteilt auf die Blätter setzen.
Ausführung Aufhänger in Grün: Wie beim Aufhänger in Gelb beschrieben: Platte, Aufhänger und Blätter = Grün, Röschen in Rot. Aus einem dünn ausgerollten Fimo-Würstchen in Druckbuchstaben „Gäste" aufsetzen.
Die modellierten Gegenstände auf Alufolie oder Porzellanteller legen und im vorgeheizten Backofen bei 130° C härten. Nach dem Erkalten mit Fimo Speziallack lackieren.

221 Modelliertes Bild (Seite 109)

Größe (ohne Rahmen) 12 × 9 cm

Material: Je 1 Blöckchen Fimo-Modelliermasse in Grau Nr. 8 und in Terrakotta Nr. 77 (von Faber), 1 Gläschen Fimo-Speziallack, Stoff- und Filzreste in Blautönen, kleine Pappschachtel mit ca. 12 × 9 × 2 cm Größe, Klebstoff (Uhu), kleine Trockenblümchen, 1 Messer, 1 Bilderrahmen eigener Wahl.

Ausführung: Auf die innere Fläche der Schachtel den Stoff als Tapete aufkleben. Auf eine Längsseite ein Stückchen Filz als Boden aufkleben. Nun Teile aus Fimo formen: **Couch:** aus einer grauen Fimo-Platte von 1 cm Dicke eine Bank mit 1 cm Höhe, 4 cm Länge und 1 cm Tiefe (Sitzfläche) formen, vordere Kanten abrunden. 2 Armlehnen formen und aufsetzen. Aus 0,5 cm dicker Platte von 6 × 3 cm die Rückenlehne lt. Modellbild formen. Mit Messer kleine Rillen ritzen. Aus braunem Fimo Couch verzieren lt. Modellbild. für den **Bilderrahmen** aus braunem Fimo ein Röllchen formen und zu einem Oval von 3 × 2 cm legen, oberen Rand mit Röschen verzieren. **Tischchen:** Standfläche 2 × 0,5 cm formen, 2 Röllchen miteinander verdrehen und ca. 1,5 cm als Fuß aufsetzen. Als Tischplatte einen Halbkreis (ca. 2 cm ∅) formen und aufsetzen. Alle Fimoteile im Backofen bei 130° C härten. Teile lakkieren und lt. Modellbild in das „Zimmer" kleben. Vorhänge drapieren, aufkleben. Nun kann das Zimmer in bzw. hinter dem entsprechenden Rahmen befestigt werden.

222 Schmuckschale und Bilderrahmen (Seite 109)

Größe: Schale 4,5 × 7,4 × 3 cm
Größe: Bilderrahmen 5,5 × 7 cm

Material: 2 Blöcke Fimo in Weiß Nr. 0; je 1 Blöckchen Fimo in Blau Nr. 37, Grün Nr. 5, Blaugrün Nr. 38, Violett Nr. 6, Gelb Nr. 1; Fimolack Nr. 8703 (alles von Faber); 1 spitzes Messer; 1 Pinsel Nr. 5.

Ausführung Schale: Kleine Stücke vom Fimoblock in Weiß schneiden, weichkneten und zu einem Klumpen zusammendrücken. Für den Boden ein Stück Fimo von ca. 4 mm Stärke und 5 × 8 cm groß auswalzen (z. B. mit dem Nudelholz). Mit dem spitzen Messer ein Oval von 4,5 × 7,5 cm ausschneiden. Für den Rand ein Rechteck 4 mm stark und 2,5 × 19,5 cm groß ausschneiden. Rand auf den ovalen Boden drücken. Nahtstellen zusammenfügen. Für die Blüten Fimo in Blau und Violett dünn auswalzen, damit sie sehr zart wirken. Kleine ovale Scheiben (ca. 5 × 10 mm) mit den Fingern leicht zusammendrücken und um die Blütenmitte (kleine gelbe Fimokügelchen, welche zuvor auf den Rand gedrückt wurden) zur Blüte zusammenfügen (je 5 Blütenblätter = 1 Blüte). Grünes und blaugrünes Fimo ebenfalls sehr dünn auswalzen, kleine längliche Blätter formen (8 × 18 mm) und zwischen den Blüten anordnen (s. Modellbild).
Ausführung Bilderrahmen: Vom Fimo in Weiß eine Platte von 5,5 × 7 cm Größe und 4 mm Stärke ausschneiden. Aus der Platte ein Passepartout von ca. 3 × 4,5 cm ausschneiden (Rahmenbreite 1,3 cm). Blüten und Blätter formen wie bei Ausführung Schale beschrieben. Modellierte Gegenstände auf Alufolie oder Porzellanteller legen und im vorgeheizten Backofen bei 130° C härten. Nach dem Erkalten Gegenstände mit Fimo-Speziallack lackieren. Passendes Foto hinter den Rahmen kleben.

223–225 Schürze und Topfhandschuhe (Seite 110)

Stoffverbrauch: Blauer Stoff 70 × 90 cm, gelber Stoff 100 × 90 cm. Rote Zackenlitze 5 m, ¾ cm breit. Blaue Borte 1,20 m, 3 cm breit. Schmale weiße Borte 0,80 m, 1,5 cm breit. Breite weiße Borte 0,40 m, 2,5 cm breit. Rote Kreuzstichborte 0,35 m, blaue Kreuzstichborte 1,20 m, je 2,5 cm breit. Rote Tresse 0,70 m, 2 cm breit. (Tresse und Kreuzstichborten nur für Topfhandschuhe.) Moltoneinlage 0,60 m, 80 cm breit, für die Handschuhe.

Die Schnittteile sind auf Bogen C (rot)

Zuschneiden:
94 und 94a Schürze 1mal
Tasche 1mal
95 Topfhandschuh 4mal*
96 Topfhandschuh 4mal*
2 Bänder 95 cm lang, Träger 70 cm lang, jeweils 4 cm breit (fertige Breite 2 cm).
Vor dem Zuschneiden die Papierschnittteile 94 und 94a liniengemäß aneinanderkleben.
Schürze plus Nahtzugabe aus blauem Stoff zuschneiden, die übrigen Teile jeweils plus Nahtzugabe aus gelbem Stoff.
* = Teile auch aus Molton jeweils 2mal ohne Zugabe zuschneiden.

Schnittübersicht

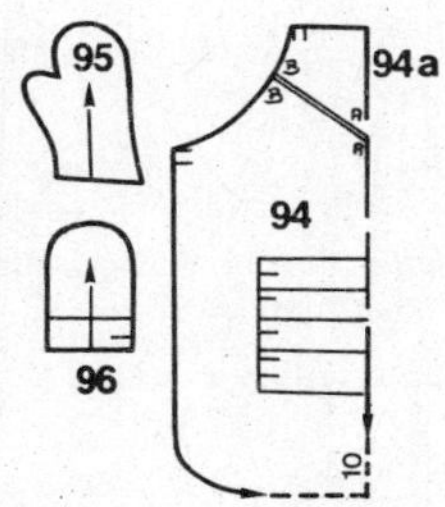

Verarbeitung: Schürze: Zugaben ringsum umbügeln, versäubern und festheften. Zackenlitze schmal neben den Kanten aufsteppen, dabei die Zugabe mitfeststeppen. Zugabe an der oberen Taschenkante nach innen wenden. Borten wie eingez. auf die Tasche steppen, in der Reihenfolge von oben nach unten: Blaue Borte, schmale weiße Borte, breite weiße Borte, schmale weiße Borte, blaue Borte. In der Mitte zwischen den Borten die Zakkenlitze aufsteppen. Zugaben an den seitl. und unteren Taschenkanten nach innen wenden, Tasche aufsteppen. Bänder und Träger verstürzen. Träger an der oberen Kante, Bänder an den seitl. Kanten untersteppen. – **Handschuhe:** Pro Handschuh an je zwei Teilen die Borten aufsteppen: am Handschuh mit Daumen (gegengleiche Teile) die rote Kreuzstichborte entlang den Eingriffskanten, die blaue dicht daneben, am anderen Handschuh wie eingez. die blaue Borte, daneben zu beiden Seiten die Zackenlitze. An diesen Handschuhteilen erst Molton, dann die übrigen Stoffteile unterheften. Stoffteile an den Eingriffskanten gegeneinander einschlagen und aneinandernähen. Nun die beiden dreischichtigen Handschuhteile aufeinanderlegen und die Kanten zusammengefaßt mit Tresse bzw. blauer Kreuzstichborte einfassen. An einer Seite 10 cm Tresse bzw. Borte überstehen lassen und daraus einen Aufhänger nähen.

Die Zahlen bei den Schemazeichnungen bedeuten Zentimeter

226 Buchhülle (Seite 111)

Material: Für ein Notizbuch 21 × 15 cm: Stoffrest 40 × 30 cm. Borte 1,10 m, 2,5 cm breit. Zackenlitze 0,90 m, 1 cm breit.

Zuschneiden: Nach der Schemazeichnung einen originalgroßen Papierschnitt herstellen. Sie können nach dieser Schemazeichnung auch für beliebig große Bücher passende Hüllen arbeiten. Sie brauchen nur die Maße für den Einband zu ändern, dabei ist gegebenenfalls auch die Breite des Buchrückens zu berücksichtigen. Nach dem Papierschnitt die Buchhülle mit Nahtzugabe zuschneiden.

Verarbeitung: Borte schmalkantig aufsteppen, an den Ecken Schrägnähte legen. Zackenlitze 1 cm daneben aufsteppen. Danach die Kanten nach außen klappen und die Schrägnähte steppen. Nahtzugaben auseinanderbügeln. Kanten wieder nach innen klappen. Zugaben an den Innenkanten schmal eingeschlagen feststeppen. Bei Ausschnitten für den Buchrücken die Zugabe an den Ecken einschneiden, nach innen klappen und festkleben.

Schemazeichnung

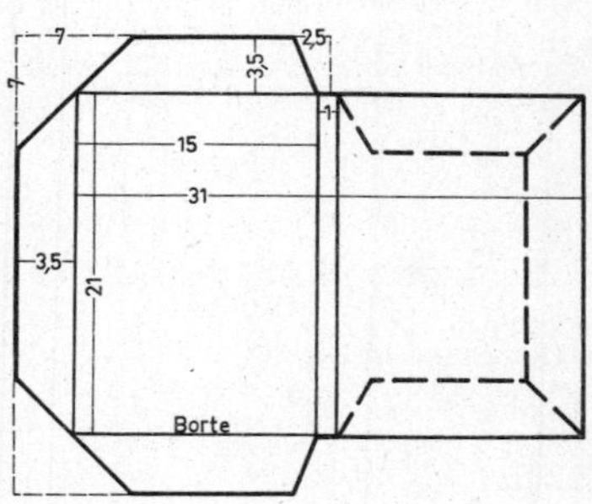

227 Utensilo (Seite 111)

Stoffverbrauch: Markisendrell 75 × 70 cm. Molton 60 × 38 cm. Futter 55 × 35 cm. Borte 2,90 m, 3,5 cm breit. 1 Rundholz, 64 cm lang. Kordel zum Aufhängen.

Zuschneiden: Utensilo aus Markisendrell 70 × 48 cm, ringsum sind 5 cm Zugabe (zum Umschlagen) angerechnet. Tasche aus Markisendrell 55 cm breit, 25 cm lang. An der oberen Taschenkante sind 6 cm Zugabe, an der unteren Kante und den seitlichen Kanten sind je 1 cm Zugabe angerechnet.

Verarbeitung: Borte jeweils 5 cm von den Außenkanten entfernt auf das Utensilo steppen. Molton unterheften. Die breite Zugabe an der oberen Taschenkante umbügeln. Borte entlang der oberen Taschenkante aufsteppen. An den seitlichen und der unteren Taschenkante die Zugabe umbügeln. Tasche neben den Borten auf das Utensilo steppen. Tasche an der oberen Kante in Bortenbreite zusätzlich 10mal (in beliebigen Abständen) durchsteppen. Am Utensilo zuerst die seitlichen, dann die oberen und unteren Zugaben umheften und 3,5 cm breit feststeppen. An der oberen Kante ergibt die festgesteppte Zugabe den Durchzug für das Rundholz. Futter auf der Rückseite eingeschlagen annähen. Rundholz durchziehen. Kordel an die Holzenden knoten.

Vor Beginn der Arbeit die ganze Anleitung durchlesen

228 Tabletthalter (Seite 111)

Verbrauch: Borte 2,20 m, 8 cm breit. 1 Taschenbügel in Ringform mit 15 cm Durchmesser.

Ausfertigung: Borte in zwei Teile schneiden. Borte jeweils um den Bügel legen und zusammennähen. Borten an der äußeren Ringkante durchnähen.

229 Papierkorb (S. 111)

Material: 1 Waschpulvertonne 35 cm hoch, Umfang 73 cm. Filz für die Außenseite 45 × 100 cm und Lackstoff für die Innenseite 40 × 100 cm. Borte weißgrundig 2,25 m, rotgrundig 0,75 m, jeweils 5 cm breit. Zackenlitze in Rot und Blau jeweils 1,50 m, 1 cm breit. Festen Karton, Klebstoff.

Zuschneiden: Bezug aus Filz 73 cm lang, 40 cm breit, davon sind 5 cm zum Umschlagen, Bezug aus Lackstoff 73 cm lang, 35 cm breit. Für den Boden einen Kreis aus Filz mit 22,5 cm Druchmesser und einen Kreis aus Lackstoff mit 21,5 cm Durchmesser. Alle Teile plus Nahtzugabe zuschneiden, am Kreis aus Lackstoff keine Nahtzugabe anschneiden.

Ausführung: Borte auf den Bezug aus Filz steppen: entlang den 73 cm langen Kanten die weißgrundige Borte aufsteppen. Für die obere Kante die weißgrundige Borte nochmals dicht daneben aufsteppen. Die äußere der beiden Borten kommt später nach innen. Lt. Abb. die rote, danach die blaue Zackenlitze aufsteppen. Im Anschluß daran die rotgrundige Borte und wieder die blaue, danach die rote Zackenlitze aufsteppen. Der Abstand ist ca. 1 cm groß. An die obere Kante den Lackstoffbezug steppen. Nun die seitliche Naht (entlang den jeweils 40 cm langen Kanten) steppen, dabei darauf achten, daß die Bortenenden genau übereinanderliegen. Boden aus Filz einsetzen. Bezug über die Tonne ziehen. Aus Karton einen Kreis mit 21,5 cm Durchmesser schneiden, Kreis aus Lackstoff darüber kleben. Für den Innenboden den beklebten Karton in die Tonne einschieben.

230 Serviettentaschen (Seite 111)

Stoffverbrauch: Baumwollstoff in Rot, Blau und Gelb jeweils 35 × 50 cm. Borte je Tasche 65 cm lang.

Die Schnittteile sind auf Bogen D (rot)

Zuschneiden:
48 Taschenteil je 1mal
Teile auf den Stoff legen und plus Nahtzugabe zuschneiden.

Verarbeitung: An der angeschn. Klappe die Nahtzugabe entlang der oberen Kante und den seitl. Kanten bis zum eingez. Querstrich zur rechten Stoffseite umheften, dazu die Zugabe am Querstrich einscheiden. Borte über der Zugabe auf die Taschenklappe steppen, an den Ecken Schrägnähte legen. Zugabe an der unteren (schmalen) Taschenkante eingeschlagen feststeppen. Taschenteil entlang der unteren Umbruchlinie rechts auf rechts falten und die seitl. Kanten aufeinandersteppen. Tasche wenden. Klappe entlang der oberen Umbruchlinie umbügeln.

Schnittübersicht

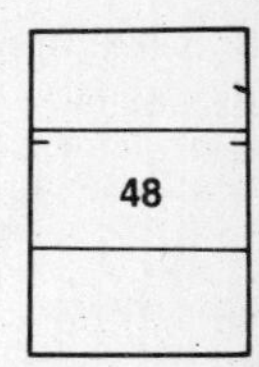

231 Brillenhalter in Pantoffelform (Seite 27)

Material: Filzrest 25 × 40 cm. Zopfborte 90 cm lang, ³/₄ cm breit. Fester Karton. Uhugreenit.

Die Schnittteile sind auf Bogen D (schwarz)

Schnittübersicht

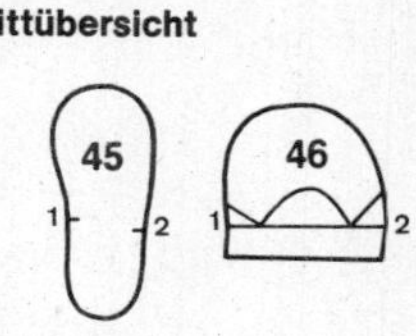

Zuschneiden:
45 Schuhsohle 2mal
46 Schuhoberteil 1mal
Teile auf den Filz legen und plus Nahtzugabe zuschneiden. Teile zusätzlich je 1mal ohne Zugabe aus Karton zuschneiden, Schuhoberseite nur bis zur eingez. Umbruchlinie.

Verarbeitung: Sohle verstürzen, am breiten Ende (Schuhspitze) offen lassen. Karton in die Sohle einschieben. Filzteile eingeschlagen gegeneinandernähen. Schuhoberteil auf den Karton kleben, entlang der Umbruchlinie umschlagen. Borte wie eingez. aufnähen. Schuhoberteil nahtzahlengemäß entlang den Außenkanten auf die Sohle nähen. Restl. Borte entlang der Schuhaußenkante aufnähen, am oberen Ende eine Schlinge legen.

232–234 Nähnecessaire, Nadelkissen und Restetruhe (Seite 27)

Nähnecessaire

Material: Stoffrest in Blau und in Rot. Bortenreste 0,10 m, 2,5 cm und 0,60, 1,5 cm breit. Tresse zum Einfassen 0,80 m; 2 cm breit. Kordel 0,50 m. Watte zum Ausstopfen.

Die Schnittteile sind auf Bogen D (rot)

Schnittübersicht

Zuschneiden:
49 Unterlage 2mal aus blauem Stoff, Nadelkissen 11 cm lang, 6 cm breit aus rotem Stoff.
Teile plus Nahtzugabe zuschneiden.

Ausführung: Unterlagen aufeinanderheften. Nadelkissenteil in der Mitte auf die Unterlage heften, dabei Watte unterschieben. Für die Garnrollen aus einer 22 cm langen Borte Schlaufen legen und mehrmals wie eingez. aufsteppen, die Mehrweite dabei gleichmäßig verteilen. Auf der gegenüberliegenden Seite aus einer 7 cm langen Borte Schlaufen legen und aufsteppen. Rechts und links neben dem Nadelkissen wie eingez. Borte aufsteppen, dabei die Schlaufenenden mitfassen. Aus der breiten Borte eine kleine Tasche arbeiten. Dazu die Borte doppeln und wie eingez. entlang den langen Kanten aufsteppen. An der Unterlage die Nahtzugabe ringsum abschneiden. Die Kanten mit der Tresse einfassen, an den Ecken Schrägnähte legen. Kordel in zwei gleich lange Teile schneiden, Enden jeweils knoten. Kordel auf der Außenseite der Unterlage mit einigen Stichen annähen.

Nadelkissen

Material: Stoffrest in Blau. Bortenrest, ca. 7 cm breit. Watte oder Stoffreste zum Ausstopfen.

Ausführung: Borten lt. Abb. aneinandersteppen, das fertige Kissen soll 11 × 11 cm groß sein. Dieses Teil mit einem Stoffrest verstürzen, Schlitz zum Wenden offen lassen. Kissen fest ausstopfen, Schlitz von Hand zunähen.

Restetruhe

Material: 1 Schuhkarton 28 × 16 × 10,5 cm groß. Filzrest 95 × 65 cm. Zackenlitze 1,80 m. Borte 1,20 m, 2,5 cm breit. Klebstoff.

Zuschneiden: Boden, für die Außenseite 28,5 cm lang, 16,5 cm breit, für die Innenseite 27,5 cm lang, 15,5 cm breit. Seitenteil (für außen und innen) 90 cm lang, 22 cm breit. Deckelbezug 2mal 34 cm lang, 22 cm breit. Alle Teile mit 1 cm Zugabe zuschneiden, nur den Boden für die Innenseite ohne Zugabe zuschneiden.

Ausführung: Auf das Seitenteil die Zackenlitze ca. 1,5 cm von der langen Kante entfernt aufsteppen. Das Seitenteil an der kurzen Kante zusammensteppen. Boden für die Außenseite an die Kante mit der Zackenlitze steppen. Dieses Teil über die Schachtel des Schuhkartons ziehen, das Seitenteil nach innen legen und am Boden festkleben. Den Boden für die Innenseite darüber aufkleben. Auf ein Deckelteil die Borte entlang den Außenkanten (neben der Nahtzugabe) aufsteppen. Zackenlitze 1 cm daneben aufsteppen. Dieses Deckelteil mit dem anderen Teil verstürzen, dabei eine schmale Seite offen lassen. Den Deckel des Schuhkartons an den Ecken aufschneiden. Deckel in den Bezug einschieben. Die Nahtzugabe an den offenen Kanten einschlagen und von Hand gegeneinandernähen. Deckel an den Ecken wieder zusammenlegen, den Bezug mit ein paar Stichen festnähen.

235 Weihnachtsbaum mit Tasche (Seite 111)

Material: Grüner Filz 40 × 55 cm. Roter Filz 20 × 25 cm. Sehr fester Karton 55 × 40 cm Paillettenborte 2,30 m. Breite Goldborte 0,30 m. Insgesamt 70 Paillettensternchen in Blau, Rot, Silber und Gold. 7 goldene Ringe, 1,5 cm ∅. Goldkordel. Uhu greenit. Federmesser oder Papierschneidemesser.

Die Schnittteile sind auf Bogen D (schwarz)

Schnittübersicht

43 Tannenbaum
44 Tasche

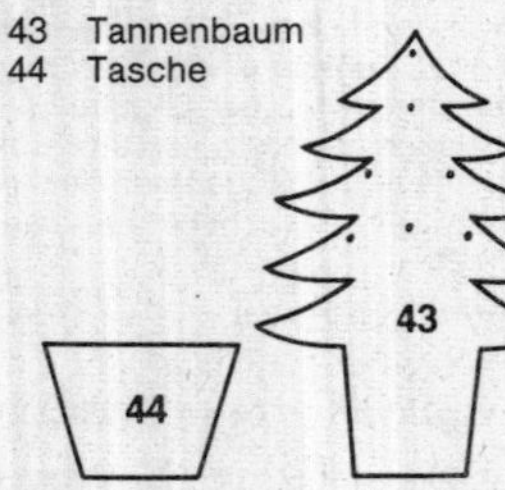

Ausführung: Den grünen Filz auf den Karton kleben. Darauf den Tannenbaum aufzeichnen und mit einem Federmesser ausschneiden. An den Kanten des Baums die Paillettenborte aufkleben (nicht am Stamm). Sternchen hübsch verteilt aufkleben. Zum Befestigen der Ringe kleine Löcher durch den Karton bohren. Je ein Stück Goldkordel an die Ringe knoten, die Kordelenden durch die Löcher schieben und auf der Rückseite verknoten. Zur Verzierung kleine Schleifchen aus Kordel an die Ringe binden. Die Tasche aus rotem Filz zuschneiden, dabei an den seitlichen Kanten und unten reichlich Zugabe anschneiden. Goldborte auf die obere Taschenkante nähen. Tasche auf den Baumstamm legen und zuerst die Zugabe unten umschlagen und auf der Rückseite festkleben. Dann die seitlichen Zugaben hinten festkleben, dabei die Mehrweite der Tasche nicht nach hinten ziehen.

236 Sets (Seite 111)

Material: Für zwei Sets Markisendrell 100 × 35 cm. Borte 3,50 m, 2,5 cm breit. Zackenlitze 3,50 m.

Ausführung: Stoffteil in zwei 50 × 35 cm große Teile schneiden. Die Kanten ringsum 1 cm breit zur linken Stoffseite wenden. Zackenlitze über den Kanten aufsteppen. Borte 2 cm von den Außenkanten entfernt aufheften, an den Ecken Schrägnähte legen. Für den Serviettenhalter ein ca. 20 cm langes Stück Borte lt. Abb. schräg über ein Eck legen, die Bortenenden unter die aufgeheftete Borte schieben. Die Borte entlang den Außenkanten schmalkantig aufsteppen.

237 Buchzeichen (S. 111)

Verbrauch: Stoffreste jeweils 25 cm lang, 2,5 cm breit. Spitzenborte jeweils 25 cm lang, 1 cm breit. Motive zum Aufbügeln.

Ausführung: Die Außenkante mit Zierstichen (Langettenstich, Kettenstich) versäubern, die untere Kante jeweils ausfransen. Spitzenborte in der Mitte aufnähen (Überwendlingsstich, Kreuzstich).

238 Weihnachtskrippe aus Mini-Bausteinen (Seite 112)

Größe ca. 42 × 28 cm ohne Platte

Material: Tif-Mini-Metzel-Systembausteine Stall, Art. 85 205 von Heintze & Blanckertz. Die Bastelpackung enthält: Baupläne, Bauanleitung, Holz für Dachbalken, Stroh für Dachdeckung. Zusätzlich benötigt man 385 Stück Bausteine, 400 g Spezialmörtel (nach Wahl löslicher Mörtel A oder fester Mörtel B), ebenfalls alles von Heintze & Blanckertz. Eine Steinplatte nach eigener Wahl. Krippefiguren (z. B. Art. 54 775 von Eckart).

Ausführliche Anleitung liegt jeder Bastelpackung bei.

239 Kerzenhalter „Makramee„ (Seite 112)

Schemazeichnung auf Bogen G in Rot

Größe ca. 9 cm, 6 cm, 5 cm ∅

Material: 3 m Sisaltau, 12 mm ∅; 2,60 m, 8 mm ∅ und 2,40 m, 6 mm ∅ (z. B. von Trex); Klebeband; Kerzen mit passendem Durchmessr (z. B. von Wiedemann).

Ausführung: von den Tauabschnitten nach der Schemazeichnung je 1 Türkenbund arbeiten. Vom Tauabschnitt 3 m, 12 mm ∅ = fertiger Türkenbund 9 cm ∅; vom Tauabschnitt 2,60 m, 8 mm ∅ = fertiger Türkenbund 6 cm ∅; vom Tauabschnitt 2,40 m, 6 mm ∅ = fertiger Türkenbund 5 cm ∅. Kerzen einsetzen.

240 Rauschgoldengel (Seite 112/113)

27, 28 und 32 cm hoch

Material: Körper: Gestell: Seidenstrümpfe; fertiger Styroporkegel von Falag, Nr. 93119 (210 × 90 mm) oder selbstgefertigt aus fester Pappe; Kreppklebeband. Kopf und Arme: Fertigpackung von Prandell, Nr. 2751 (Kopfgröße 2,5 × 4 cm). Haare: Flachs oder Hanf. **Kleidung:** Lila Engel: Samtrest 30 × 90 cm. Borte 2,20 m, 1,5 cm breit. Kordel 0,35 m, 3 mm stark. Stoffrest für Ärmelbesätze. Blauer Engel: Samtrest 25 × 75 cm. Borte 0,10 m, 1,5 cm breit. Spitzenborte 1 m, 1,5 cm breit. Kordel 1 m, 3 mm stark. Stoffrest für Ärmelbesätze. 2 Quasten. Roter Engel: Samtrest 30 × 50 cm. Borte 0,15 m, 1,5 cm breit. Spitzenborte 1 m, 1,5 cm breit. Kordel 0,50 m, 3 mm stark. Tresse 0,45 m, ½ cm breit. Stoffrest für die Ärmelbesätze. 5 Quasten. **Flügel:** Je Engel Goldkreppapier. Goldfolie. Klebstoff.

Die Schnitteile sind auf Bogen C (schwarz)

Schnittübersicht

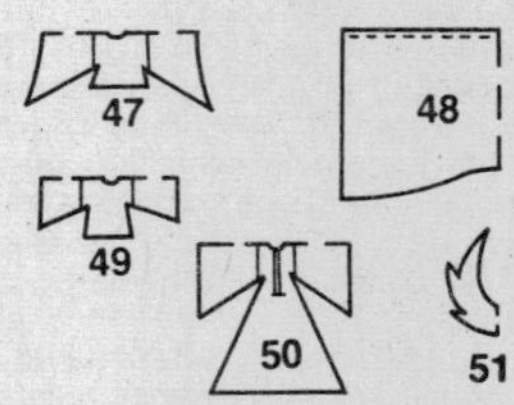

Zuschneiden:
Lila Engel:
47 Vorder- und Rückenteil 1mal im Stoffbruch
Ärmelbesatz je 1mal im Stoffbruch
48 Vord. und rückw. Rockbahn 1mal im Stoffbruch
Blauer Engel:
49 Vorder- und Rückenteil 1mal im Stoffbruch
Ärmelbesatz je 1mal im Stoffbruch
Roter Engel:
50 Vorder- und Rückenteil 1mal im Stoffbruch
Ärmelbesatz je 1mal im Stoffbruch
Je Engel:
51 Flügel 1mal im Bruch
Blauer Engel: Rock 45 cm weit, 20 cm lang.

Teile plus Nahtzugabe zuschneiden. Flügel ohne Nathzugabe je Engel 1mal aus Goldkreppapier und aus Goldfolie zuschneiden.

Ausführung: Körper: Drahtstege der Arme um den Steg des Kopfes wickeln. Drahtsteg des Kopfes in den Kegel schieben. Drahtstege mit dem Strumpfgewebe umwickeln, zusätzlich mit Klebeband festkleben. Flachs oder Hanf mit den Fingern ausstreifen, damit er schmiegsamer wird und lt. Abb. um den Kopf legen und festkleben.

Kleidung: Lila Engel: Ärmel- und fortlaufend Seitennähte steppen. An den Ärmelbesätzen die Naht steppen. Untere Ärmelkanten mit den Besätzen verstürzen, Besätze innen annähen. Am Rock Mittelnaht steppen. Obere Rockkante einreihen und an das Oberteil steppen. Von der Borte 3mal 3 cm abschneiden und jeweils schmal aufrollen. Röllchen lt. Abb. unterhalb der Taillennaht annähen. Von der Borte 2mal 12,5 cm abschneiden und über der Taillennaht aufnähen. Zugabe an der Saumkante nach innen wenden und annähen. Borte unter die Saumkante nähen. Rückenteil an der rückw. Mitte einschneiden. Kleid über den Körper ziehen, Einschnittkanten eingeschlagen gegeneinandernähen. Von der Borte ca. 8 cm entlang der Ausschnittkante aufnähen. Restl. Borte in zwei Teile schneiden und um die Arme wickeln, Enden festnähen. Kordel lt. Abb. ums Haar wickeln.

Blauer Engel: Im wesentlichen arbeiten wie beim lila Engel beschrieben, Röllchen entfallen. Anstatt der Borte 15 cm lange Kordel über der Rockansatznaht aufnähen, restl. Kordel an die Saumkante nähen sowie um die Haare legen. An der um die Arme gewickelten Spitzenborte lt.

Abb. jeweils eine Quaste annähen, dazu goldfarbenes Garn verwenden oder von der Spitzenborte einen Faden herausziehen.

Roter Engel: Im wesentlichen arbeiten wie beim lila Engel beschrieben, das Rockannähen sowie die Röllchen entfallen. Kordel an die Saumkante nähen. Rükkenteil wie eingez. einschneiden. Borte lt. Abb. zum Ring schließen und am Haar befestigen. An der Tresse Goldfäden herausziehen. An die Tressenenden jeweils eine Quaste nähen. Tresse lt. Abb. über einer Seitennaht annähen. An der um die Arme gewickelten Spitzenborte je eine Quaste annähen. Restl. Quaste mit einem Goldfaden um den Hals legen.

Flügel (je Engel): Goldfolie auf das Goldkreppapier kleben und am Rückenteil befestigen.

241 Krippe für die Wand (114/115)

Material: Rahmen (Schaukasten): Größe 35 × 45 × 5 cm, Rahmenbreite der Draufsicht: 3 cm.

Werkzeug: Laubsäge, große Tube UHU, Schere, Blechschere, Arbeitsmaterial: Holzbohrer, 1 Schraubstock.

Krippe: Alle Teile unserer Krippe im Modellbild sind „Fundsachen" aus Feld, Wald und Wiese.

Hütte: Ca. 80 cm Rest von Tapetenleisten oder ähnliche dünne Holzleisten, ca. 1 cm breit; dünne, unbearbeitete Brettchen für Rückwand, vordere Sichtblende und (gebrochen) als Dachschindeln (Furnierreste sind auch brauchbar). Ein paar Zahnstocher oder dünne, geschälte, gerade Ästchen für die Futterraufe und den Sägebock; entnadelte Tannenzweige für die Leiter, Hollunderästchen für das gestapelte Rundholz; Trockenblumen; ein paar Strohhalme; 1 Aststück bzw. eine Wurzel für den Baum im Vordergrund (Rinde sieht auch gut aus)6; als Wald im Hintergrund dienen Wacholderzweige, Lebensbaum, Flechten, Kiefernnadeln (es eignet sich alles, was nach dem Trocknen grün bleibt) und Reisig. Trockenes Gras für den Besen und als Axtschneide ein Stückchen Blech. 1 Stück Zeichenpapier in der Größe des Rahmens, feste Pappe im gleichen Format.

Figuren: Je einen kleinen Block Fimo in Beige und Braun; Stoffreste; 4 Stücke festen Blumendraht à 14 cm.

Ausführung:

1. Die Hütte im Modellbild ist ca. 19 cm hoch, 30 cm breit und nur 4 cm tief. Die Leistenstücke für die Front des asymmetrischen Daches (21 + 10 cm) aneinanderpassen und an der Giebelspitze zusammenkleben. Für den angedeuteten Dachboden 18 cm Leiste einpassen und ankleben. Ebenfalls 18 cm Leiste für die untere Abschlußkante und 12 cm Leiste für den linken Seitenwandabschluß vorbereiten. Lt. Modellbild aneinanderkleben. Ein dünnes, 12 × 5 cm großes Brettchen, möglichst mit Astlöchern, quer in einen Schraubstock spannen und einige Male vorsichtig durchbrechen. So entstehen einzelne Latten, die jeweils mit wenig Abstand an der linken Hüttenseite angeklebt werden.
2. Zeichenpapier und Pappe auf Rahmengröße zuschneiden. Mit Wasserfarben den Waldhintergrund malen. Die verschiedenen Grüntöne können auch mit einem Schwämmchen aufgetupft werden. Nach dem Trocknen Papier und Pappe fest verkleben.
3. Hüttenfront auf den bemalten Hintergrund legen und die Konturen dünn aufzeichnen. Furnierholz oder ein sehr dünnes Brettchen für die Rückwand nach dieser Konturlinie aussägen. Auf der linken Seite haben wir ca. 7 cm breit die Rückwand der Hütte nicht mit Holz beklebt, sondern dunkelbraun ausgemalt, um ein wenig Tiefe in das Gesamtbild zu bekommen.
4. Ca. 4 cm breite, dünne Brettchen mit Hilfe des Schraubstockes zu 11 Dachschindeln je 5 cm lang, 1 Dachschindel für das angeschnittene Dach links im Bild 2,5 cm lang, brechen. Die Schindeln untereinandergeschoben auf die Giebelleisten aufkleben. Jetzt die Rückwand (Pappe) hinter den Rahmen kleben (evtl. auch nageln). Die Hüttenfront, die Schindeln und seitlichen Ränder ringsum mit Klebstoff bestreichen und auf Rückwand und Rahmenseiten kleben.
5. In Höhe des Querbalkens für den Dachboden ein Brettchen auf die Rückwand und darauf Furnierbretter als Stapel kleben. Weitere Furnierbrettchen oben rechts so an die Rückwand kleben, daß sie vorn auf dem Querbalken noch sichtbar aufliegen. Aus Stroh ein Bündel und aus feinen trockenen Gräsern Sträuße binden und in die Bodenecke kleben. Für das Rundholz Holderzweige zurechtschneiden und an der Hauswand und auf dem Dachboden anordnen.
6. Ast oder Wurzel, Siehe Modellbild, auf den Rahmenboden und die Rückwand kleben. Weitere Zweige und Flechten anordnen. Mit Trockenblumen auflockern. Für den Besen nahmen wir trockenes Gras. Es wurde mit einem Faden am Stiel festgebunden und in Form geschnitten. Der Hauklotz ist ein ungeschälter Tannenast. Die Axt hat ein Schneideblatt aus einem Stückchen Blech. Der Sägebock besteht aus 4 dünnen Leisten, die mit einem Zahnstocher beweglich verbunden sind. Die Löcher wurden mit einem einfachen Holzbohrer gebohrt. Als Leiter dienten dickere und ganz dünne, entnadelte Tannenzweige. Die Leiter wurde nur geklebt.

Figuren: Die Köpfe und Hände bestehen aus beigem Fimo. Die Haare sind aus dunkelbraunem Fimo gerollt und angedrückt. Kopf und Hände auf einem Drahtgestell modellieren. Den Draht zur Hälfte biegen und ca. 3,5 cm für den Kopf zusammendrehen. Übrigen Draht waagerecht auseinanderbiegen. Drahtenden für die Hände zu Schlaufen biegen. Ein weiteres Drahtstück, ca. 12 cm lang, einmal um Hals und Arme schlingen und als Beine nach unten biegen. Im Backofen (siehe Gebrauchsanweisung Fimo) härten. Kleidung für Maria und Josef als einfachen Kimono zuschneiden, den Figuren anziehen und in der Taille mit einem Band zusammenhalten. Das Wickelkind besteht nur aus Hölzchen mit einem kleinen Fimokopf. Der Körper wurde durch Umwickeln mit weißem Stoff angedeutet. Als Heu für die Krippe zarte, trockene Flechten verwenden, Heu ist wesentlich grober. Die kleine Katze links im Bild ist gekauft (Setzkastenzubehör).

242 Gemalte Weihnachtsgrippe (Seite 116/117)

Musterzeichnung auf Bogen G im Voll- und Halbton Rot.

Größe ca. 58 × 26 cm

Material: 2 Bogen Zeichenkarton (DIN A 1), die Wahl des Zeichenkartons richtet sich nach der Art der Farbtechnik. Deckfarben, normaler Schul-Tuschkasten z. B. von Lukas, oder Buntstifte, Filzstifte; burda Kopierpapier; Schneidemesser; Schere; Klebstoff; Lineal.

Ausführung: Die Teile A–E werden 1mal kopiert, F und G werden jeweils 2mal kopiert:

A = linkes Tor
B = rechtes Tor
C = Vorderteil
D = Mittelteil
E = Rückwand
F = Seitenwand
G = Bodenteil

Alle Teile mit Hilfe von Kopierpapier auf den Karton durchzeichnen und an den **dickgezeichneten Linien** entlang ausschneiden. Die Fensteröffnungen und Durchbrüche beim Fachwerk werden vorsichtig mit dem Messer herausgeschnitten. Die **feinen Linien** sind nur Anhaltspunkte beim Ausmalen. Entlang den **gestrichelten Linien** ein Lineal anlegen und bei stärkerem Karton ein wenig mit dem Schneidemesser den Karton einritzen. So läßt sich die Klebelasche leicht nach hinten biegen. Bei sehr dünnem Karton können diese Laschen auch nach hinten geknickt werden (vorher an einem kleinen Stück ausprobieren). Anschließend alle Teile in der ausgewählten Maltechnik lt. Modellbild anmalen. Dabei beachten, daß die Seitenteile F auch von der Innenseite bemalt werden. Nach dem Anmalen werden die Teile zusammengeklebt, s. **Schemazeichnung:**

Schemazeichnung

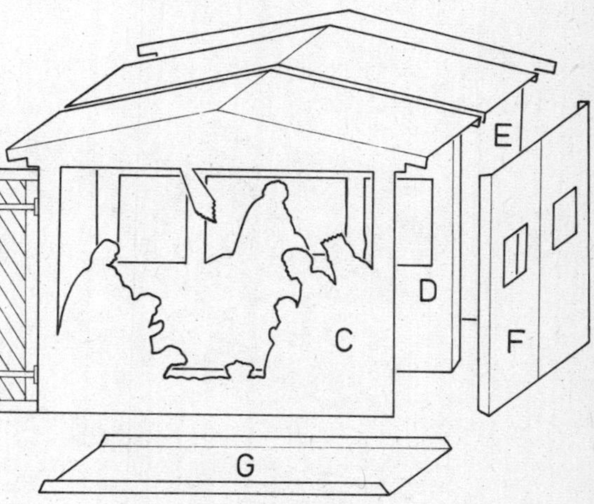

243–246 Christbaumschmuck aus Fimo (S. 118/119)

Musterzeichnungen auf Bogen G in Schwarz

Material: Fimolack; dünne goldene oder rote Kordel für die Aufhängung; Alufolie.

Herzen und Blumenkränzchen: Kleine Blöckchen Fimo in Rot, Gelb, Blau und Weiß; herz- und kreisförmige Plätzchenausstecher.

Sternenkränzchen: Kleine Blöckchen Fimo in Gelb und Grün; sternförmiges Miniplätzchenausstecherchen.

Engelchen: Kleine Blöckchen Fimo in Weiß; Lukas-Acryl-Farbe in Weinrot, Weiß, Hellbraun, Goldgelb und Hellblau; 1 Dose Standart Gold von Eckart; Pinsel Nr. 3; Plastikfolie vom Schnellhefter; Kopierpapier. Für den **Glockenläuter:** 1 Goldglöckchen (Falag Art. 95610); 1 Holzzahnstocher; 2 Holzperlen ca. 1 cm ∅; 25 cm Goldkordel, ca. 2 mm dick; Uhu flinke Flasche.

Werkzeug: Wellholz; Küchenmesser mit glatter Schneide; dicke Sticknadel ohne Spitze.

Ausführung Herzchen und Blumenkränzchen: Rotes Fimo kneten und 2–3 mm dick auswellen. Herzen und Kreise ausstechen. Aud den Grundfarben verschiedene Töne mischen, lt. Abb. Blümchen, Blättchen und Kügelchen formen. Dafür zuerst Röllchen drehen und in winzige Stückchen teilen. Zwischen zwei Fingern zum Oval formen und flachdrücken. Blumenranken anordnen und leicht andrücken. Blütenmitten und Kügelchen nach Belieben durch Einstechen mit einer Sticknadel betonen. Beim Kränzchen 2 Löcher und beim Herz in oberer Mitte 1 Loch durchstechen. Auf Alufolie liegend härten. Nach dem Auskühlen mit Fimolack überziehen.

Sternkränzchen: Grünes Fimo kneten. Ca. 3 mm dicke und 20 cm lange Rolle drehen, zum Kreis schließen. Enden ca. 1 cm übereinanderdrücken. Gelbes Fimo weichkneten und ca. 2 mm dick auswellen. Ca. 16 kleine Sternchen ausstechen und gleichmäßig verteilt je 2 Sterne genau übereinandertreffend beidseitig des Kreises andrücken. Begonnen wird an der Verbindungsstelle des Kreises. Kränzchen härten und nach dem Auskühlen mit Fimolack überziehen.

Ausführung Engel: Gewünschtes Motiv mit Kopierpapier auf Plastikfolie übertragen und Schablone anfertigen. Konturen innerhalb der Figur mit einer Stecknadel „löchern". Fimo weich kneten. Auf einer Resopalunterlage ca. 3 mm dick ausrollen. Schablone auf Fimoplatte legen. Konturen mit einer Nadel markieren. Engelchen mit dem Küchenmesser ausschneiden. Konturen innerhalb der Figur auf beiden Seiten mit dem Messerrücken leicht eindrücken. Beim Schaukelengel und Sternchenputzer die Löcher für die Aufhängung durchstechen. Teile vorsichtig auf Alufolie legen und im kurz vorgeheizten Backofen bei 120° 10–15 Min. härten. Teile herausnehmen und flachliegend auskühlen lassen. Figuren lt. Abb. bemalen und mit Fimolack überziehen.

Aufhängung Schaukelengel: Zwei gleich lange Stücke Goldkordel in die Löcher der Wolke knoten, straff um die Händchen führen und die Löcher des Sterns einknoten.

Glockenläuter: Perlen und Zahnstocher vergolden. Glöckchen auf den Zahnstocher schieben, Perlen beidseitig aufkleben. Dickere Goldkordel als Glockenstrang am Stäbchen befestigen, um die Händchen knoten und ca. 10 cm langes Ende herunterhängen lassen.

Wenn es ums Sticken, Stricken, Häkeln, Knüpfen und Basteln geht, der Verlag Aenne Burda hat die passenden Bücher dazu.

Die schönsten Häkelvorschläge aus „Anna".
Abgeschlossene Häkel-Lehrgänge mit vielen
Modellen und Mustervorschlägen.
Best.-Nr. K 602, DM 13,90

Die schönsten Handarbeitsideen aus der Reihe:
„Großes buntes Handarbeitsheft".
224 Handarbeitsvorschläge mit 48 Seiten
ausführlichen Anleitungen und 7 Arbeitsbogen.
Best.-Nr. K 601, DM 13,90

Die schönsten Handarbeits- und Bastel-Ideen
aus „burda moden", „Anna" und „Carina".
390 Vorschläge mit ausführlichen Anleitungen
und 5 Schnittmusterbogen.
Best.-Nr. K 600, DM 13,90

Zu beziehen im Zeitschriftenhandel.

Falls dort vergriffen, bestellen Sie diese Bände beim Verlag Aenne Burda: Überweisen Sie den jeweiligen Betrag plus DM 2,20 Versandspesen (unabhängig, wie viele Bücher bestellt werden) auf das Postscheckkonto Karlsruhe Nr. 149901-757, und geben Sie bitte die Bestellnummer an.